湖南省教育科学"十四五"规划课题
"示范性综合实践基地中小学研学实践课程建设研究"
（课题批准号：XJK21BJC021）研究成果

U0747809

行知天地间

基地研学实践课程建设理论与实施

杨伟

王欢◎编著

编委◎

黎荣烨　　夏　科　　曾　圆　　吴　娟

谢赛男　　徐莎丽　　刘　清　　王晓蓉

张　佳　　王　玉　　蔡思涵　　刘馨瑶

中南大学出版社
www.csupress.com.cn
·长沙·

图书在版编目（CIP）数据

行知天地间：基地研学实践课程建设理论与实施／
杨伟，王欢编著. —长沙：中南大学出版社，2023.11
ISBN 978-7-5487-5507-4

Ⅰ. ①行… Ⅱ. ①杨… ②王… Ⅲ. ①教育旅游—
课程建设—中小学 Ⅳ. ①G632.429

中国国家版本馆 CIP 数据核字（2023）第 157976 号

行知天地间

基地研学实践课程建设理论与实施

XINGZHI TIANDI JIAN

JIDI YANXUE SHIJIAN KECHENG JIANSHE LILUN YU SHISHI

杨伟　王欢　编著

□责任编辑　梁　甜　张　倩　谢贵良
□责任印制　唐　曦
□出版发行　中南大学出版社

　　　　　　社址：长沙市麓山南路　　　　邮编：410083
　　　　　　发行科电话：0731-88876770　　传真：0731-88710482

□印　　装　湖南省众鑫印务有限公司

□开　　本　787 mm×1092 mm　1/16　　□印张 18　□字数 461 千字
□版　　次　2023 年 11 月第 1 版　　□印次 2023 年 11 月第 1 次印刷
□书　　号　ISBN 978-7-5487-5507-4
□定　　价　68.00 元

序 言

　　研学实践作为中小学生十分喜爱的一种校外实践活动，强调在开放、多元、真实的环境中带领学生实践、探究、体验，是培养学生的核心素养、全面推进素质教育的有效途径，是教育服务于生活、服务于社会、服务于人的成长与发展的重要体现。《行知天地间 基地研学实践课程建设理论与实施》一书以长沙市示范性综合实践基地的研学实践为研究对象，对校外基地研学实践课程建设进行了长期的理论探讨和实践探索，取得了深具借鉴意义的研究成果。

　　长沙市示范性综合实践基地作为国家级首批研学实践教育营地，有一支专业的教师队伍。他们把握研学实践课程育人的初心，依循研学实践的特点与规律，探索出一套研学课程设计与实施的实践模式。本书系统研究了基地研学实践课程的目标构建、内容开发与设计、组织实施与评价管理等方面的内容，既有对研学实践课程的理性思考，更有结合基地特色的实践探索，为研学实践的科学化、规范化、常态化实施提供了丰富的实践案例和经验，为从事研学教育管理和课程开发的工作者提供了创新性的课程与教学路径。这不仅对校外基地研学实践课程建设与实施有着重要的参考价值，也对校内综合实践活动课程的实施提供了有益的借鉴。

　　从本书中我们可以看到作者执着、深厚的教育情怀和在行动中不断探究、创新的实践品格。他们以极大的热情和毅力，对基地研学实践课程进行了多年的探索，提出了很多有见地、有新意的观点和建议，对于如何通过研学实践课程让学生从多种多样的社会生活和奇妙无比的大自然中获得丰富的实践经验，形成对社会、对自然、对自我之间内在联系的整体认识，提升终身发展和社会发展所需的必备品格与关键能力具有重要意义。相信这本书对于推进我国基地研学实践课程建设，对于素质教育的进一步落实，都将起到积极的推动作用。

　　教育是一项伟大的事业，它关乎每一个人的未来，关乎每一个国家的未来。在推进教育改革的过程中，我们需要有这样的探索、这样的书籍，为我们提供富有启示性的理论阐释，呈现切实可行的实践经验，帮助我们更好地理解和把握研学实践，并通过研学实践的课程化实施来实现立德树人、课程育人，从而让研学实践在深化素质教育、促进学生身心和谐发展的道路上走得更远。

辛继湘

2023.11.27

目 录

第一章

研学实践课程的理论探索

　　磨砺致用，知行合一。研学实践作为校内教育与校外教育相衔接的一种新型综合实践活动方式，是立德树人、实践育人，全面推进中小学生素质教育的重要途径，对培养学生的核心素养与关键能力具有重要意义。在"研"中"学"，在"学"中"研"。这种灵活的学习形式一定要遵循教育规律，发挥课程育人的功能与价值，采取多学科融合的教学模式，使之成为学生行走的课堂、最美的课堂。

最美的课堂在路上

最好的成长在路上

研学实践，行走于天地间

让每一个孩子带着自己独特的生长特点

感知生命与生命之间的联系

感受祖国的美好河山与优秀文化

如风牵引，瞭望大地

轻轻着陆，慢慢生根

研学实践课程秉承当前育人课程的改革发展方向，从课堂上的传授教学方式转变为创造型课程，从专业化向综合化转变，由单一走向综合化课程，这种方式，使得中小学生发展更全面，校内外资源整合的方式也更加清晰。研学实践课程打破了各个学科之间的壁垒，让学生接触自然、回归自然，以新的认知方式去体会自然。其中，教师作为研学课程的规划者和实施者，在研学过程中形成了合作伙伴关系，改变了学习过程中的人际交往模式。研学实践课程为学校课程拓展了新的空间，这种校内外结合的教育方式，是综合实践育人的有效途径。

研学实践课程的开发与实施应围绕立德树人、知行合一的教育理念，坚持"主题引领、深度体验、跨界融合、立体多元、动态开放、实践育人"的原则，让学生在真实开放的情境中，打破学科界限，让学生在研学中围绕研学主题进行考察探究、采访交流、情景互动、实践体验，在多维交互中走向研学的深度体验，从而达成价值体认与责任担当的课程目标，落实实践育人。研学实践主要以校外课程为主，如何为学生提供高品质的课程，成了研学实践的重点之一。研学实践从实施的范围来看，它属于学校课程；而从国家层面来看，它属于校本课程。它具有探究性、开放性和实践性，是一门彻头彻尾的综合实践活动课程。按照国家出台的政策，研学实践被纳入中小学生必修的教学计划。因此，研学课程不同于传统意义上的语文、数学等学科，并且这门课程的授课地点不在教室而在室外，它是具有独特价值的课程，与校内课程形成了互补关系。

当然，研学实践课程的体系构建需要深化对课程属性的认知，积累实践经验，让其回归教育本质。国家大力推崇研学实践，目的是让学生从中有所收获、有所成长，每一个课程都应该经过认真的思考和研究。唯有这样，才能真正地为研学实践正名，将深刻的教育价值体现出来。

二、研学实践课程的定位

研学实践具有两个核心特征，即"研究性"和"体验性"。"研究性"指研学实践教育活动是一种研究性学习活动，必须体现自主学习、合作学习、探究学习等研究性特点，这是研学实践教育活动的首要特征。"体验性"指研学实践教育活动是通过体验来达成教育目标的一种育人方式，没有体验就不能称之为研学实践教育活动。这是研学实践教育活动的第二个核心特征。研学实践教育活动中的"研学"就是指"研究性学习"；研学实践活动中的"实践"就是指"旅行体验"。"研究性学习"是通过参观、参与(体验)、发现、探究、整合这些"实践体验"来实现的，参观、参与(体验)、发现、探究、整合只有在"活动"中才能完成，研学实践教育课程这一名称也来源于此。那如何理解它是一种实践课程呢？

(一)研学实践是一种特殊的课程形态

研学实践课程是课堂教学的一部分。《关于推进中小学生研学旅行的意见》明确规定要把研学实践教育活动纳入中小学教学计划。研学实践课程是一种通过让学生自主选定活动主题、参与活动计划与组织管理，在自然和社会生活中亲自体验与感悟，从而丰富学习内容，提升学习效果的体验式课程，是对有教育意义的教育资源进行整合开发的一门课程，只是在课堂形式和内容安排上与传统课堂有所区别。课程以散点方式呈现学科内容，比学校课程更生动、更具体、更直观、更具实践性。学生将所学学科知识内化于心，形成自身的认知结构，并在研学主题相关活动中进行理论与现实的对照，发现理论的不足，利用现实的感受和经验去补充并完善所学理论。此外，学生在自然中探索、在社会中实践、在活动中学习，在运用所学知识的同时获得了知识课堂所缺失的真实情境体验，升华所学学科知识内容，进而达到对课堂知识的反思、巩固、运用与超越。

(二) 研学实践是校内外教育的结合

研学实践课程是学校教育和校外教育相衔接的创新教育形式。研学实践是以学生为中心，在教师和学生共同组成的学习环境中，基于学生原有的概念，让学生主动提出问题、主动探究、主动学习的归纳式学习过程。《基础教育课程改革纲要(试行)》明确规定了实行国家、地方、学校三级课程管理体制，让各地区根据自己本地区的特色，充分考虑到当地经济和社会的发展，充分利用本地区的资源，打造出具有地区特色并且符合中小学生身心发展规律的活动课程。研学实践课程丰富了中小学地方课程、校本课程的内容，使地方课程、校本课程突破地域限制，开展异地研学，扩展了地方课程、校本课程的呈现方式。学校通过精准把握国家政策，结合自身办学目标和特色，依据原有课程结构，将研学旅行政策对接、落地、融入，嵌进原有课程体系中。

(三) 研学实践涵盖多种学习方式

研学实践中所运用到的学习方式，远比校内学习要丰富，因为它本身就是为学生创设了更加广阔的学习时空，踏出学校，除了有文字学习，还有场馆里的学习；不仅有静态的学习，还有动态的体验；不仅是观摩，更多是亲身参与。学习组织形式多样化，不同的课程和活动方式，学习组织形式也有所不同。

1. 参观游览

这是在研学实践课程实施中采用最多的一种学习方式，适用于多数课程类型的学习。在游览参观过程中学生通过观察、思考、体验、感悟，获取知识、丰富情感、加深理解、形成态度。参观游览的学习组织形式通常为分组集体学习或个人体验。在参观游览活动中，虽然一般是学生集体跟随导游或讲解员一起学习，但每个人的学习以个人观察体验为主。

2. 调查研究

调查研究是研学实践课程研究的主要学习方式，它注重学生运用实地观察、访谈、文献资料分析等方法，获取材料，培养理性思维、批判质疑和勇于探究的精神。调查研究的关键要素包括：发现并提出问题；提出假设，选择方法；获取证据，提出解释或观念；交流、评价探究成果；反思和改进。鉴于调查研究的严谨性和任务的复杂性，通常会以小组合作为主要学习组织形式。

3. 拓展训练

在研学实践过程中，经常会组织学生开展一些主题性的拓展训练活动，在这些活动中通常采用团队合作与个体体验相结合的学习方式。有的体验项目需要个体独立完成，而更多的拓展项目需要团队合作完成。通过拓展训练，可以增进团队成员之间的了解，拉近感情，提高成员的交流合作能力。

4. 手工制作

手工制作是文化类和科技类课程的常用学习组织形式，是学生在研学实践活动过程中学习某种工艺技术或者文化产品知识后，通过动手制作进行工艺体验的学习方式。比如在参观民俗博物馆时动手学习绣品制作，动手练习剪纸、制作泥塑等；在参观科技馆时亲自动手操作实验器材完成科学实验，学习车床冲床和切削工艺，动手制作零件或工艺品器件等。

5. 讲座论坛

通过集体听取专题讲座、专家报告等学习某一方面的专业或文化知识。通过参加论坛活动参与互动学习交流。

6. 演艺表演

包括欣赏表演和参与活动两种方式。在学习具有地方代表性的专业文化时，例如地方戏剧、地方民俗表演等，通常以观看演出的方式学习。但有些演艺活动可以安排学习者一起参与表演，例如传统文化表演、传统文化或历史故事情景剧表演、经典通读活动等。

第二节　研学实践课程的理论依据

《关于推进中小学生研学旅行的意见》文件要求各学校把研学实践纳入教育教学计划，与综合实践活动课程统筹考虑，提升学生发展综合素养，促进学生身心和谐发展。研学实践作为一种活动课程，需将课程理论作为其最基础的理论依据。中小学校广大教师是研学实践课程开发设置、研学教育实践活动开展的主体，有必要在熟知国家教育主管部门有关研学实践课程设置的相关规定和政策要求的同时，对研学实践课程相关理论、理念、观点有清晰的认知。

一、自然主义教育观理论

"自然"一词在古希腊有两种含义：一是"本原"(source)，即事物存在和运动的本原；二是"集合"(collection)，即自然界中自然物及其秩序。英国教育史学者约翰·亚当斯(John Adams)在《教育理论的进化》中认为"自然"有三种含义，即个别的天性、与"艺术"和"人为"对立的自然、自然界。关于自然主义，有学者认为，它主要指西方近代的一种思潮，即用自然原因和原理来解释一切现象的哲学思想，教育上的自然主义只是其中一种形式。也有学者把教育上的自然主义分为两类：客观的自然主义和主观的自然主义。

自然主义教育思想的集大成者是 18 世纪法国启蒙思想家计-雅克·卢梭(Jean-Jacques Rousseau)。他认为自然教育的目的是培养"自然人"(在现实社会中，内心抱有美好生活信念的人)。教育有三个来源：自然(人的器官和能力的发展)、人(学习利用这种器官和能力的发展)和事物(从周围事物和经验中所获得)。在儿童教育中，应以自然的教育为中心，人和事物的教育处于服从地位。在这里体现的是对人性、人本的尊重。美国哲学家和现代教育学创始人之一约翰·杜威(John Dewey)在继承前人思想的基础上发展出了自己独特的教育理论体系，将自然主义教育思想推向了实用化。他认为教育有三个中心：儿童、经验和活动。教育就是经验的改造和改组。经验是人的主动尝试行为与结果之间连续不断的融合。儿童中心即儿童是教学中心，强调儿童的本性、兴趣和习惯是教学的出发点，教师作为引导者要在尊重儿童身心发展规律的前提下，引导儿童内在能力的发展和实现。

自然主义教育观倡导自然、平等、自主。我们认为，自然主义教育观的内涵与特点集中体现在五个方面：第一，自然。自然在这里有三层含义，即大自然、社会和人内在的自然状态。三者之间是彼此独立又相依的关系。大自然中的万物有自身的成长规律，人也不例外。教育过程中要在尊重人自身成长发展规律的前提下采用与之相适应的教学方法和内容。社会作为自然运作的子系统，也是人类生活的重要场所，我们要在尊重社会自身运转规律的前提下对教育活动进行干预。人内在的自然受身心发展规律影响，人作为教育的主体，其内部自然的和谐发展不容忽视。第二，平等。平等在自然主义教育观中主要有两层含义。一是人与自然的和谐共存关系。人有发挥自身能力的本性需求，这是不可剥夺的权利，自然也不可被人类毫无节制地使用，强调人对自然的尊重和敬畏之心。二是学生和教师在教育中的关系。教师在学生的学习中扮演着引导者的角色，其与学生是合作关系。第三，自主性。这里的自主性是本体论意义上的自主性，是内在的一致与和谐统一。儿童在学习活动中是积极参与者而不是被动接受者。第四，自由。更加强调积极的自由，在教育中人是主体不是客体，是活动的发出者不是外力的被迫者，是有意识、有理性的自我主导者。第五，规范性与理性。教育教学需要根据主体(学生自身、教育自身、社会自身)的特性为教育活动订立规范，并依据规范行动，而规范的建立正是在运用理性思维的基础上进行的。

自然主义教育观对研学实践课程建设具有很大的指导意义。研学实践教育应围绕儿童中心论、自主性、自然、自由等话题开展深入研究，为教育的改造与发展提供思想资源。首先，研学实践活动要引导学生对意义的追寻。这是自然主义教育思想在当代的现实意义所在。对意义的问询就是自我对话的过程，也是对自我反思和批判的审视，是在理性精神的指导下进行的符合逻辑的追问，也是人作为道德主体的内在发展的本质需要。这里的意义是对生命存在的思索，是对自我精神世界的照顾。其次，研学实践活动应培养学生的理性。培养学生对自然(指大自然、社会和自我)的一种"爱"的能力。这里的"爱"是一种真诚的态度，是对多元化的包容。正如哲学家马可·奥勒留(Marcus Aurelius)在《沉思录》中所言："我们听到的一切都是一个观点，不是事实。我们看见的一切都是一个视角，不是真相。"这份"爱"是对教育本身的尊重，让我们回归到教育自身中来进行一场完整的思索。这份"爱"也是对自我的一种理解和观照，在这份观照中让自我不断完善。

二、生活教育理论

"生活即教育"是陶行知生活教育理论的核心。所谓的"生活即教育"是指把生活本身当作一种教育来进行，生活中的一切事物都可以作为学习的对象，生活中的一切事物都可以教给我们知识。陶行知先生曾这样说过："过什么生活便是受什么教育；过好的生活，便是受好的教育，过坏的生活，便是受坏的教育。""生活教育与生俱来，与生同去。出世便是破蒙，进棺材才算毕业。"由此可见，"生活即教育"的基本含义：第一，"生活即教育"是人类社会原来就有的，自有人类生活产生便有生活教育，生活教育随着人类生活的变化而变化。第二，"生活即教育"与人类社会现实中的种种生活是相应的，生活教育就是在生活中受教育，教育在种种生活中进行。第三，"生活即教育"是一种终身教育，与人生共始终的教育。

"社会即学校"是陶行知生活教育理论的另一个重要命题。结合当时并非所有人都能够接受教育的社会背景，陶行知反对这种特殊的不平等的教育，提出"社会即学校"，以此来推动大众的普及教育。而"社会即学校"的核心在于要求扩大教育的对象、学习的内容，让更多的人受教育。他认为学校里教的东西太少，不如反过来主张"社会即学校"，这样的话教育的材料，教育的方法，教育的工具，教育的环境，都可以大大增加，学生、先生可以多起来。陶行知提出"社会即学校"的主张和"生活即教育"一样，也在于反对传统教育与生活、学校与社会相脱节、相隔离。

"教学做合一"，是生活教育理论的教学论。"教学做合一"用陶行知的话说，"即生活现象之说明，即教育现象之说明，教学做是一件事，不是三件事。我们要在做上教，在做上学。"他用种田为例，指出种田这件事，要在田里做的，便须在田里学，在田里教。在陶行知看来，"教学做合一"是生活法，也是教育法，它的含义是教的方法根据学的方法，学的方法要根据做的方法，由此他特别强调要亲自在"做"的活动中获得知识。

三、人本主义课程理论

人本主义心理学代表人物罗杰斯认为，人类具有天生的学习愿望和潜能，这是一种值得信赖的心理倾向，它们可以在合适的条件下释放出来；当学生了解到学习内容与自身需要相关时，学习的积极性最容易被激发；在一种具有心理安全感的环境下可以更好地学习。罗杰斯认为，教师的任务不是教学生知识，也不是教学生如何学习知识，而是要为学生提供学习的手段，至于应当如何学习则应当由学生自己决定。教师的角色应当是学生学习的"促进者"。

人本主义心理学是有别于精神分析与行为主义的心理学界的"第三种力量"，主张从人的直接经验和内部感受来了解人的心理，强调人的本性、尊严、理想和兴趣，认为人的自我实现和为了实现目标而进行的创造才是人的行为的决定因素。人本主义心理学的目标是要对作为一个活生生的完整的人进行全面描述。人本主义心理学家认为，行为主义将人类学习混同于一般动物学习，不能体现人类本身的特性，而认知心理学虽然重视人类认知结构，却忽视了人类情感、价值观、态度等最能体现人类特性的因素对学习的影响。在他们看来，要理解人的行为，必须理解他所知觉的世界，即必须从行为者的角度来看待事物。要改变一个人的行为，首先必须改变其信念和知觉。人本主义者特别关注学习者的个人知觉、情感、信念和意图，认为它们是导致人与人的差异的"内部行为"，因此他们强调要以学生为中心来构建学习情境。

人本主义学习理论是建立在人本主义心理学的基础之上的。人本主义主张，心理学应当把人作为一个整体来研究，而不是将人的心理肢解为不完整的几个部分，应该研究正常的人，而且更应该关注人的高级心理活动，如热情、信念、生命、尊严等内容。人本主义的学习理论从全人教育的视角阐释了学习者整个人的成长历程，以发展人性；注重启发学习者的经验和创造潜能，引导其结合认知和经验，肯定自我，进而自我实现。人本主义学习理论重点研究如何为学习者创造一个良好的环境，让其从自己的角度感知世界，发展出对世界的理解，达到自我实现的最高境界。

人本主义课程论又称"以人性为中心的课程论"。它是一种主张通过实施学术性课程、人际关系课程、自我觉醒和自我实现课程，来实现包括学术潜力与非学术潜力在内的人的能力的全域发展，达成课程的"人本化"目标的课程论。人本主义课程论主张：在教学目标上指向个体的全面发展和自我实现，在教学方法上强调师生之间的人际关系和相互信赖，在教学内容上主张纳入社会课题和个人课题，在教材的组织结构上强调学科的综合性和课程的整体结构。

四、经验课程理论

经验课程理论注重儿童的经验对于学校课程的重要性，强调课程的目的在于促进人的天性的发展，倡导以儿童的经验为中心开发课程，反对以知识为本位的开发课程。杜威的经验课程观提出一切教育来自经验，但并非一切经验都有教育意义。

经验必须满足以下两个条件才能进入课程：第一，经验必须能促进儿童生长。凡是对儿童的成长起阻碍或歪曲作用的经验，都必须被排除在课程之外，真正有教育意义的经验必须能让儿童"从经验中学习"。第二，经验必须具有连续性。有一些经验本身也许是新鲜的、富有活力的和有趣的，但是互不相关，可能使人们形成不自然的、分散的、割裂的和离心的习惯，使人们没有能力去把握未来的经验。这种类型的经验同样是没有教育意义的。实践、行动、做是课程实施的重要方法，杜威强调"做中学"，重视幼儿直接经验的获得，主张通过一系列的实践活动，扩充和丰富儿童的经验。儿童在做的过程中，"知识既扩展到自我，也扩展到世界；知识变成有用的东西和希望的对象"。但这并不意味着儿童必须完全通过亲自动手"做"来获得直接经验。"一切学习来自经验"的另一层意思是儿童在已有的经验中学习。

为此，杜威将教学过程分为五个步骤：第一，儿童要有一个真实的经验情境，也就是对活动本身感兴趣的连续的活动；第二，在活动过程中产生一个促使儿童思考的问题；第三，调动已有的经验，从事必要的观察；第四，儿童产生解决问题的种种设想；第五，儿童把思维的结果运用于实践，检验这种方法的可靠性。通过这种活动让儿童在应用已有经验的基础上解决新问题，获得新方法、新策略、新认知和新经验。

对于教育者来说，如何正确利用自然和社会的环境，从中抽取一切有利于建立有价值的经验的东西，这是评价其专业工作效能的重要维度。经验的连续性与交互性作用是彼此不可分的。研学实践课程正是充分利用各种生活资源和环境，帮助学生在行走中学习、在生活中丰富经验，获得成长。

第三节　研学实践课程的功能与价值

研学实践课程是在学习借鉴国内外成熟经验基础上，在我国中小学推进的一项具有创新意义的活动课程。研学实践作为学校教育的一个重要环节，通过借用社会多方力量，强化校内外教育结合，丰富中小学教育的途径和内涵，是实现课内外、校内外教育与学校、家庭、社会教育相结合的良好载体。使多种渠道、多种资源、多个空间、多方力量都能为青少年的素质教育服务。以课程来落实研学实践，是践行其功能与价值的需要，也是深入推进中小学研学实践工作的重要任务。

一、研学实践课程的功能

(一) 是学生发展核心素养的有效载体和关键环节

中国学生发展核心素养，主要指学生应具备的、能够适应终身发展和社会发展需要的必备品格和关键能力。明确学生发展核心素养是落实立德树人根本任务的一项重要举措，也是适应世界教育改革发展趋势、提升我国教育国际竞争力的迫切需要。发展学生核心素养，以培养"全面发展的人"为核心，分为文化基础、自主发展、社会参与三个维度。中小学生处在知识快速增长的年龄阶段，除了课本知识的学习，更应走出学校，走进大自然和社会，学习书本以外的知识。无论是传统文化、现代文明还是当代科技，学生通过自己的眼睛和耳朵，亲自去看、去听、去感受、去思考，才能形成更为深刻的感性和理性认识，学习到更为丰富立体的文化知识，同时在研学过程中形成正确的世界观、人生观和价值观。学生在学习古今中外人文领域基本知识和成果的过程中，发展以人为本的意识和价值理念，增加崇尚真知、涵养、文化修养的人文底蕴，培养自己独立思考、判断和实践的能力。

青少年是研学实践活动的主体。青少年阶段是人类发育过程中尤为重要的环节，个体的身心发展、性格塑造尤为重要。学生在参与研学实践活动的过程中，可以访遍祖国的名山大川、领悟各个民族的风土人情、感悟不同地域的特色文化、参观古代历史遗迹等等，学生借由研学实践就有了直面接触、深入了解我国传统文化跟悠久历史的机会，从而对祖国有更全面的认识，骄傲祖国的璀璨文化，惊叹各民族的独特风情，崇敬革命先烈舍生忘死的大无畏精神，有效激发学生的爱国情怀。过程中，学生根据自己的兴趣爱好，选择研究主题，策划活动内容，学生始终处于主体地位，获得真情体验、具身认知，充分发挥个体的潜能，提升自我发展能力。在研学实践课程中，学生了解社会、历史、自然、文化、国情、政治，通过社会参与，认识他人，融入集体，适应社会，学会和他人相处，培养自己的集体荣誉感，成为一个有理想、有担当的人，最终实现自我的社会价值。

(二) 促进教师转变观念，增强课程意识和课程开发能力

课程建设是课程改革的应有之义和必然选择，也是落实立德树人的根本途径。始于21世纪之初的新课改工作，先后经历了努力开全开足课时、校本课程开发以及学校课程整体建设三个发展阶段。可以说，每一个阶段都有其建树、收获，从而达成了教育教学质量的整体攀升和高质量发展。尊重学生的个性差异，提升学习者的主体性，培养学习者的创新意识、创新能力，在课改进程中不断得到落实和强化。在2018年的全国教育大会上，又提出了"培养德智体美劳全面发展的社会主义建设者和接班人"的国家育人目标，学校课程整体建设的宗旨和出发点就应该围绕并落实好这一目标要求，做好"为谁培养人，培养什么人，怎样培养人"的新时代命题。教师的课程开发能力不是独立存在的，而是依附于教师课程意识的主体觉醒来获得自主发展的，建立在教师个体对课程主体地位的自觉审视和对课程实践创新的主动探索的基础之上。因此，教师的课程意识和开发能力才是决定学校课程建设水平至关重要的因素。研学实践课程的教学，赋予了教师更多的课程自主权，为教师进行课程建设提供了更广阔的空间。教师自身不仅是他人课程决策的执行者，同时也是课程的设计者、开发者和决策者，不再是既定内容的传递者、搬运工，这一角色的重要转变，将有力提升教师的专业素养。

(三) 推进课程改革，引导课程生活化

随着科技进步与知识更新的加速，学习手段、方式的多样化使传统的班级、教室授课受到冲击，比起单纯地掌握知识和技能，学会学习、发展思维、主动探究及合作与交流等能力的培养显然更加重要。终身学习的愿望和能力，信息的搜集、处理能力，发现问题、解决问题的能力以及创新意识、实践能力、社会参与、责任感等成为社会迫切需要的核心关键能力。研学旅行政策的颁布受到了各地重视，基地和学校逐渐开始对课程进行改革。联系社会生活、动手探究实践等综合性、实践性学习活动的价值日益凸显。学校通过有目的、有计划、有组织的系统的活动项目或主题，整体规划课程目标、内容体系，包括评价及管理制度的建立，这大幅度提升了学校、教师的课程意识和资源开发与整合、建设能力，特别有助于打破学生被动接受、简单模仿、机械训练的教学方式，促进课程与学生生活和社会实践相结合，为学生将学过的知识和技能在实践中转化为发现、分析、解决问题的能力提供了保障。

二、研学实践课程的价值

(一) 教育价值

1. 实现学习场景的拓展

研学实践特别强调"书本知识和生活经验的深度融合"，是将静态的书本知识与动态的真实世界有机连接起来，让书本知识不再局限于个人头脑中，而是置于一种真实的情境中去被学习和运用，由此让学生掌握"真实的、能理解的知识"。研学实践与书本知识的内容有效统整起来，构建与教材内容相关联的学习场景，让学生在真实场景中去理解学科知识。研学实践着力培养学生的创新精神和实践能力，而这些面向未来的核心素养与关键能力需要在主题探究中得到培养。主题的选择需要建立在学生的经验基础上，是学生感兴趣的，来源于真实生活；而对主题的探究则需要在真实场景中进行，需要以跨学科的视角去解决问题。因此，基于主题探究开展的研学实践是为学生创造探究的场景，为深化学生的主题探究提供支持，主题探究与研学实践的融合可以促进学生开展有意义的深度学习。《关于推进中小学生研学旅行的意见》特别强调"研学旅行和学校课程有机融合"，校本课程是结合学校实际情况、促进学生发展的课程，基于校本课程的内容设计研学实践课程是当前学校开展研学实践活动的主流形态。结合校本课程设计开放式应用场景，是增长知识锻炼才干的有效途径。

2. 促进学习方式的变革

研学实践课堂是一种全新的、综合的学习方式。传统的课程是老师一讲到底，老师的"一言堂"，现在的课堂学习方式已演变为学生合作学习、自主学习、探究学习，变为研学实践活动所要求的"研究性学习和旅行体验相结合"的方式。这种方式更加注重对"人"的培养，对"人"学会"终生学习"能力的培养。研学实践课程是一种研究性学习活动，从教育均衡和学生发展核心素养出发，强调集体旅宿、集体研学，在改变学生个人接受性学习方式的同时，也注重学生独立探究的能力培养和个性发展。学生必须到广阔的社会中去体验、去活动、去研究、去感悟。可见研学实践课程不仅是一种体验教育方式、社会教育方式，更是一种生活教育方式。学习活动方式不仅仅是学生致知的一种手段，更是人的生活方式和思维方式的深刻体现。变革学习方式，意味着改变思维方式、生存方式与实践方式。

中小学生是以学习活动为主要途径去认识自然、认识社会、认识自己和学习怎样做人的，他们将绝大部分时间和精力用于学习，而他们的学习总是按照一定的方式存在和运行，因而学习活动方式就是学生的生存方式，亦是学生的生活方式与发展方式。如果学生以主动的方式去学习，其生存、生活与发展就是积极主动的，效果就好。研学实践课程在自然、社会的真实情境中开展丰富多样的实践活动，突破学科界限，突破学生个性差异的局限，推进主题式学习，倡导研学创意和成果分享，发展团队合作精神，培育学生主动学习的态度和多样化的学习方式。学习方式变革的合理运用是学生获得良好发展的重要途径。

3. 促进课程内容的再造

研学实践课程的开发，为学生创造了一个从课堂延展向课外生活的学习时空，有利于学生将所学运用于生活情境中，实现一种记设式学习。研学活动中丰富的课程资源，可以为国家课程所利用；学科课程中学到的知识也可以在研学中去实践运用，两者相互补充，相互促进。

根据研学实践课程开发的不同阶段，学生展开各有侧重的学习活动，使学生的学习呈现出阶段性、连续性。在研学之前，教师可以组织学生搜集信息、发现问题、确定主题、分工组合、开展研前准备、设计研究方案。研学过程中，学生开展小组合作学习，围绕预定的研究方案现场参观、观察、访问、记录、测量，对现场学习进行分析和评估，进行研学内容整理、调整。研学之后，教师组织学生开展学习成果展示，学生以团队为单位结合研学前制订的任务，通过摄影、演讲、习作、情境表演等多种形式分享自己的学习收获，形成以学生成果分享为主的课程内容。可见，整个研学课程开发过程中，不论是空间的扩展，还是时间的延伸，学生沉浸学习之中，促进了课程内容的再造。

4. 构建跨学科教育模式

跨学科教育模式是结合传统的批判性思维和相关学科的多种思维方式，旨在推动学生学习与实践的综合发展，以提高学生的智力水平和技能。研学实践课程正是学校各学科知识的校外延伸和拓展。研学实践课程的设置就是由课堂学科知识生发而来的，其课程内容需与课本知识链接，有别于传统的单学科、重书本知识的教育方式。研学实践课程是一种重实践的超学科教育模式，倡导将各个领域的知识通过综合课程结合起来，加强学科间的相互配合，发挥综合育人功能，让学生在综合环境中学习，在研学实践活动中应用多学科知识解决问题。

研学实践课程的综合性体现在学生面临某种真实情境、解决相关问题时，所运用到的知识不可能只是单一的，还需要打破学科界限，从多角度分析问题，综合地认识事物，整合相关内容，形成思维网络，促进结构化知识的形成。跨学科教育模式在研学实践课程中的构建可以帮助学生培养多向思维和多元化的观念融合的能力，这种能力可以帮助学生综合考虑和解决问题，确定合乎自然的逻辑，从而调节和完善教学活动，使之更好地服务学习者。

5. 促进学生的全面发展

研学实践课程对于学生认知能力的提升、情感体验的丰富、价值观念的构建以及主体性的形成有着重要的教育价值。

研学实践中研究性学习与旅行体验相结合，是全面培养人的有效方式之一，它是一种全方位、立体式的学习方式，是学校教育的重要环节，是对校园内学习方式的有益补充，在这一学习方式中能够达到物我相通、相融、相摄，将书本知识与现实生活联系起来，在体验中感受、在实践中接受教育，锻炼各方面能力。研学实践课程将学生的发展拉入广阔的社会真实的环境中，有利于调动学生的学习积极性，激发学生学习兴趣，将学生与书本、与学科知识的关系转变为学生与丰富多彩的社会文化生活的关系；通过体验学习，学生学会与人相处，学会分享与合作，学会健康的生活方式，培养学生的创新精神和创新能力，促进核心素养形成。在研学实践活动的过程中将学校教育与现实生活融通，理解生活、感悟人生，提升学生社会文化生活综合素养，为学生全面发展奠基。

（二）文化价值

1. 文化的宣扬与传承

新时代的研学实践活动，要学习和传承中华民族五千多年文化演化进程中积累的优秀传统文化，也要延续红色血脉，弘扬红色文化，还要学习、研究承载民族复兴和人民幸福中国梦的社会主义先进文化。

研学实践充分利用红色资源和中华优秀传统文化，在研学中感悟文化之美，增加文化自信，培育青少年群体的家国情怀，持续提升国民的综合素质。研学实践是"利用优秀的民族社会历史文化和自然地理文化的鲜活展演性、环境始源性和地域实践性，通过研究性学习与旅行体验相结合，让学习者身心在场，陶冶心性，开展全方位、立体式、体验式的学习活动"。作为新时代的课程新形态，研学实践具有研究性、探索性、实践性等鲜明特点，是拓宽育人渠道的新途径，旨在提升中小学生的自理能力、创新精神和实践能力。中小学研学实践与中华优秀传统文化的深度融合是落实立德树人根本任务的重要举措，不仅能够丰富研学实践的主题，推动其健康有序发展，而且对传承与创新中华优秀传统文化具有重要价值。新时代中小学研学实践活动与中华优秀传统文化教育存在目标一致、内容共存、途径相通、资源共享与功能契合等共通性，这为两者的深度融合提供了实践可能性。

2. 文化的认同与自信

新时代中小学研学实践与中华优秀传统文化的深度融合，旨在利用中华优秀传统文化实现育人的目标。

一方面，将中华民族在长期生活中形成的民族精神及其核心价值观等优秀传统文化引入研学实践的育人过程中，积极营造与提供社会生活文化环境，涵养中华优秀传统文化精髓，充分发挥其铸魂育人功能，让参与者不由自主地浸润到不同的文化情境中，以具身体验的方式亲历文化现象，在潜移默化的文化陶冶中习得生活知识和生存技能，获得价值认知，坚定文化自信，真正实现文化育人。

另一方面，实践性和体验性是研学实践的基本特征。研学实践与中华优秀传统文化的深度融合，需要改变以往单一依赖静态文本的育人方式，应更重视"行"的具身认知功能，注重直觉体验，引导学生做到"身在其内，心在其里，思在其中"。"实践是课程的语言"，在全方位、立体式、体验式的研学活动中，学生将抽象化的文本知识与具体的生活情境、身心感官体验、已有知识经验联系起来，在体验中感悟，在感悟中反思，在实践中与现实生活相通、相融、相摄，通过在场体验、具身认知等方式感知、发现、理解中华优秀传统文化，由被动接受学习转向身心投入的主动学习，进而实现实践育人。在融合过程中，文化育人与实践育人相呼应，形成育人合力，最终达到文化熏陶、开阔视野、提升素养的目标。

（三）社会价值

1. 充分利用校内外教育平台，融合多维教育资源

研学实践是学生提升综合素质，获得全面发展的重要方式，作为面向社会及未来的育人方式，它是连接学校与社会的重要桥梁。"读万卷书，行万里路"，学生在学校学习书本知识，巩固自身的知识体系，同时也能走出教室，在真实的情境中习得知识与技能，打破学科的壁垒与教材内容的局限，促进学生对书本知识与生活知识的深度融合。通过研学实践，把生活变成教育，把社会变成学校，搭建并利用校内外教育平台，整合区域内场地、产业、文化、生态等多方资源，充分利用并直接或间接地将其转化为研学实践教育资源，让学生获得全新的认识、感受及体验，让社会资源更加鲜活有力量，真正做到校内校外能共同营造良好的环境氛围、开展体验式教学的实践活动，校内与校外深度交融，真正把学生培养成"全面发展的人"，并有效地盘活资源，实现协同育人、合作创新的目标。

2. 促进研学实践的内涵发展，完善研学产业体系

自《关于推进中小学生研学旅行的意见》颁布以来，研学活动开展如火如荼，在实施的过程中，虽存在一系列现实问题，但仍一步步在推动研学实践往更全面、深入的层次发展。研学实践教育是一项系统性的工程，涵盖了不同区域、不同行业、不同主体，不仅能推动研学实践教育内涵与价值的提升，而且能推动相关行业的发展，进而推动经济社会的全面发展。首先，研学的内涵能得到发展与提升，学生从封闭式学习变为开放式学习，从被动学习变为自主探究实践，同时优秀的传统文化教育、红色革命教育、自然生态教育等课程内容与文化底蕴注入研学实践教育，能实现立德树人的根本教育目标，实现研学独特的育人价值，丰富研学实践教育内涵。其次，不同产业能为研学提供资源与活力，为教育改革和人才培养做出相应的努力。同时带动区域内生态、土地、空间、产业及劳动力资源的有效开发和利用，推进科技创新、产业结构优化和产业链延伸，让研学成为产业发展的亮点和新的增长点，完善研学产业体系。

3.促进乡村振兴与经济发展，开辟多元发展路径

研学实践教育作为一种新型发展业态，在一定程度上能推动区域内经济的发展、文化的传承，能为区域开辟多元发展路径，实现整体发展。一方面，在乡村振兴战略全面实施的背景下，研学能为全面促进乡村发展注入活力与动力。充分发挥区域内的人才优势，解决本地人员就业和吸纳优秀人才回流，如培养本土研学导师，吸收优秀非遗文化传承人、手工艺人、农业技术人员等不同专业方向的人才，让他们参与研学，促进就业和人才结构调整，助力乡村人才、教育、经济振兴。另一方面，在一定区域内，能直接有效推动行业发展，实现区域经济发展。研学实践能进行组织开展并且得到持续实施的情况下，能够激活现有农业、工业、旅游业等产业的价值，打造产业发展新的增长点并能产生新热点，助推基地产业发展，间接带动相关行业发展，促进第一、第二、第三产业深度融合；同时更新产品建设品牌，立足自身资源与特色，探索一条适宜、创新的发展路径，助力实现乡村美、产业兴、百姓富、生态优，整体促进区域生态、经济、社会、文化发展。

第二章

指向核心素养的研学实践课程目标构建

　　研学实践以立德树人、培养人才为根本教育目的。在课程目标层面，最突出的问题是：作为理想的教育目的被"高高挂起"，一到课程教学层面就成了"轻轻放下"，其原因在于没有形成以核心素养为统领的目标体系。核心素养导向让我们真正从人的角度来思考教育、定位教育，从而更深刻地体现出以人为本的思想。对于个体而言，指向核心素养的目标是为了满足学生今后学习、工作和生活的需要；对于社会而言，指向核心素养的目标是为了满足社会健康发展和持续进步的需要。

体验探究　悦享成长——玉林市田家炳中学赴湖南研学实践教育活动

教育，从看见孩子开始

在研学的旅途中

儿童是起点，是中心，亦是目的

看山川河流，雄伟壮丽

赏日月星辰，熠熠生辉

所遇皆美好

所得皆所愿

第一节 研学实践课程目标设计理念

学生是灵动、真实、完整的个体。教育家杜威从儿童的视角出发，认为"使儿童认识到他的社会遗产的唯一方法就是让他去实践"，要"使儿童从事那些使文明成为其文明的典型活动"，并主张把各门学科的教学知识与生活进行合理的联系。杜威的观点丰富了课程体系的内涵，也启发我们思考：研学课程在合理设置其课程目标、内容、实施与评价四大要素时，要区别于传统的学科内容，而对于研学课程设计的起点——目标的构建更要从儿童的真实需求出发，体现出学生与课程设计者之间的"共时态"特性，让每一个学生在研学实践中都有独特的收获。

一、以基地办学理念为课程建设的根基

研学实践作为综合实践活动考察探究的一种方式，具备国家课程地方化设计、校本化实施的特性，而各地区的校外素质教育基地正是国家落实综合实践课程、研学实践课程的重要阵地，承担着补充学校素质教育，衔接社会实践教育，形成研学集中推进、合力落实的重要责任。长沙基地作为最早运行的国家级示范性综合实践基地和首批国家级中小学研学实践教育营地，以"立德树人，多维育人"为办学宗旨，尊重学生的成长规律，践行"磨砺致用、知行合一"的校训，坚持"立足传统、面向未来、回归生活、注重实践"的办学理念，引导学生在筋骨的磨砺中强身、在精神的磨砺中立志、在实践的磨砺中增智。与此同时，融合曾国藩"经世致用"理念、王阳明"知行合一"思想，细化"格物致知、修己达人"的校风，"有教无类、有味无痕"的教风，以及"权知轻重，度知长短"的学风，全力构建"核心—模块—项目—主题"贯通的基地研学课程体系，以问题为驱动，以实践为重点，借助PBL项目式推进的方式开展体验式学习，以学生视角构建的研学课程体系，创设贴近学生生命自然的教育情境，引导学生形成内在的生长力，去看三湘高山流水，览芙蓉万物博萃，寻星城红色基因……不以高墙为阻隔，不以考试为限定，不以唯一为标准，带领学生经历不可错过的世界，解放感官，释放手脚，探索未知，感知生命与生命、生命与社会、生命与国家之间的彼此联系，培养学生问题解决、技术运用、勇于探究、责任担当、国家认同等关键能力。聚焦不同学生独特的闪光点、生长点和兴奋点，帮助学生在群体生活中将彼此的优势能力与弱势能力进行互补促进，着重培养朴实自然的"田园君子"，求实创新的"自强

君子"与拥有家国情怀的"谦谦君子",力求通过丰富的研学实践课程体验,实现"让每个孩子成长为勇担当、善探究、能创新、乐生活的行知少年"的育人目标(图2-1)。

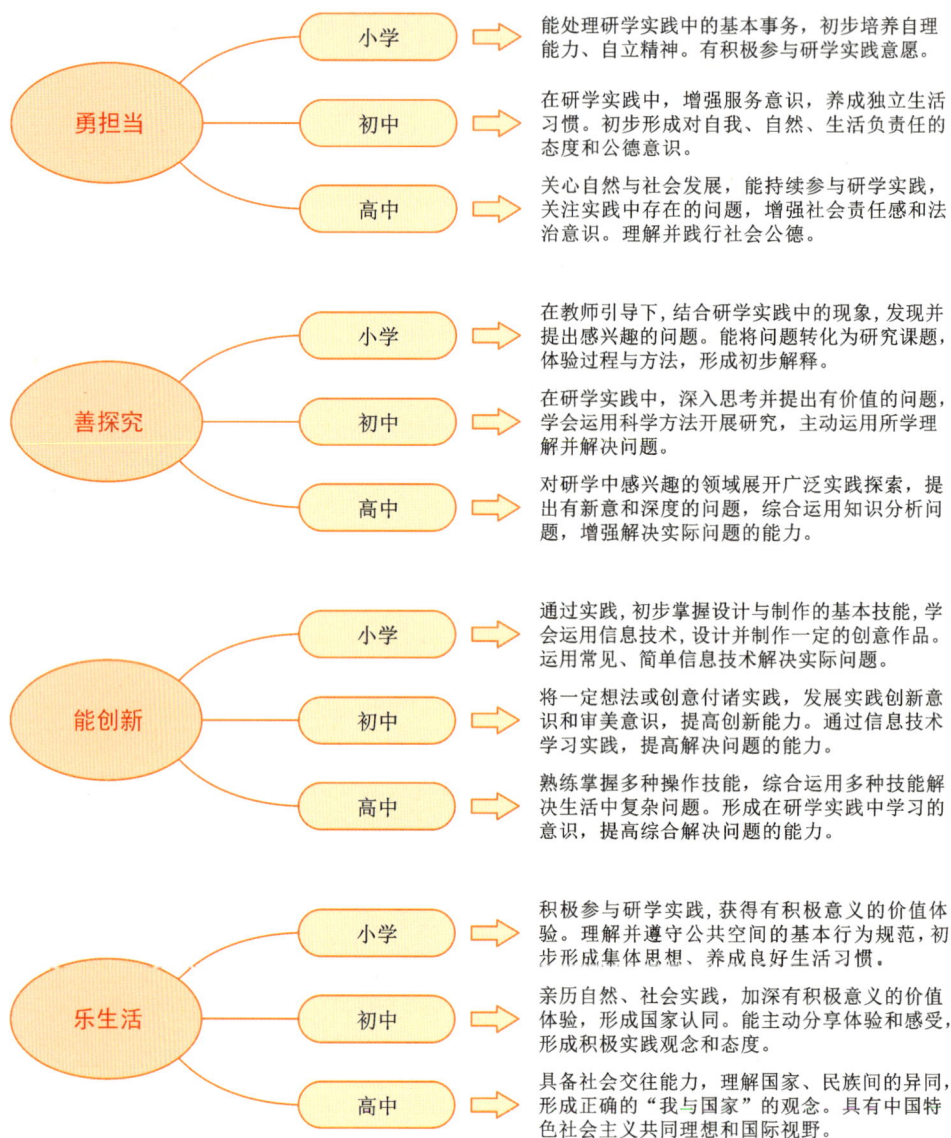

勇担当

- 小学 → 能处理研学实践中的基本事务,初步培养自理能力、自立精神。有积极参与研学实践意愿。
- 初中 → 在研学实践中,增强服务意识,养成独立生活习惯。初步形成对自我、自然、生活负责任的态度和公德意识。
- 高中 → 关心自然与社会发展,能持续参与研学实践,关注实践中存在的问题,增强社会责任感和法治意识。理解并践行社会公德。

善探究

- 小学 → 在教师引导下,结合研学实践中的现象,发现并提出感兴趣的问题。能将问题转化为研究课题,体验过程与方法,形成初步解释。
- 初中 → 在研学实践中,深入思考并提出有价值的问题,学会运用科学方法开展研究,主动运用所学理解并解决问题。
- 高中 → 对研学中感兴趣的领域展开广泛实践探索,提出有新意和深度的问题,综合运用知识分析问题,增强解决实际问题的能力。

能创新

- 小学 → 通过实践,初步掌握设计与制作的基本技能,学会运用信息技术,设计并制作一定的创意作品。运用常见、简单信息技术解决实际问题。
- 初中 → 将一定想法或创意付诸实践,发展实践创新意识和审美意识,提高创新能力。通过信息技术学习实践,提高解决问题的能力。
- 高中 → 熟练掌握多种操作技能,综合运用多种技能解决生活中复杂问题。形成在研学实践中学习的意识,提高综合解决问题的能力。

乐生活

- 小学 → 积极参与研学实践,获得有积极意义的价值体验。理解并遵守公共空间的基本行为规范,初步形成集体思想、养成良好生活习惯。
- 初中 → 亲历自然、社会实践,加深有积极意义的价值体验,形成国家认同。能主动分享体验和感受,形成积极实践观念和态度。
- 高中 → 具备社会交往能力,理解国家、民族间的异同,形成正确的"我与国家"的观念。具有中国特色社会主义共同理想和国际视野。

图2-1 "勇担当、善探究、能创新、乐生活的行知少年"的育人目标

二、以培养学生核心素养为目标定位的宗旨

传统教育给了儿童很多东西,但忽视了社会生活的需要。随着信息化、全球化时代的到来,社会结构的改变更为快速,学生需要培养什么样的能力和品质,才能够满足自身健康发展、幸福生活的需求以及国家进步、社会发展的需求?综合、开放,与社会资源和社

会生活紧密联系的研学实践活动又该如何引导教育,帮助学生真正完成从知识的外化走向经验内化的重组? 这些问题,与全球核心素养引导下的教育改革形成呼应,也为长沙基地研学课程设计的 DNA,即课程目标的定位树立了目标。

(一) 核心素养的概念与主要划分派系

2016 年 9 月,由中国教育部基础教育课程教材专家工作委员会审议,《中国学生发展核心素养》公布,其以培养"全面发展的人"为核心,分为文化基础、自主发展、社会参与三个方面,综合表现为人文底蕴、科学精神、学会学习、健康生活、责任担当、实践创新六大素养,具体细化为"国家认同"等十八个基本要点,勾勒了中国基础教育需要培养的学生具体画像(图 2-2)。

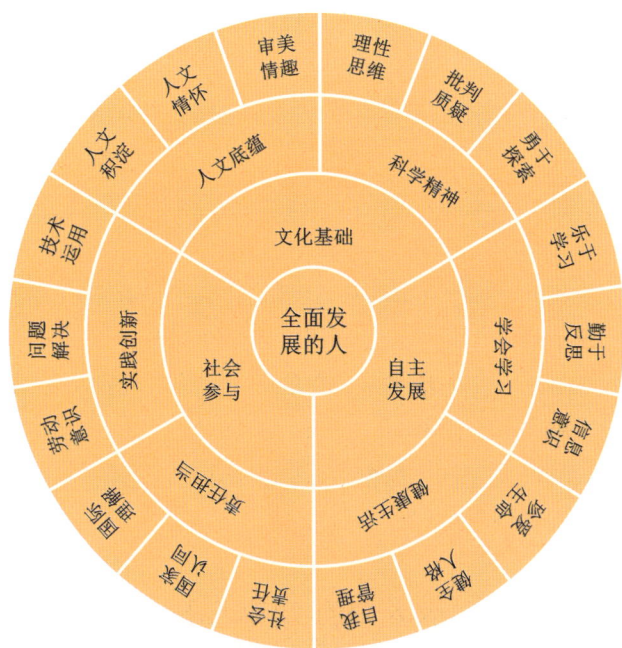

图 2-2　中国学生发展核心素养

1997 年 12 月,经济合作与发展组织(OECD)核心素养体系确定了三个维度九项素养。(1)能互动地使用工具,包括三项素养:互动地使用语言、符号和文本;互动地使用知识和信息;互动地使用(新)技术。(2)能在异质群体中进行互动,包括三项素养:了解所处的外部环境,预料自己的行动后果,能在复杂的大环境中确定自己的具体行动;形成并执行个人计划或生活规划;知道自己的权利和义务,能保护及维护权利、利益,也知道自己的局限与不足。(3)能自律自主地行动,包括三项素养:与他人建立良好的关系;团队合作;管理与解决冲突。该框架对于国际学生评估项目 PISA 测试具有直接影响,进而对许多国家和地区开发的核心素养框架产生了重要影响。

2002 年美国制定了《"21 世纪素养"框架》，2007 年发布了该框架的更新版本，全面、清晰地将各种素养以及它们之间的相互关系呈现出来。美国"21 世纪素养"框架以核心学科为载体，确立了三项技能领域，每项技能领域内包含若干素养要求。（1）学习与创新技能，包括批判性思维和问题解决能力、创造性和创新能力、交流与合作能力。（2）信息、媒体与技术技能，包括信息素养、媒体素养、信息交流和科技素养。（3）生活与职业技能，包括灵活性和适应性、主动性和自我指导、社会和跨文化技能、工作效率和胜任工作的能力、领导能力和责任能力。

中国学生发展核心素养具备跨学科素养的特点，是从中国的国情需要与学情分析中"生长"而出，具有科学性、时代性、民族性，因此以长沙基地为代表的基地研学课程构建对于核心素养的相关阐述与运用基于此类派系。

（二）指向核心素养的研学课程目标定位的意义

近年来，中国一直积极谋求以核心素养为中心的课程改革，从"双基""三维"的目标导向，到现在的"核心素养"，课程改革越来越指向——把学生置于真实社会、自然环境中应该具备哪些具体形象。而研学实践活动，由于其课程的特殊性，其在设计与实施中自然而然地具备"真实"的优势，是我国迎来基于中国中小学生发展核心素养教育时代的重要抓手。

核心素养导向所强调的"培养全面发展的人"为研学实践课程提供了上位的育人目标，为攻克中国中小学生在实际环境中"问题解决"素养急需提升这一难题提供了有效途径，为中国培养实践创新复合型人才，提升我国教育国际竞争力提供了有力举措。虽然核心素养的许多内涵无法直接测量，但是我们可以通过真实的情境、真实的任务中学生个体的表现进行基于证据的推断，而这些证据要素是我们在进行最初的研学课程目标设计时就需要提前思考、整体规划的。

三、以多维育人的发展观为目标分类的参考

相比于传统教育，"多维育人"是长沙基地研学课程设计中最具有代表性的理念。"多维育人"的价值体现在三个方面，第一，满足学生的成长需求，发展学生的创新精神；第二，全方位落实基地立德树人的办学思想；第三，促进教育课程改革和课程理念的转变。

长沙基地秉持"多维育人"的发展观，立足学生真正的成长需求，打造多维度的场域，如主题博物馆、特色工厂、生态农庄、地质公园；思考多维度的课程，如按资源类别划分的祖国美好河山类、红色革命传统类、传统历史文化类课程等，按活动类型划分的心理育人、自然育人、劳动育人、文化育人和智创育人类，按有计划和无计划属性划分的显性课程与隐性课程类，联结核心素养理念，为学生搭建起发展自我的多元平台，在丰富多彩的课程中激发学生个人潜能。

(一) 多维育人观念引导下的目标设计原则

1. 教育先行, 课程为主

研学实践教育从总体上来说是一种教育性活动, 所以在目标分类设计过程中需要把握"教育先行"这一原则, 从教育的角度出发, 斟酌和判断目标维度的划分设计是否符合教育原则, 在具有永恒性、普遍性的教育大观念或核心素养的引导下是否设有科学的横向层级(如单元、模块等)、纵向层级(如育人目标、课程目标、教学目标等)与明确的目标内容。此外, 还需思考在目标的背后是否具备能够转化为相应课程的、有价值的教育资源进行支撑。

2. 跨界融合, 立体多元

研学实践教育的目标设定应考虑到学科、行业、资源、区域的跨界融合, 这样才能确保在目标的引导下, 后续课程开发时能展现出内容的立体性。

跨学科: 打破学科界限, 从不同角度切入, 发散学生思维, 结合学生校内学习的知识进行同步迁移, 利用研学实践教育去深化、拓展和补充学校教育。例如长沙基地在"赏湖湘文化"主题下的课程目标设定, 将涉及历史、地理、语文、艺术等多学科目标的交叉渗透。

跨行业: 基地研学实践课程的开展与践行会涉及社会上多个行业, 例如高科技行业、艺术类行业、农业类行业等。从不同的行业领域切入研学实践教育, 目标的划分也需要涉及知识层面、技能层面、科学层面、艺术层面和情感层面, 学生通过职业体验的方式了解现代社会各行各业的情况, 培养学生的职业认知发展。

跨区域: 注重融合周边及省市区域的资源, 教学目标的设定要着眼于展现当地区域文化的特点。如"寻伟人故里"线路, 长沙基地串联毛泽东故居、刘少奇故居、杨开慧故居、任弼时故居、黄兴故居、胡耀邦故居开发故居课程, 其目标指向借湖南"革命摇篮"的区域特色增强学生的历史使命感与责任感。

3. 动态开放, 实践育人

研学实践教育是一场动态的教学活动, 人员是流动的、教学是动态的, 因此在研学课程设计时要思考到在多维空间中课程目标达成的不稳定性, 要确保课程目标维度中有变量指标的存在, 并根据模块的不同、参与对象的不同, 参与对象的来源地、认知能力、学习特点的不同, 结合不同阶段的学生年龄特点和认知水平, 在课程目标设计上进行梯度设置, 让学生在研学中围绕研学主题进行考察探究、采访交流、情景互动、动手实践, 在多维交互中走向研学的深度体验, 在动态化的过程中, 潜移默化地培养学生核心素养与关键能力。

（二）核心素养理念，促进多维育人目标

课堂教学是培养学生核心素养的关键环节，立足于学生核心素养目标的培养应用到研学课程设计中，主要关注三个方面：

1. 关注育人目标

研学实践教育的育人目标学生发展核心素养，是研学课程的上位目标，需要包含文化基础、自主发展、社会参与三个点，在提高学生知识与能力的同时，重点培养学生的情感态度与价值观。

2. 把握课程目标

由育人目标引领课程目标的整体设计，指导整个课程内容、实施、评价等要素的逐步完善，整体设计研学实践教育课程，做好行前、行中、行后的课程安排。

3. 明确教学目标

关注核心素养在教学中的具体体现，关注学生在实践中的主观能动性，结合不同的课程资源，采取不同的学习方式，提供发挥主观能动性的空间，让学生在设置的真实情境下发散思维，培养学生自主发展能力，从下而上地落实课程目标和育人目标。

第二节 研学实践课程目标定位

贯彻与落实学生发展核心素养是长沙基地制定研学实践课程目标的起点，亦是终点。长沙基地矢志不渝地坚持"始于人，终于人"的基本定位。满足学生对生命潜能开发与素养发展需求，是长沙基地课程目标设计的责任。长沙基地研学实践课程总目标融合核心素养指标体系中的全部十八个基本要点，每一模块依据核心素养指标体系，结合课程内容的资源属性，科学设置课程目标(图2-3)。

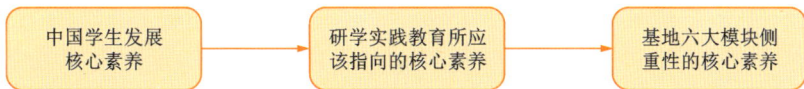

图2-3 研学目标定位流程图

一、中国学生发展核心素养——培养全面发展的人

中国学生发展核心素养的提出，强调了"全面发展"这个核心，是落实立德树人根本任务的一项重要举措，是适应世界教育改革发展趋势、提升我国教育国际竞争力的迫切需要，更为研学实践提供了育人目标。

2014年教育部研制印发《关于全面深化课程改革落实立德树人根本任务的意见》，提出"教育部将组织研究提出各学段学生发展核心素养体系，明确学生应具备的适应终身发展和社会发展需要的必备品格和关键能力"。

2016年核心素养课题组历时三年集中攻关，并经教育部基础教育课程教材专家工作委员会审议，最终形成研究成果。中国学生发展核心素养以科学性、时代性和民族性为基本原则，以培养"全面发展的人"为核心，分为文化基础、自主发展、社会参与三个方面，综合表现为人文底蕴与科学精神、学会学习与健康生活、责任担当与实践创新六大素养，具体细化为国家认同、国际理解、社会责任、人文积淀、人文情怀、审美情趣、理性思维、批判质疑、勇于探索、乐于学习、勤于反思、信息意识、珍爱生命、健全人格、自我管理、劳动意识、问题解决、技术应用这十八个基本点。

二、研学实践课程目标定位——指向的核心素养内涵

整合《关于推进中小学生研学旅行的意见》和 2017 年教育部颁布的《中小学综合实践活动课程指导纲要》中强调的学生发展要求，可以看到中小学研学旅行的总目标是：让广大中小学生在研学旅行中感受祖国大好河山，感受中华传统美德，感受革命光荣历史，感受改革开放伟大成就，增强对坚定"四个自信"的理解与认同；同时学会动手动脑，学会生存生活，学会做人做事，促进身心健康、体魄强健、意志坚强，促进形成正确的世界观、人生观、价值观，培养他们成为德智体美全面发展的社会主义建设者和接班人。该目标和核心素养指标体系中的全部十八个基本要点基本符合，让我们看到研学实践所应该指向的核心素养包括以下几个方面的内涵：

(1)研学实践课程的根本目标是立德树人、培养全面发展的人。

(2)研学实践课程要培养学生学习、生活、做人、做事的能力，培养研究能力、解决问题的能力。

(3)研学实践课程要促进学生身心健康、体魄强健、意志坚强，形成健全的人格和坚强的品质。

(4)研学实践课程要培养学生对国家的情感和文化、对历史和国家建设成就的认同，增强对"四个自信"的理解与认同。

(5)研学实践课程要培养学生对自我、对他人、对社会和对自然的正确认知与态度，培养责任担当意识。

(6)研学实践课程要促进学生形成正确的世界观、人生观、价值观，培养他们成为德智体美劳全面发展的社会主义建设者和接班人。

这也体现出核心素养融入研学实践课程标准具有天然的可能性(表 2-1)。

表 2-1　核心素养的基本内容与研学实践课程的目标比较一览表

核心素养的基本内容		研学实践课程的总目标	
核心素养	描述	描述	侧重维度
文化基础 / 人文底蕴	学生在学习、理解、运用人文领域知识和技能等方面所形成的基本能力、情感态度和价值取向。具体包括人文积淀、人文情怀和审美情趣等基本要点	感受祖国大好河山，感受中华传统美德，感受革命光荣历史，感受改革开放伟大成就，增强对坚定"四个自信"的理解与认同	价值体认
科学精神	学生在学习、理解、运用科学知识和技能等方面所形成的价值标准、思维方式和行为表现。具体包括理性思维、批判质疑、勇于探究等基本要点	学会动手动脑，学会生存生活，学会做人做事	问题解决

续表2-1

核心素养的基本内容		研学实践课程的总目标	
核心素养	描述	描述	侧重维度
自主发展 学会学习	学生在学习意识形成、学习方式方法选择、学习进程评估调控等方面的综合表现。具体包括乐于学习、勤于反思、信息意识等基本要点	学会动手动脑、学会生存生活，学会做人做事	问题解决
健康生活	学生在认识自我、发展身心、规划人生等方面的综合表现。具体包括珍爱生命、健全人格、自我管理等基本要点	促进身心健康、体魄强健、意志坚强，促进形成正确的世界观、人生观、价值观	乐善生活
社会参与 责任担当	学生在处理与社会、国家、国际等关系方面所形成的情感态度、价值取向和行为方式。具体包括社会责任、国家认同、国际理解等基本要点	培养学生成为德智体美劳全面发展的社会主义建设者和接班人	价值体认
实践创新	学生在日常活动、问题解决、适应挑战等方面所形成的实践能力、创新意识和行为表现。具体包括劳动意识、问题解决、技术应用等基本要点	学会动手动脑、学会生存生活，学会做人做事	创意物化

三、长沙基地研学实践课程目标定位——侧重的核心素养要点

长沙基地切实将学生发展核心素养贯穿在研学实践课程体系的建设和实施中，但核心素养内容丰富，在目标的选择上需要明确几个问题：指向几条核心素养？指向每条核心素养的全部还是部分内容？这些内容有着怎样的要求？所以为避免同一课程体系下，出现目标指向不明、内容不全、主次不分等问题，基地围绕核心素养三个不同方面，结合不同课程模块特点，将课程目标所侧重的核心素养如表2-2所述。

表2-2　长沙基地研学目标构建图表

课程模块	课程项目	核心素养	素养要点
祖国美好河山	访魅力山河	人文底蕴 健康生活	人文情怀、审美情趣、珍爱生命
	品四季物语		
劳动教育实践	研生态农业	学会学习 健康生活	乐学善学、勤于反思、健全人格、自我管理
	行乐善服务		

续表2-2

课程模块	课程项目	核心素养	素养要点
传统历史文化	习非遗绝学	人文底蕴 学会学习	人文积淀、审美情趣、乐学善学
	赏湖湘文化		
红色革命传统	数风流人物	责任担当 健康生活	珍爱生命、健全人格、国家认同、国际理解
	寻伟人故里		
时代社会变迁	悟乡村振兴	责任担当 实践创新	国家认同、劳动意识、问题解决
	强国防力量		
现代科技发展	探名企风采 学工业智造	科学精神 实践创新	理性思维、批判质疑、勇于探究、问题解决

第三节 研学实践课程目标分类

基地研学实践课程目标分类不是漫无目的的"撒野",而是既要有基于核心素养的牵引,又要有研学实践特殊性的考虑。目标分类应该遵循科学的原则,指向正确的维度,形成系统的结构。长沙基地研学实践课程目标从六大模块目标到十二个主题目标,再到各主题下的线路目标分类制定,形成一个完整的目标体系。

一、基地研学实践课程目标分类的原则

(一)整合性原则

研学实践课程属于聚焦式整合,即以特定资源为主题,多学科、多活动聚焦,以加强孩子们与社会生活的多学科关联和整合。那么它的课程目标制定也需要与学科核心素养的目标双向整合。所谓学科核心素养是指通过学习某学科的知识与技能、思想与方法而习得的重要观念、关键能力与必备品格。研学实践是学科课程内容的延伸、综合、重组与提升,既是学科课程基础知识、基本原理的应用,也是对学生各学科核心素养养成的实践检验、各学科领域学习成果的拓展和加深。

在研学实践课程目标制定中,学科核心素养起着桥梁作用。比如:落实核心素养中的"科学精神",可以链接科学学科素养"能够提出问题,形成假设,并通过科学方法求证、得出结论",以此来制定"学工业智造"模块目标。

(二)超学科原则

超学科有别于传统学科课程,它需要超越学科教学、书本世界这些传统桎梏,且课程目标设计更多地考虑学生的现实需求、其研究问题由学生自己提出,常见的研究性学习就是一个典型例子。

核心素养是综合知识、技能与态度的统整性素养,所以在制定研学实践课程目标时,单个或多个链接学科核心素养是不全面的。目标的制定需要打破基于学科知识内容的课程目标设计的局限,更多地考虑学生自身发展需求,基于学生已有经验和兴趣专长。比如:落实核心素养要点中的"乐学善学"重点要让学生有积极的学习态度和浓厚的学习兴

趣，能自主学习，注重合作。那么在目标制定时就需要把学生放在活动策划者位置，根据兴趣和需求，提出问题，自主选择主题，并预设内容。

（三）统一性原则

核心素养目标有无达成，最终取决于教学目标是否有效制定与实施。思考核心素养与教学目标的关系，如何达成核心素养与教学目标的统一，只有明晰这个问题，才有可能通过相对具体的教学目标落实相对抽象的核心素养(图2-4)。

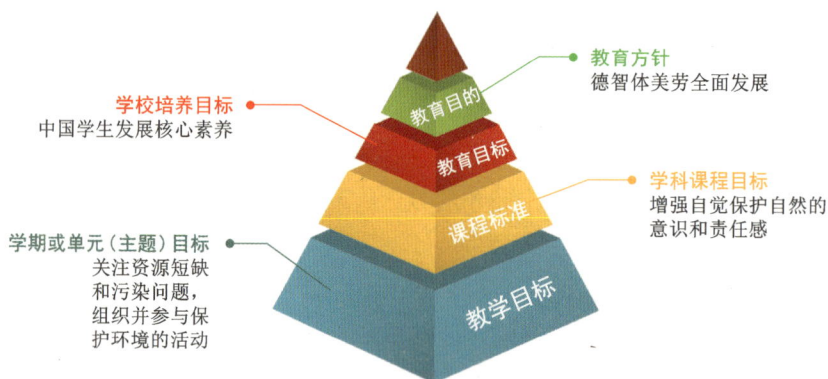

图2-4　教育目的范围的层级关系

研学实践因其特殊性，没有课程标准作为目标参考，那么就需要搭建合适的桥梁成为三级目标，将核心素养目标与教学目标连接起来。在搭建桥梁的过程中需要在核心素养与大观念的双重引导下，确定统一指向的多层级教学目标。

1.大观念目标的确定策略

大观念的核心是关注碎片、零散知识背后的结构、联系、规律。追求知识能力的应用和迁移、道德价值和力量升华。如何让学生把知识和能力转变为一种价值观和力量，就是大观念追求的东西，也是落实核心素养目标的根本。

2.基于大观念目标的设计方式

将目标所要涉及的学习内容统整在一件事、一个问题、一项任务中。基地的十二大主题下的目标设定，都是以问题为驱动，学生想方设法把每一个环节、每一个知识点统整在解决一件事或一个问题上。

（四）层级性原则

研学实践课程是活动课程，必须基于学生的可持续发展要求，侧重于符合学生的心理序列、发育特征等进行课程目标制定。

教师需能考查学生不同发展阶段的身心发展水平特点，让学生随着年龄的增长，所要达成的目标层级螺旋式上升，相对的学生所涉足的领域会越来越广阔，课程的难度也会逐渐增加，内容也会更加综合化。比如：落实核心素养要点"劳动意识"，基地"行乐善服务"研学主题小学高年级阶段研学实践目标为"自觉遵守劳动纪律，形成诚实劳动、合法劳动的意识"。初中阶段研学实践目标为"形成初步的职业意识和生涯规划意识"。

二、基地研学实践课程目标分类的维度

(一)维度的选择

长沙基地研学实践课程的育人培养目标为：培养勇担当，善探究，能创新，乐生活的行知少年。它所对应的四个目标维度为：价值体认、问题解决、创意物化、乐善生活(图2-5)。

图2-5　长沙基地研学实践课程育人培养目标

(二)维度的阐述

"行"指向创意实践，即有意义的行动。"知"指向自我认知，即主动去获取的知识和技能。"行知少年"是热爱生活，积极进取，不怕困难，敢于创新的新时代少年。

在核心素养目标之下，获取知识不再是主要目标，而是在知识的基础上形成能力、品格和价值观念。基地在设计课程目标时，每个模块及线路依据核心素养指标体系，结合课程内容的资源属性，科学设置课程目标，让学生基于学科或跨学科知识解决实际问题，实现知识的综合运用与实践创新。

(1)核心素养的价值观既强调个人价值，更强调个人价值和社会价值的统一；既强调科学价值，更强调科学价值和人文价值的统一；既强调人类价值，更强调人类价值和自然价值的统一，从而使学生内心树立起对真善美的价值追求及人与自然和谐和可持续发展的理念。基地研学实践课程目标旨在树立学生正确的价值观，注重对学生责任担当意识的培养，让学生学会对自己、他人、社会和国家承担起责任，学会担当，让责任和担当意识融入生活实践中的每一个细节。少年强则国强，祖国的繁荣富强离不开青少年的责任担当和顽强拼搏。

(2)核心素养是一种综合性素养，体现为一种问题解决的能力，内在地指向问题情境。这种性质决定学生不仅要习得基本知识、技能，更需要习得解决问题的素养。基地课程目标以问题为驱动，学生需将所学运用于现实世界的真实任务之中，去自主探究，去合作探索，养成科学探究精神，习得探究方法。

(3)基地研学实践课程目标具有开放性，要求活动过程中将发散思维与收敛思维相结

合,将创意思维培养作为重要的研学目标,不追求任务结果和呈现方式一致,而是注重培养学生思维的深度和广度,思考解决同一问题的不同路径和表现方法。目标要求实践活动不能停留在肤浅的操作层面,必须以综合思维引导操作,从实践中实现创意思维进阶。

(4)中小学生处于知识快速增长的年龄阶段,除了课本知识的学习,他们更渴望走出学校,走进大自然和社会生活,感受课本以外的知识和乐趣。学生通过自己的眼睛和耳朵,亲自去看、去听、去感受、去思考,才能形成更为深刻的感性和理性认识,更好地融入和感恩生活。这与研学实践的特殊性不谋而合,所以在设计目标时,需要更多地考虑如何让学生养成健康的生活方式,如何培养学生热爱集体和热爱生活的美好情感。

三、基地研学实践课程目标分类的结构

基地究竟要如何将核心素养的育人目标渗透在研学实践课程中,其实质就是需要对育人目标进行富有基地个性特质的鲜明的定位,并充分挖掘和释放育人目标在指导课程建设中的教育改革力量。

长沙基地以核心素养育人目标为指向,设计与规划研学实践课程目标体系,形成完整的目标系统结构,展现基地课程的逻辑性、丰富性和特色性。

表 2-3　长沙基地研学实践课程目标系统结构图

课程模块	素养要求	驱动问题	课程项目	项目目标
祖国美好河山	亲近探究自然,欣赏自然之美,形成生态文明意识。缓解学业紧张和压力,放松身心,提高审美情趣。磨炼体魄和意志,提高吃苦耐劳的精神和抗挫力	如何借自然之美,认清人与自然的关系,提高审美情趣,感悟美好生活,锻炼自我能力?	访魅力山河	欣赏环境、关心自然环境,发展对自然的热爱情怀、对环境的爱护意识,理解人与自然环境不可分割的内在联系;激发关心环境问题的兴趣、知道保护环境人人有责、形成环境问题的危机感,养成环保意识和积极的态度;知道如何保护和改善环境,树立学生节能环保意识,在潜移默化中形成良好的环保习惯,培养社会责任感和义务感
			品四季物语	培养学生对动植物的兴趣,加深学生对动植物的认识,意识到动植物对于人类的重要意义;促进学生与自然环境的联系,体会到生命的可贵;养成主动探究的习惯,尝试质疑、形成问题意识,发展探究能力

续表2-3

课程模块	素养要求	驱动问题	课程项目	项目目标
劳动教育实践	接触和融入社会，关注和反省自我，对社会和他人怀有感激，用感恩的心为身边的人做力所能及的事，并与他人分享感恩体会。体验集体生活，逐渐获得价值认同、实践内化、责任担当等意识和能力	通过怎样的教育，运用什么样的途径，能够让学生真正认识到劳动的真谛、理解劳动的价值？	研生态农业	培养学生正确的劳动观点，使学生养成热爱劳动、勤俭节约、认真细致、规范操作、团结协作、遵守纪律的优良品质和行为习惯。指导学生学会使用一些基本工具，培养学生初步的技术素养与热爱劳动的习惯。让学生学会同他人、同自然环境和谐相处。相互尊重，增强相互合作，促进可持续发展
			行乐善服务	旨在通过开展各种社会体验活动，使学生获得亲身体验，养成积极而负责的生活态度，让学生懂得知恩图报，认识到感恩不仅是一种意识，更是一种文明，一种责任；促使学生明白生命的意义在于奉献的道理，培养学生对自己、家庭、学校和社会的责任感
传统历史文化	感受中华优秀传统文化，尊重中华民族优秀文明成果。提升家国情怀和人文底蕴。养成文明礼貌、宽和待人的品格以及学会交流和分享成果和创意，提高与人交往和问题解决的能力	如何在优秀传统文化的精神家园中，获得对传统文化的时代价值和现实意义的进一步理解和认识？	习非遗绝学	增强民族自豪感，树立创建美好生活的自信心，激发创造美好生活的愿望和对生活的热爱；促进学生形成愉快的健康向上的审美情趣；培养学生现代意识和创新精神
			赏湖湘文化	增进学生对中华民族的认同和历史、文化的了解，使学生了解家乡特色民俗文化，学习制作特色手工艺品，培养学生对当地乡土文化的自豪感，传承民俗文化

续表2-3

课程模块	素养要求	驱动问题	课程项目	项目目标
红色革命传统	了解中国共产党的历史和光荣传统，理解、接受并践行社会主义核心价值观，形成国家意识、文化自信及拥护党的意识和行动，增强社会责任感和历史使命感	怎样落实"红色教育"？选择哪些内容有针对性地对学生进行爱国主义教育和革命传统教育？	数风流人物	旨在缅怀革命先烈，弘扬民族精神。为处在价值观确立和形成关键期的学生，提供丰富的革命传统教育，使其树立理想信念、提升"初心素养"。培养学生积极向上的学习兴趣，用红色文化引领学生健康成长
			寻伟人故里	培养学生坚毅勇敢的意志品质，严谨认真的学习习惯、乐观自信的生活态度。让学生接受爱国主义教育和革命传统教育，树立正确的道德观、价值观、责任感和使命感，让学生在学习中传承革命精神，在传承中焕发新的生机
时代社会变迁	体验社会经济巨大发展成就，体认社会文明建设，树立国防意识，激发爱国热情。养成健康的行为习惯和生活方式。学会生活，提高生活质量和品位	在时代社会变迁的大背景下，学生可以借助哪些社会变革，立足过去思考未来？获得怎样的教育启示？	悟乡村振兴	旨在指导学生通过实践活动了解、认识乡村振兴的重要；走进乡村，增进对乡村的了解与认识，理解乡村振兴和国家发展的内在联系；认识和了解科学与技术的应用，激发学生学习兴趣和探究欲望，提高学生应用学科知识解决实际问题的能力
			强国防力量	使学生在实践情境中获得对国家、对国防以及对科技发展的认识，形成热爱祖国、关心国防以及关注军事科技发展的高度责任感，进一步增强国防意识。旨在通过实践活动锻炼学生的体力、毅力，增强学生体质，培养学生挑战自我的勇气和信心以及相互合作的团队精神；张扬个性，激发潜能；提高学生的身体素质、心理素质

续表2-3

课程模块	素养要求	驱动问题	课程项目	项目目标
现代科技发展	树立科技兴国意识，养成积极参与社会建设的意愿。强化批判质疑、勇于创新的科学精神。在现实情境中强化可持续发展理念、绿色生活方式和行动能力	如何在现实生活中去感受科学技术带来的深刻变革，激发培养实践创新意识？如何理解知识经济的内涵？	探名企风采	旨在指导学生通过实践活动，认识和了解科学与技术的应用，激发学生学习兴趣和探究欲望，提高学生应用学科知识解决实际问题的能力。感受到科学的魅力，激发学生热爱科学、尊重科学、学习科学的热情，树立正确的科学价值观
			学工业智造	掌握基本的生活和生存技能，增进对社会职业的了解，学会自我规划。养成探究兴趣和问题意识；增强个人的实验意识、创新意识和科学意识；培养严谨认真的科学研究态度，通过实验探究活动，提升科学素养

第四节 研学实践课程目标体系

　　素养发展具有长期性,不同学段究竟需要达成怎样的核心素养目标? 如何让小学、初中和高中阶段的学生素养得以衔接? 课程内容如何做到循序渐进和螺旋上升? 这都是基地课程目标达成所面临的重要课题。

　　长沙基地力求通过丰富的课程体验,让每个孩子成长为勇担当、善探究、能创新、乐生活的行知少年。为了实现育人目标,基地将"勇担当、善探究、能创新、乐生活"进行细化,形成了小学、初中、高中分阶段分层级课程目标,构建了研学实践课程目标体系,以便在不同主题、不同层次的活动中得以达成。

一、基地研学实践课程目标体系构建

　　基地研学实践课程目标体系构建,见表2-4。

表2-4　长沙基地研学实践课程目标体系分层构建示意表

模块	主题	年段	目标
祖国美好河山	访魅力山河	小学	**价值体认**:了解家乡的风土人情、自然风光和人文景观,知道人与自然和谐相处的重要,增强自觉保护自然的意识和责任感 **问题解决**:通过实地考察、小组讨论、集体汇报等一系列研学实践,增强开展调查研究的能力,通过实景参观和书本知识对照,激发学习兴趣,培养自主学习能力 **创意物化**:实地考察自然生态环境,选择某一类和主题相关环境因素,观察分析形成始末、相关特征等完成考察记录表 **乐善生活**:亲近自然,热爱自然,在与自然的相处中,放松身心,能够发现自然之美

续表2-4

模块	主题	年段	目标
祖国美好河山	访魅力山河	初中	**价值体认**：了解家乡的悠久历史和近现代奋斗史，培养其对家乡自然、历史和文化的热爱，理解人与自然环境不可分割的内在联系，培养民族自豪感和自信心 **问题解决**：能够运用所学的知识思考和分析当地环境、文化及经济产业发展问答，提高学以致用的能力。依靠自然优势开展研学，让学生在交流、合作、沟通中，提高人际交往及信息表达能力 **创意物化**：关注县情市情，抓住地域特色形成计划书或针对某一地区撰写旅游攻略 **乐善生活**：通过适当的体力活动锻炼身体，增强耐力，磨炼意志，养成阳光的心态，传递积极情绪
		高中	**价值体认**：培养其对所在省份和整个国家自然、历史和文化的热爱，进一步提升民族自豪感和自信心。形成环境问题的危机感，形成环保意识和积极的态度 **问题解决**：在实践中学习课题研究的基本方法和基本规范，学会综合运用知识分析问题，用科学方法开展研究，增强解决实际问题的能力 **创意物化**：了解有关提倡低碳生活方面的一些信息，调查当地使用的主要能源及其对当地经济和环境的影响，提出开发当地可再生能源的建议书 **乐善生活**：能运用所学知识指导和规范个人行为，践行低碳生活具有节能环保意识
	品四季物语	小学	**价值体认**：培养尊重自然的情感，增进对自然的兴趣，加深对自然事物现象的理解。增强对家乡的热爱，对自然馈赠的感恩 **问题解决**：用地理的眼光看待世界，学会观察与思考。学会交往，善于沟通，具有基本的合作能力、团队精神 **创意物化**：通过对自然中的动植物观察和景观观赏等活动来实现对学生的自然教育，通过自然教育使学生受教于自然，以自然为蓝本编绘自然笔记 **乐善生活**：善于将好奇心转化为浓厚的兴趣，去发现生活中的美，培养自己积极的生活情趣

续表2-4

模块	主题	年段	目标
祖国美好河山	品四季物语	初中	**价值体认**：树立与自然界和谐共处的意识，树立科学的自然观、世界观，培养科学的工作态度和思维方法 **问题解决**：能有目的、有系统、自觉地去知觉和观察事物，提高观察的持久性。借助不同学科知识整合和多种方法的综合运用，实现学习的有效迁移 **创意物化**：根据主题选择，设计制作符合特征和理念的文创产品，并分组上台展示交流 **乐善生活**：倡导绿色消费，引导学生树立尊重自然、顺应自然、保护自然的发展理念
		高中	**价值体认**：正确认识和处理自然价值和文化价值的关系。向善尚美，富于想象，具有健康的审美情趣和艺术鉴赏、表现能力 **问题解决**：基于发展需求，围绕研究主题，从多个维度对自然事物进行分析，认识相互作用关系，从而较全面、辩证地看待自然问题 **创意物化**：以组为单位，宣传、策划一场与四季主题有关的文创产品推介会 **乐善生活**：引导学生增强调控心理、自主自助、应对挫折、适应环境的能力。培养学生健全人格、积极的心态和良好的个性心理品质
劳动教育实践	研生态农业	小学	**价值体认**：通过学习与"生态资源"相关知识信息，启发关注科学、技术、社会、环境之间的关系。提升节约和保护自然资源的意识。树立正确的劳动观念，养成良好的劳动习惯 **问题解决**：在真实的劳动环境中实践学习，满足学生动手动脑、学会生存的需要，使学生在真实的情境中学习知识，获得经验 **创意物化**：实地考察地方人文特色，了解其成因，感受乡土情怀，提出保护自然资源的建议 **乐善生活**：自理自立，热爱劳动，掌握基本生活技能，树立生命安全与健康意识
		初中	**价值体认**：发展初步的筹划思维，塑造基本的劳动品质。提高对发展生态农业重要性认识，关注水资源短缺和污染问题，引发保护水资源的意识和行动。认同人与自然和谐共生的理念 **问题解决**：要因地制宜呈现地域特色，在日常生活不同的劳动环境中拓宽视野、丰富知识、亲近自然生态环境、参与体验 **创意物化**：运用恰当语言描述发展生态农业重要性，形成具体的保护生态或生态农业可持续发展的反馈报告 **乐善生活**：通过行动改善自己的日常生活，形成积极的心理品质，具有抗挫能力与自我保护能力

续表2-4

模块	主题	年段	目标
劳动教育实践	研生态农业	高中	**价值体认**：引导学生从真实需求出发，经历完整劳动实践过程，习得劳动知识和技能，感悟和体认劳动价值，培育积极的劳动精神，弘扬劳模精神和工匠精神 **问题解决**：通过设计各种课题方案，培养调查、实验等培养组织规划能力，及时对研究过程及研究结果进行审视、反思并优化调整，提高资料的整理与分析能力 **创意物化**：建构基于农业发展证据、具有说服力的解释，形成比较规范的研究报告或其他形式的研究成果 **乐善生活**：体悟健康生活，服务社区人群和关注国家命运，体现应有的个体责任和社会担当，获得社会发展所需要的个人成长
	行乐善服务	小学	**价值体认**：获得有积极意义的价值体验，理解并遵守公共空间基本行为规范。增进与他人的交往，培养家国情怀 **问题解决**：给学生动手动脑以及锻炼口头表达能力的机会，积极思考问题，尝试用科学方法去解决问题，学习与人合作，熟悉生活技能 **创意物化**：了解服务对象口味喜好，小组合作分工，动手尝试制作时令美食，切身感受制作美食和服务他人的乐趣 **乐善生活**：初步形成自理能力、自立精神、热爱生活的态度，具有积极参与学校和社区生活的意愿
		初中	**价值体认**：能主动分享体验和感受，与老师、同伴交流思想认识，形成国家认同。通过职业体验活动，形成积极的劳动观念和态度，具有初步的生涯规划意识和能力 **问题解决**：即调动各种感官去感受自然与社会，将课内外知识关联起来，学习用科学方法去解决较为复杂的问题，学会与人合作，掌握生活技能 **创意物化**：了解地方历史上以及现实社会中各行各业楷模的成长故事。在指定场所参加社会实践活动，体验志愿者生活 **乐善生活**：乐学善学，勤于思考，保持对生活的好奇心与求知欲。在实践中培养学生的社会认同、法治意识、健康生活和公共参与意识
		高中	**价值体认**：引导学生深化社会规则体验，培养国家认同和文化自信意识，初步体悟个人成长与职业世界、社会进步、国家发展和人类命运共同体的关系，增强根据自身兴趣专长进行生涯规划和职业选择的能力 **问题解决**：善于与人合作，熟练生活技能，善于听讲和观察，积极思考问题，能从本质上分析问题，力求有说服力和逻辑论证，常常能提出一些新的设想和见解，有独创性的思维活动 **创意物化**：在掌握资料信息的基础上，针对研究主题，能够形成个人观点或解决问题策略，能有文字、制图、数据库以及表格程序等制作研究报告 **乐善生活**：参与社会活动和担当社会责任，实现自我管理，拥有对美好生活的追求、乐观的生活态度和健康心理

续表2-4

模块	主题	年段	目标
传统历史文化	习非遗绝学	小学	**价值体认**：感受传统文化的源远流长，增强民族自豪感。体验地方非物质文化遗产，培养民族自尊心和自信心 **问题解决**：能根据现象主动思考，简洁明确地表述发现的问题。能在思考的基础上对问题形成假设，并能初步判断问题的解决方案 **创意物化**：根据学习主题选择合适的人文类、历史类非遗主题博物馆进行集体参观学习。选择一种非遗项目用合适方式全面介绍并展示 **乐善生活**：适应集体生活，感受在集体中共同学习、生活的快乐，乐于与同学、老师交往。感受到活动带给自己的生活乐趣
		初中	**价值体认**：欣赏地方特色非遗的艺术作品，培养审美情趣，陶冶情操。强化民族精神，激发学生爱国热情 **问题解决**：将非遗认识成果内化为主体的认知图式，逐步形成认识事物的能力，深刻领悟知识内蕴的生命意义和价值关怀。初步掌握非遗特色技艺，具有学会学习的能力 **创意物化**：根据场馆特色设计相关活动，获得人类沉淀下来的经验、成果，提高认知能力。与非物质文化遗产传承人交流，体验非物质文化遗产制作过程 **乐善生活**：敢于面对生活中的问题，拥有做事认真、积极向上的心理品质。展现出身心健康、蓬勃朝气的精神面貌
		高中	**价值体认**：引导学生了解中华优秀传统文化发展脉络，精神内涵，增强文化自觉和文化自信。增强民族凝聚力，激发责任感和使命感 **问题解决**：在真实的情境中灵活运用知识，感受知识的内在力量。通过任务型项目化的内容，更好地让知识、学习过程和学习结果嵌套整合。能够在解决问题过程中有效利用各种信息，能够全面、清晰地呈现、展示各种信息 **创意物化**：统一设计采访主题，由小组合作分解小课题。合作设计采访稿，组织协调相关人力、物力有序规划地实施采访 **乐善生活**：正确认识自己、调控情绪，心态平和地与人交往，学会处理人际关系。在活动中乐于参与，积极合作，形成良好学习品质
	赏湖湘文化	小学	**价值体认**：通过学习优秀湖湘文化来提升思维素养，通过亲历文化感受内涵来培养文化内涵，通过品鉴提升审美素养 **问题解决**：提高学生查阅参考书籍、上网等手段来观察记录、创意设计的能力。养成良好合作习惯，培养收集整理资料、分析综合判断的能力 **创意物化**：参观地方人文、历史相关的博物馆、纪念馆，了解相关历史和文化。以组为单位制作宣传海报，交流展示 **乐善生活**：养成良好生活和行为习惯，形成诚实守信、友爱宽容、乐观向上等良好品质

续表2-4

模块	主题	年段	目标
传统历史文化	赏湖湘文化	初中	**价值体认**：探究湖湘文化的地位和影响，增强对中华民族悠久历史文化丰富性和多样性的认知。增加人文积淀、加深人文情怀、提升审美情趣 **问题解决**：乐于提问，敢于质疑，学会在真实情境中发现问题、解决问题，具有探究能力和创新精神。动手制作艺术品，亲身感受各种艺术的魅力 **创意物化**：使用传统或现代的工具、材料和媒介，创作不同表现形式的美术作品，表达自己对文化生活的看法 **乐善生活**：培养公民意识，掌握促进身心健康发展的途径和方法，养成自主自立的生活态度，形成尊重他人、乐于助人等良好品质
		高中	**价值体认**：深入了解当地传统文化，增强民族自豪感，亲近传统文化，吸收传统文化的精华，夯实文化底蕴，提高人文素养 **问题解决**：整合语言知识学习、语言技能发展、学习策略运用、思维品质提升和文化意识的构建 **创意物化**：选择身边体现湖湘文化的素材或作品，用相机、摄像设备拍摄，结合计算机动画软件制作定格动画作品 **乐善生活**：学会正确选择人生发展道路的相关文化知识，具备自主、自立、自强的态度和能力，初步形成正确的世界观、人生观和价值观
红色革命传统	数风流人物	小学	**价值体认**：弘扬中华民族优秀革命文化，汲取文化营养，孝亲敬长，团结友爱，具有集体主义精神。培养对中国共产党的朴素感情，为自己是中国人感到自豪 **问题解决**：在历史情境中，以任务为引领，通过参观、采访等方式，学会与他人积极主动地沟通交流，表达自己想法 **创意物化**：游览地方历史遗迹，了解相关历史和人物故事。在影视画面的提示下，为所了解的对话、故事配音 **乐善生活**：理解日常生活中的道德规范和社会公德。拥有自信向上、诚实勇敢等良好的意志品质和活泼开朗的性格
		初中	**价值体认**：亲身接触历史文化遗迹、名人故居、顶尖历史名校，近距离感受文化的渲染，培养文化自信心；国家认同，热爱中国共产党。提升道德情操，促进健康成长 **问题解决**：理解红色故事背后非文字资料传达的意义。注重在真实情境创设中，增强认识真实世界、解决真实问题的能力。较好运用口头语言、写作、绘画、肢体语言等多种方式，清晰灵活、具有个性地表达自己观点 **创意物化**：通过阅读和资料收集，了解伟人事迹，进行口头概括或使用非文字手段描述人物经历、事件特征 **乐善生活**：学会待人接物的日常礼仪，形成规则意识和民主法治观念，养成自尊、自律、乐观向上等良好品质

续表2-4

模块	主题	年段	目标
红色革命传统	数风流人物	高中	**价值体认**：坚毅勇敢，自信自强，勤劳节俭，保持奋斗进取的精神状态。明辨是非，遵纪守法，具有社会主义民主观念与法治意识 **问题解决**：能通过资料收集和学习，了解时事热点，学会观察身边的人和事物，学会如何表达观点，发现问题并提出有效解决方案 **创意物化**：小组合作选定人物和典型事迹，通过编辑、拍摄、剪辑等完成一部与主题相关的微电影 **乐善生活**：认识到学习与生活中的不如意的存在，在交流体验中分析成因，积极应对，做笑面勇士
	寻伟人故里	小学	**价值体认**：将历史学科与研学旅行相结合，学生能够自主地通过观察、访谈、操作、验证和体悟等方法来感知历史，更有助于培养学生立体地审视历史、把握历史发展脉络的历史核心素养 **问题解决**：能在实践中综合运用所学知识，并将习得的知识进行运用的能力 **创意物化**：通过祭拜先烈、缅怀先烈丰功伟绩，引导学生崇敬先烈，树立正确人生价值观 **乐善生活**：感受传统革命文化折射出的浓郁民族气节，树立健康的身心意识，快乐成长
		初中	**价值体认**：具有维护民族团结，捍卫国家主权、尊严和利益的意识。增强对中华民族的归属感、认同感和荣誉感 **问题解决**：能在活动的过程中，通过合作探究、实践体验，将知识内化吸收，从而使语言实际应用能力得到锻炼 **创意物化**：参观革命旧居，学习红军团队坚定信念、百折不挠的革命精神和艰苦创业精神，写一篇研学作文 **乐善生活**：带着任务去发现、去参与，从中学会如何与人交往，积极主动地发现生活中的美好和正能量
		高中	**价值体认**：关心时事，热爱和平，尊重和理解文化多样性，初步具有国际视野和人类命运共同体意识。坚定文化自觉和文化自信 **问题解决**：经历问题研究过程，学会交流分享研学成果和创意，形成分析解决问题的志趣和能力，在实践中内化、提升知识素养 **创意物化**：用视频、文字等记录研学过程中所历、所感，制作以"美篇"形式，每天记录与分享研学心得 **乐善生活**：通过感受伟人革命思想，实地走访，增强人文情怀，激发对创造美好生活的热爱和向往

续表2-4

模块	主题	年段	目标
时代社会变迁	悟乡村振兴	小学	**价值体认**：了解社会各种职业的内容与特点，培养集体意识，承担集体责任 **问题解决**：学生在主题活动中，通过完成学习任务获取知识和解决问题，体验相关职业，让学生对不同的职业有初步的了解 **创意物化**：结合相关主题进行简短的主题演讲，做到观点基本明确，逻辑比较清晰、语言正确、语调自然 **乐善生活**：与人交往有礼貌、诚实守信，喜欢和身边人交往。初步了解生活中自然、社会常识，珍爱生命，养成乐观生活态度
		初中	**价值体认**：理解和践行社会主义核心价值观，逐步领会改革创新的时代精神。在实践中认识社会公民的权利、责任和义务 **问题解决**：探究如何设计问卷，小组讨论综合问卷方式与内容。提高沟通合作与语言表达的能力 **创意物化**：通过小组合作，使用调查问卷开展调查，综合考虑建议合理性，绘制图表呈现结果 **乐善生活**：对生活有规划意识，积极参与集体生活，学会与人平等地交流合作。理解人与自然、社会环境相互依存的关系
		高中	**价值体认**：立足中国国情，具有世界眼光、全球意识。树立共产主义远大理想和中国特色社会主义共同理想 **问题解决**：学习如何对建议表达观点，并从必要性、合理性和可行性等角度给出支持理由。同伴间学会相互提出改进建议 **创意物化**：对不同的建议表达自己观念，综合考虑建议的合理性、必要性与可行性，并通过讨论整合，撰写一份给当地政府的建议书 **乐善生活**：具备社会交往能力，养成勤俭节约、低碳环保、自觉劳动的生活习惯，形成健康文明的生活方式
	强国防力量	小学	**价值体认**：引导学生从身边的小事做起，关注时代发展，凸显我国科技成就，增强文化自信，树立科技强国的远大理想 **问题解决**：能使用简单和直接的证据表达自己的观点。能从收集到的信息中获取有用资料，并加以分析，准确运用到实践中 **创意物化**：对收集资料进行分类、筛选、分析，完成后绘制思维导图，体验用科学的方法对资料进行处理 **乐善生活**：发现自己的喜好和兴趣，能发挥自己的特长，从日常平凡小事中发现乐趣，体验情趣

续表2-4

模块	主题	年段	目标
时代社会变迁	强国防力量	初中	**价值体认**：围绕国防主题意义，以时代变迁为载体，理解国防力量的内涵，发展逻辑思维、批判思维和创新思维，涵养内在精神，做出正确价值判断 **问题解决**：有意识地将信息与现实生活有机结合，融会贯通，从而不断增强信息意识。能对综合性问题进行分析和推理，获得结论并作出解释 **创意物化**：在全面掌握资料信息的基础上，针对研究主题，能够形成个人观点或解决问题的策略。能用文字、制图、数据库以及表格程序等制作研究报告 **乐善生活**：形成正确的"我与国家""我与社会""我与世界"的生活观念，对家乡、国家有归属感和幸福感
		高中	**价值体认**：明确人生发展方向，追求美好生活，能够将个人追求融入国家富强、民族复兴、人民幸福的伟大梦想之中 **问题解决**：能在复杂的情境中，对问题进行分析和推理，获得正确结论并合理使用证据，从多个视角审视结论，解决问题具有一定新颖性 **创意物化**：以"国防"为主题，开展辩论赛，分组进行资料收集，开展辩论，分享活动感受 **乐善生活**：深化安全意识，提高自我保护和生存能力，学会生活，提高生活质量和品位
现代科技发展	探名企风采	小学	**价值体认**：通过探访名企，感受并赞赏科技对改善个人生活和促进社会发展的积极作用。培养民族自尊心、自信心和自豪感 **问题解决**：旨在让学生经历与科学工作者相似的探究过程，培养发现问题和提出问题的能力。主动获取知识，领悟科学探究方法，发展科学探究能力 **创意物化**：通过网络、实地考察，了解相关企业资料，以"名企风采"为主题，制作PPT **乐善生活**：研学过程中通过小组之间、师生之间等交流与分享，充分认识自己，享受自我成功的喜悦，提高生活自信心
		初中	**价值体认**：体验科学探究乐趣，养成实事求是的科学态度和勇于创新的科学精神。增强热爱祖国的情感，树立为中华民族复兴和社会的进步学习的志向 **问题解决**：通过主题学习，在探究过程中培养动手操作和收集数据的能力、分析和处理数据的能力、解释数据的能力 **创意物化**：小组讨论合作设计制作采访表，通过采访企业成员，了解科技创新如何推动企业竞争力的提高 **乐善生活**：学会确定合理的目标，并定期对自己的目标进行评判，学会取长补短

续表2-4

模块	主题	年段	目标
现代科技发展	探名企风采	高中	**价值体认**：关注相关社会热点问题，初步形成主动参与社会决策的意识。感受名企产业报国精神，树立为民族工业发展做贡献的理想，报效国家 **问题解决**：基于事实与逻辑进行独立思考和判断，对不同信息、观点和结论进行质疑。培养理解、鉴赏广告词及沟通表达能力 **创意物化**：设计撰写相关企业宣传有创造性的广告字词，并拍摄广告短片 **乐善生活**：认识与人交往时产生的情绪，能够控制情绪，尝试以良好的情绪状态来管理自己的学习和生活
	学工业智造	小学	**价值体认**：激发学生对各学科领域知识学习的兴趣，培养青少年积极主动学习的习惯并提供创新实践的机会，使其有机会较早地接触社会行业和职业，尽早形成社会责任感与担当意识 **问题解决**：了解数学的价值，欣赏数学美，提过学习数学的兴趣，培养学生联系实践的习惯、良好的学习和思维品质 **创意物化**：聆听各种发明创造的故事，了解其学科原理 **乐善生活**：能察觉自己及他人在沟通表达中的情感和态度，勇于在比较陌生的群体中表达，乐于尝试与陌生人交流
		初中	**价值体认**：了解历史和时代前沿的科学发现、科技发明以及与人类生活的关联。初步养成认真勤奋、独立思考、合作交流、反思质疑的学习习惯，初步形成自我反思意识 **问题解决**：逐步用数学的眼光观察现实世界，会用数学思维思考现实世界。培养学生乐学善学、勤于反思、勇于探索的严谨的科学探究态度 **创意物化**：体验各种新老技术带给人类的便利，了解并探究其背后的学科原理 **乐善生活**：回顾参与活动体验，尝试分享学习与生活中的成功经验，合理规划爱好与生活之间的关系
		高中	**价值体认**：体验利用数学、科学与技术知识解决现实问题或发展相关技能，增强科技意识。形成自我反思意识，发展科技道德、科技伦理及责任感 **问题解决**：合理利用并创新使用数字技术和在线数学平台以及信息化手段 **创意物化**：设计小机器人，感受科技与艺术融合的魅力 **乐善生活**：明确人生发展方向，追求美好生活，能够将个人追求融入国家富强、民族复兴的伟大梦想之中

二、基地研学实践课程目标要领与设计思路

基地六大课程模块下的十二个主题目标设计，既要融合核心素养主旋律要求，又要考虑不同年龄阶段学生心理和生理需求。学生在不同主题研学实践所要达到的目标既有共性目标也有特性目标，甚至同一主题下的研学实践，对于小学、初中、高中阶段学生所要达到的目标亦是层层递进，螺旋上升的(图2-6)。

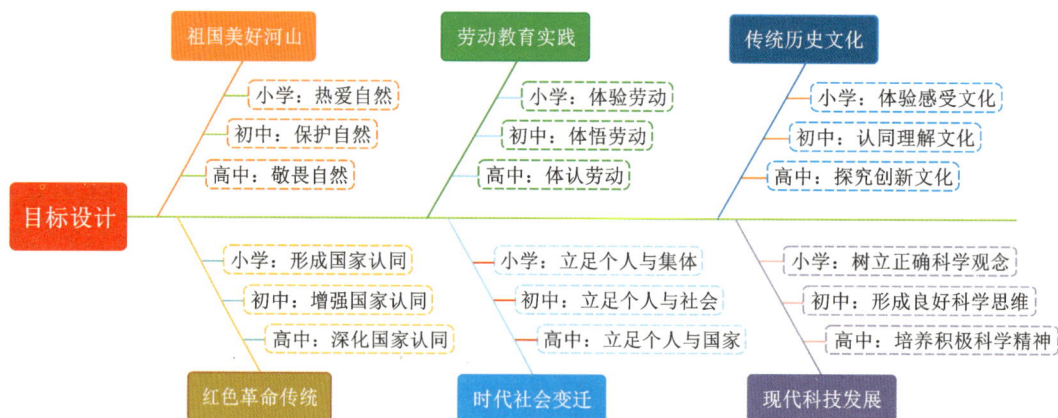

图2-6 目标设计

如上所述，无论研学实践理论的阐述，抑或研学实践经验的积累，都告诉我们要构建长沙基地合理的研学实践课程目标，需做到两点：一是以学生为出发点，立足基地现实，聚焦学生的生长点，设计符合学生需求的螺旋上升、层层递进的课程目标。二是理清"研学实践教育哲学—基地办学理念—研学实践课程理念—课程目标"之间的关系，从而提取出核心素养内涵，构建准确的课程目标逻辑。

第三章

主题串联式的研学实践课程内容开发

　　研学实践活动的课程内容是指为实现研学目的所选择和设计的需要学生参加的各种实践活动的总和，而基地的研学课程内容是根据基地的教育价值观和相应的研学实践课程目标为学生所提供的直接经验与间接经验的总和。如果说提升学生的核心素养是研学实践课程的目标所向，那么以主题串联的研学课程内容开发就是实现目标的有效手段。在目标需求诊断、研学资源转化、主题线路设计、学习方式确定、课程内容具化的过程中，非正式学习环境中实施的研学实践活动也将逐渐由"走马观花"式量的增长驶向众所期待的有教育靶向、有原则计划的课程航道。

道阻且长，行则将至

漫步山林，探寻自然之美

跋涉古道，领略历史之韵

翻阅古籍，感受智慧之源

研学之旅，带领我们跨越时空

让我们变得更加睿智，变得更加勇敢

变得更加充满希望和梦想

第一节　研学实践课程资源的转化

　　课程资源是课程设计、开发、实施和评价等整个课程发展过程中可以利用的一切人力资源、物力资源、自然资源、社会资源的总和。研学实践课程以世界为课堂，课程资源呈现着广泛性、多样性、多元性、地域性等特点，并在一定程度上相互关联、相互交融。面对丰富多元、选择多样的"原始素材"，如何有效整合、科学转化，使之成为适应不同学龄段学生开展研学实践活动的课程资源呢？这需要研学课程的设计者把握研学目标的需求点、研学资源的关联点，对原始资源进行诊断、筛选、分类，才能分步转化为研学实践活动所需要的课程资源和教学资源，为后续研学线路的开发以及课程内容的具化奠定坚实的基础。

一、研学课程资源转化的必要性

　　课程资源是指形成课程的要素来源及必要而直接的实施条件，是构建课堂教学内容和实施教学活动的基本条件。作为国家课程综合实践活动中考察探究的一种方式，研学实践活动具备明显的教育性、实践性、开放性，它所依赖的课程资源是开展研学实践的前提和基础。然而原始的自然、社会资源通常是未经过组织和处理的信息和材料，它们包含的内容复杂，信息量大，并不能直接应用于研学实践活动，难以很好地被学生掌握和理解，只有进行资源的转化，才能被充分利用，发挥最大的教育作用。例如生态农场角落里的丝瓜棚架，不进行资源转化就是乡村最常见的农作物种植工具，但是如果进行资源转化，增加瓜棚搭建的标志、步骤，挖掘对应的教育内涵，就可以变成引导学生探究丝瓜植物属性，开展立体生态种植，进行自然农业研学的课程资源。此外，原始的社会资源可能具备安全隐患，如山体、鱼塘、工厂的生产车间等，要通过安全措施加工，安全标志增设等手段，才能转化为课程资源，提高活动的效率，满足教学的真实需求。因此，相比传统的教育教学活动，在课程内容开发的起始阶段进行课程资源的转换是研学实践活动课程设计的显著特征和不可或缺的重要环节。

二、研学课程资源转化的要点

　　在进行研学课程资源转换的时候，要充分考虑学生的生活经验、发展需要、兴趣爱好。

对于很多基地而言，参与实践的学生单次批量大，且研学课程周期比学校常规的综合实践活动课程周期要短。学生虽是课程资源动态挖掘的创生者，但是在基地研学的实际操作过程中，他们前期无法过早参与资源开发与转换的全过程，后续课程组织实施的研学导师更适合充当资源开发的先行者、组织者和参与者。因此，为了确保研学课程资源能够尽可能满足学生综合性生长的需求，研学资源转化要注意以下要点。

（一）以课程目标为依据，把握教育性

课程目标是课程设计的起点，偏离目标，研学课程的资源转化就会出现盲目性、随意性、零散性。因此基地在进行资源转化时，要根据学生情况、站点特色，紧密结合研学实践活动课程的目标进行有指向性的选择。如长沙基地的研学实践活动课程目标以中国发展核心素养为导向，结合研学实践课程总目标中"感悟祖国大好河山、感悟中华传统美德、感悟革命光荣历史、感悟改革开放伟大成就"的四个层面对真实的、客观性的原始资源进行初步筛选和初步归类，以目标导向把握研学资源的教育性。

（二）以资源特点为牵引，突显区域性

研学实践是综合实践考察探究的一种方式，它本就是国家课程的本土化设计、校本化实施。信息时代，文化交融，我们发现很多城市越来越雷同，因此在研学资源的转化中，针对研学课程的不同目标，课程设计者需要采取不同的转化策略，聚焦目标的需求，从资源的广度、深度、时间、地域等维度考虑，注重体现地方课程资源的独特性和丰富性，在遵循国家政策的基础上引导学生理解和尊重文化的多元，满足学生的个性化学习需求和兴趣。若资源开发以同类主题的横向维度为参考，设计者可以从不同角度发散，尽量扩大资源的内容覆盖面。以"感悟祖国大好河山"这一目标为例，湖南地区的研学课程开发者可以带领学生博览湖湘名山，把握张家界群山的雄、险、怪、秀之韵，探究南岳衡山的祝融峰之高、水帘洞之奇，寻访岳麓山的文化内涵之美。如果资源开发以某一内容的纵向维度为参考，则要聚焦一个点切入，透过表层内容解释更深刻的内涵，以"感悟革命光荣历史"这一目标为例，湖南地区的研学课程设计者如果要带领学生追寻革命领袖毛泽东的成长足迹，则需要从湖南目前发现的红色旅游资源中深度挖掘与毛泽东成长息息相关的课程资源。总之，结合目标根据不同资源的类别挖掘资源特点，是研学课程设计者必须关注的要点。

1. 人文资源转化

可以聚焦当地的博物馆、艺术馆、历史古迹、民俗老街等，从建筑文化特色、人文历史故事、风土人情习俗、传统生活方式等要素作为切入点进行人文类研学资源的转化。

2. 生态资源转化

可以关注当地自然保护区、森林公园等，从地质地貌、植物多样性、动物多样性、生态平衡的保护等角度入手进行资源转化，便于后期组织学生开展生态考察、自然探索、野外

实验、徒步穿越等实践活动。相比其他资源，做生态自然类资源转化时要更加注重时节性，如长沙岳麓山"霜叶红于二月花"的景象在初秋，而湖南郴州"雾漫小东江"最佳的观赏时节在春夏。在做资源转换的时候，设计者要注意把握资源不同时间段突显的最有代表性的特点进行转化。

3. 社会资源转化

可以借助当地品牌企业、政府机关、专业学校、科研场所、公益组织等，从企业精神、工作场地、专业技术、特色岗位、文化环境、公共事务管理的流程、专业人才储备等方面入手，进行资源转化。如知名企业内"6S"的管理模式，各地政府监管机构中的专业检测实验室，高级院校的博士生、研究生导师团队等，都能成为后续组织学生举行参观考察、志愿服务、专业展览、主题讲座、采访调查等研学实践活动的资源基础。

三、研学课程资源转化的流程

研学实践课程的开发者可以选择自然与社会中有利于中小学生健康成长的资源，通过进一步整合与设计，转化为教学资源，使之成为适应不同学龄段学生开展研学实践活动的成熟课程。具体转化流程可以参考以下三个步骤：

（一）全面考察，穷尽可能

资源开发需要全面考察，穷尽可能。因为资源开发需要考虑多方面的因素，不仅仅是局限于单一方面的资源，而且还需要考虑资源的可持续性和综合性。因此在研学课程资源转化的第一步，基地研学课程的开发者要以课程目标为靶向设计内容板块，并按照板块对区域范围内的原始资源站点进行初步划分，再对站点资源开展地毯式全面考察，搜集好原始资源的所有信息与特色亮点，如资源的位置、种类、状态、用途、人员配备、课程基础等，这样才能便于设计者依据基地自身的特色情况，对原始资源后续是否能够继续转化为研学课程资源的可行性有一个初步感知。例如长沙基地在进行"劳动教育实践"板块的研学资源考察时，就针对当地的农业特色小镇莲花镇的农业劳动课程资源设计了详细的考察方案。

长沙基地莲花镇农业研学站点资源考察方案

根据基地研学实践教育课程体系建设工作要求，近期组织相关工作人员就莲花镇及周边资源开展考察工作。具体考察方案如下：

（1）考察时间和人员

考察时间：2020 年 6 月 22 日。

考察人员：教学部管理人员、全体教师和研学辅导员。

（2）考察站点安排

上午：南州湖生态农庄、龙洞园艺花卉谷

下午：望山耕读研学基地、圣峰果业、新中荷茶场

（3）考察人员的主要任务

研学部：负责联系委托单位、线路规划、安全保障；负责现场照片、考察点简介和宣传手册等资料的搜集整理。

教学部：负责拍照、记录、搜集考察点各类资料、挖掘劳动教育课程资源等其他工作。

（4）研学资源考察记录表（表3-1）

表3-1　长沙市基地研学资源考察记录表

研学教育资源、基地名称			考察时间	
考察组成员：				
距离		对接人/职务	联系电话	
门票		讲解员/专业研学导师人数	沿途路况	
可接待时间		研学教育实施经验		
基本情况：包含占地面积、建筑布局（有无室内场地）、就餐场地、停车情况、可接待时间、可容纳客流量（根据长沙基地的实际要求：研学资源站点每批次至少要能够接待200~300名中小学生）、现有荣誉、是否有任课教师或讲解员等，是否有可集中的授课区域（数量、面积），是否有接待中小学生劳动教育的经历，是否有旅游高峰期等				
课程资源及特色：包含现有或有待开发的特色活动、特色课程、特色资源等				

（二）分析资源，择优选择

全面考察之后，研学课程的设计者要对信息综合性极高的原始资源进行全面分析，特别是在各个研学站点的人力、物力、自然、社会资源中，优先考虑场地、设备、原材料、地理环境、气候状况等硬件条件，提取出其中最重要、最有价值、最鲜明的标签进行挖掘，找到其独特的价值和潜力。

如果同一目标下出现有多种资源的情况，就要选择最具有典型性、针对性，与板块主题契合度最高的资源。而对于一些容易受破坏和还在持续性发生变化的资源，如文化遗产、自然环境等，则需要加强保护措施，谨慎选择，避免资源遭到浪费和不可逆的破坏。面对硬件条件有巨大价值潜力的资源，课程设计者则要反复考察、深度分析，激活资源。例如湖南湘乡市的东山书院旧址在研学实践活动兴起之前大多只对东山学校的本校学生开放，没有批量化接待研学实践活动的经验，也没有配备能满足大批量研学接待的专职讲解员。然而东山书院是少年毛泽东在韶山冲出乡关后接受新式教育的第一站，是后来伟人立志出东山，走向一师范的求学过程中非常关键的一步，并且目前东山书院旧址保存非常

完好，东山书院博物馆的馆藏资料也独一无二，后续只要加强人力资源的培训与提升，就是非常优质的"革命光荣历史"类的研学课程资源(图3-1)。

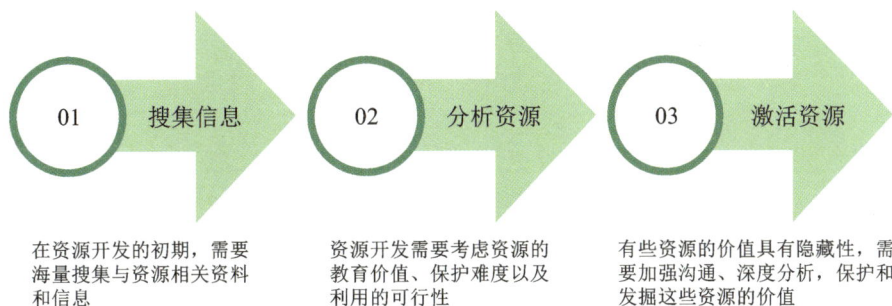

01 搜集信息	02 分析资源	03 激活资源
在资源开发的初期，需要海量搜集与资源相关资料和信息	资源开发需要考虑资源的教育价值、保护难度以及利用的可行性	有些资源的价值具有隐藏性，需要加强沟通、深度分析，保护和发掘这些资源的价值

图 3-1　资源开发流程图

(三) 价值提取，科学分类

根据考察结果，课程设计者要将研学资源中最有价值的部分进行提取，再根据资源的价值标签进行资源板块的优化分类。值得注意的是同一站点的资源在小学段和中学段很可能出现在不同的板块类别中。例如湖南省湘西自治州的十八洞村，它地处云贵高原东侧的武陵山区，不仅是湖南最美山区之一，还是湖南乡村振兴、精准扶贫的重要村落。因此，长沙基地的课程设计者经过实地考察后发现它不仅可以归类到初中段的"感受祖国大好河山"下的"访魅力山河"板块，也可以归类于高中段的"感受改革开放伟大成就"下的"时代社会变迁"板块，为后续做相应单一主题，或者综合主题的研学线路开发提供了立体的素材。

当然，课程设计者也可以根据基地的需求，从不同维度进行研学课程资源的划分。常见的资源分类思路参考如下：

◆按学科类型分类：自然类、历史类、地理类、科技类、人文类等；

◆按资源类型分类：优秀历史文化类、红色革命传统类、时代社会变迁类、现代科技发展类、祖国美好河山类、劳动教育实践类等；

◆按研学实践活动的总目标分类：感受祖国大好河山类、感受中国传统文化类、感受革命光荣历史类、感受改革开放伟大成就类；

◆按学生认知水平分类：小学段、初中段、高中段；

◆按资源的教育价值分类：必修内容、自修内容、选修内容；

◆按照资源的场域特征分类：博物馆类、企业类、高校类、自然类、主题公园类等。

在构建长沙基地研学课程内容体系时，我们更倾向于结合目标，融合资源类型，按照目标导向原则在后续资源价值挖掘时设计能够体现"四个感受"与核心素养目标相连接的课程内容，并在此基础上设计基地研学课程内容结构图谱(图3-2)。

图3-2 长沙基地研学课程内容体系结构图谱

四、基地研学课程资源应具备的特点

课程资源既是课程的要素，也是课程的基石，它的特点是作用于课程但不构成课程的直接来源。在研学实践基地，特别是能够保证学生集中食宿的研学实践营地，其组织研学活动参与的对象更多元，活动频次更高，活动范围更广，因此对于基地而言，优质的研学课程资源应该具备以下特点：

(一) 真实性

研学实践活动是教育部门主导的具有教育目的的实践活动，需要引导学生在直观、真实的情境和环境中提升核心素养。站点资源的实物或真实的生产过程比模型、展板更有价值，也更能给学生提供真实的情景感。如同样是走进机械生产的龙头企业，学生在现场看到真实的重型机械设备，参观到全自动化、高效的生产车间，触摸到用于实际管理的智慧操控平台系统，比在企业文化厅观看宣传片、欣赏照片墙、展板和仿真版的缩小模型更有视觉冲击力，也更利于学生直接经验的建立。

(二) 丰富性

基地组织的研学活动不像学校开展的综合实践活动，可以贯穿整个学期不定期开展。基地组织研学的时间一般集中在每批次一至七天内，因此要保证在单位时间内交通时间成本低于课程时间成本，同一站点的研学资源内容至少要能支撑起半天甚至一天的研学课程内容开发。例如站点资源能够具备场馆参观、实操体验、情景模拟等丰富的元素，就更能确保后续课程开发的时长和内容的多元性。再加上，同一个站点的课程资源，面对不同年龄段的学生，应该体现出不同的内容层次性，对小学段学生可能是本土乡情，对于初中生就可能是市情县情，而对于跨省交流的高中生则是省情国情。只有确保课程资源的丰富性，才能够确保后续课程内容开发具备一定的弹性与可塑空间。

(三) 可重复利用性

基地组织研学，接待的学生频率高，批次多，体量大，来源广，一个站点的资源如果无法重复利用，则需要面临高频次更换研学内容或者站点的困境，不利于后续迭代完善课程内容水平，提高课程质量，对研学的安全组织也具有很大的挑战性。因此，基地在进行研学资源转换的时候，需要综合考虑多种因素，不仅要找出最能够实现项目目标、满足学生需求、具有技术可行性的资源，更要关注资源的可持续发展和可重复利用性。如长沙基地在进行资源转化前，就对每个站点的资源都进行了详细的考察，并撰写考察报告，进行研学的可行性分析。

长沙基地湖南省内研学资源考察报告——赏湖湘文化(高中学段)

考察时间：2022 年 7 月

一、考察背景

岳阳，古称巴陵，是一座有着 2500 多年悠久历史的文化名城。屈原的"路漫漫其修远兮，吾将上下而求索"的探索精神，为湖湘文化打下了底色；范仲淹的"先天下之忧而忧，后天下之乐而乐"的忧乐精神，是湖湘文化的杰出代表；而平江起义展现的以命相搏、奋起抗争的革命精神更是湖湘文化的伟大传承……这些精神文化是我们开发赏湖湘文化研学主题线路极具湖湘特色的课程资源，对于高中学段学生开展赏湖湘文化主题研学很有必要。

二、考察内容

根据赏湖湘文化研学线路主题，选取以岳阳为考察中心区域，前往屈子文化园、平江起义纪念馆、红军营、岳阳楼、君山岛、岳阳博物馆、洞庭湖博物馆开展详细考察。通过实地调查、走访了解、现场座谈、听取讲解等方式，深入了解各研学点具体情况。

三、考察情况

(一)屈子文化园

(1)基本情况介绍：屈子文化园位于汨罗市屈子祠镇，占地面积十平方公里，场地开阔，在原有的屈子祠基础上进行了扩建。距基地一百一十三公里，分为屈子祠核心景区、屈子书院、端午文化体验区、汨罗江湿地保护区等，其中屈子祠有千年古祠之称，彰显着湖湘文化源头的独特魅力，屈子书院则是目前全国最大体量的榫卯结构的穿斗式全木建筑。

(2)课程资源：园区有接待中小学生的研学经验，围绕屈子文化开发了特色课程，有可同时一千人开展的祭屈仪式(约半小时)、可容纳一百五十人的非遗大讲堂、可同时一千人开展的屈原诗词吟诵会————吟诵屈原的《橘颂》还有拓印、包粽子、旱地龙舟等课程,课程内容丰富。

(3)其他信息:园区各方面成熟,室内室外场地充裕,路况好,有停车场,有讲解员七人,中午就餐可提供盒饭。距屈子文化园约十分钟车程有与其合作的研学基地——天问基地,由当地老政府改建而成,有师生宿舍,条件较好,有洗衣房及烘干房,每间宿舍有洗手间,共可住宿二百多名学生,二十多名老师,可封闭式管理,但进入此基地的道路较窄,大巴车不好行驶。

(4)可行性分析:综上所述,我们认为屈子文化园契合湖湘文化的研学主题,在屈子文化园感受屈子的求索精神,园区有研学经验,课程成熟,方便管理,适合学生开展研学活动。

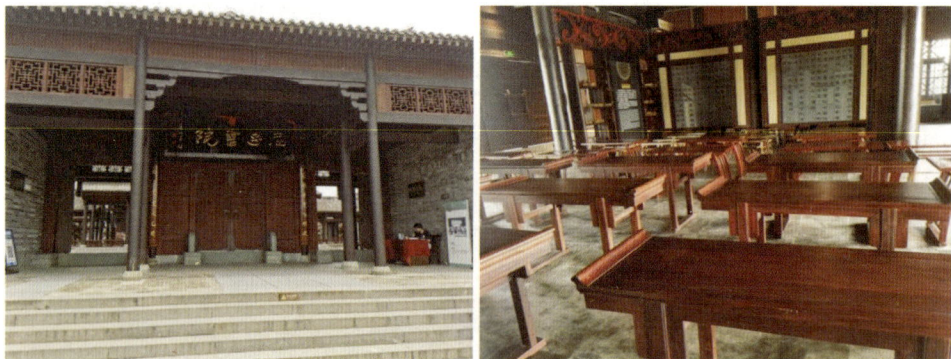

图3-3 屈子文化园

(二)平江起义纪念馆、红军营

(1)基本情况介绍:从汨罗驱车68公里(约一个半小时)到达平江起义纪念馆,由平江起义旧址、彭德怀铜像广场、史料陈列馆组成。总占地面积27000平方米,是全国爱国主义教育示范基地。平江起义纪念馆有合作的研学基地,名称为红军营基地,在2018年红军营景区(平江起义纪念馆管理处)被评为全国中小学研学实践教育基地。红军营距离平江起义纪念馆五十六公里,车程一小时,和平江起义纪念馆活动主题相呼应。

(2)课程资源:平江起义纪念馆的史料陈列馆参观约半小时,目前没有设置系统的研学课程,讲解员紧缺。红军营以红色教育为特色,开发了系列课程,如重走长征路、"平江起义""三月扑城"户外情景模拟体验、皮影戏演绎红色故事等特色课程。

(3)其他信息:红军营有具有特色的通铺宿舍,有可同时满足三百人就餐的餐厅、可容纳二百多人的大礼堂与遮雨棚,基地旁边为湘鄂复红军仙女页岩营地旧址,可提供相应的户外课程。

(4)可行性分析:平江起义纪念馆可供研学的参观时间为半小时左右,研学课程待开发,而红军营结合平江起义纪念馆,挖掘了具有特色的红色资源,有接待研学的经验。不足之处是距离汨罗较远,但据营地负责人表示今年十月当地将修通高速,若能通车,与汨罗之间距离将大幅缩短,则适合学生开展研学活动。

图3-4　平江起义纪念馆、红军营

(三)岳阳楼

(1)基本情况介绍：岳阳楼是千古名楼，提到岳阳楼，我们就能想起范仲淹所作的《岳阳楼记》，也因为这一名篇，使得岳阳楼闻名于世。岳阳楼紧靠洞庭湖畔，下瞰洞庭，前望君山，景色宜人。

(2)课程资源：岳阳楼没有开发研学课程，主要活动是游览参观、朗诵《岳阳楼记》，时间约两小时。

(3)其他信息：学生门票在14岁以下免票、14岁以上半价。

(4)可行性分析：岳阳楼具有深厚的湖湘文化底蕴且景色优美，园区面积大，景点资源丰富，适合学生开展研学活动，并且我们还可以创造性地挖掘研学课程。

图3-5　岳阳楼

(四)君山岛

(1)基本情况介绍：君山岛为洞庭湖中的小岛，面积0.96平方公里，与岳阳楼遥遥相对。景区现主打的是两个经典的爱情故事"柳毅传书(柳毅井)"和"湘妃泪洒斑竹(湘妃竹)"，所以也称为爱情岛。

(2)课程资源：岛上较有特色的君山银针茶的种植基地及仅在此地生长的湘妃竹，可带领学生了解、参观君山银针种植基地，探究湘妃竹有斑点的形成原因，但目前景区没有开发研学课程。

（3）其他信息：丰水期需乘船上岛，枯水期可驾车上岛。学生门票在 14 岁以下免票、14 岁以上为半价，有讲解员。

（4）可行性分析：君山岛面积较小，茶叶课程极具季节性，仅限于参观，时间较短。

图 3-6　君山岛

（五）岳阳市博物馆、洞庭湖博物馆

（1）基本情况介绍：岳阳市博物馆总建筑面积达八千余平方米，设有岳阳古代文明展与岳阳民俗文化展两个展厅。洞庭湖博物馆为新馆，位于岳阳市君山区。

（2）课程资源：目前仅限于参观，时间大约三十分钟。

（3）其他信息：周二至周日免费对外开放，有免费讲解员，需提前预约。

（4）可行性分析：岳阳市博物馆活动形式目前较为单一，学生学习资源暂不丰富。

图 3-7　岳阳市博物馆、洞庭湖博物馆

四、考察建议

基于以上考察点实际情况，结合赏湖湘文化研学线路主题，建议开发为期三天以"寻韵湖湘文化，尽览巴陵盛状"为主题的研学实践活动。

第二节　研学实践课程线路的开发

《关于推进中小学生研学旅行的意见》中指出，要以基地(营地)为重要依托，打造一批研学旅行精品线路，逐步形成布局合理、互通互联的研学旅行网络。研学线路是研学站点的科学集合，是指在一定的区域空间内、凭借交通线路和交通工具，围绕一定主题，遵循课程逻辑，将若干研学基地(营地)进行有机串联。研学实践活动的线路不同于一般的观光旅游线路，在明确的主题串联下，线路上的每一个点都是教学的单元，每一个单元都是线路总主题的组成部分。因此研学线路的设计对上承接目标，对下与教学内容形成整体和统一，它不仅仅是交通线路、行程线路，更是学生开展探究性学习的成长线路。

一、研学实践课程线路开发理念

(一)指向中国学生发展核心素养

新时代的课改预示着我国义务教育进入一个崭新的时代——核心素养时代。中国学生发展核心素养，以培养"全面发展的人"为核心，综合表现为人文底蕴、科学精神、学会学习、健康生活、责任担当、实践创新六大素养。素养导向影响研学课程目标的设计，同样也关联研学线路的开发。对应核心素养的培养与发展，研学线路的开发需要强调实践体验，注重思维能力，强调跨学科知识融合，在线路中提供多元化的资源站点、问题任务来挑战并激发学生的思考能力、实践能力，培养他们的创新能力和解决问题的能力。

(二)顺应国家政策要求

《关于推进中小学生研学实践的意见》中指出，研学实践活动的工作目标是让广大中小学生在研学实践中感受祖国大好河山，感受中华传统美德，感受革命光荣历史，感受改革开放伟大成就。顺应国家的政策要求，2018年1月长沙市教育局发布《长沙市中小学生研学实践课程方案》，要求结合长沙历史、人文、自然、科技、工农业、地理特色等，创建研学实践"长沙模式"，将研学实践课程落到实处。《方案》提出的课程内容主要包括：①红色革命传统。利用丰富的红色旅游资源，开展革命传统教育，并依据学生的年龄特点、学科特点和教育培养重点，结合开展各种主题研学教育活动。②祖国美好河山。以特殊地区地理、地形、地貌考察，特殊地区动物、植物、生态专题探究为主线，让学生用双手去触摸，激发他们热爱祖国、热爱家乡、热爱自然、热爱生活的情感。③传统历史文化。湖南历史文化名人资源极其丰富，学校可结合本土丰富的人文资源，体验非遗文化、民俗文化、地域文化、历史文化、建筑文化等，让学生在与平常不同的生活中丰富知识，树立正确的文化观念。④现代科技发展。在研学活动中，通过考察科技馆、体验馆、博物馆、天文馆、航空航天馆等，培养学生科技实践创新能力。⑤时代社会变迁。通过研学实践活动，深入企业、农村、军营等部门了解当前存在的现实问题，从而增强社会角色体验，培养学生的社会责任感。

2020年3月，中共中央、国务院印发《关于全面加强新时代大中小学劳动教育的意见》，将劳动教育列为国家必修课程，纳入人才培养全过程，促进学生德智体美劳全面发展。响应党中央的号召，2020年10月26日，长沙市教育局发布《长沙市中小学校研学实践管理办法》（试行），突出劳动教育在研学主题设计中的重要性，指出每年度研学要有不同主题，可将革命传统、中国历史文化、传统民族文化、地域特色文化、特色农业与现代化建设、劳动教育等逐次轮流进行，保证学生在研学中广泛接触社会生活实际的各方面。

线路设计是内容设计的"先行军"，各级政府发布的研学实践活动的相关文件中提到的研学内容的方向也是线路设计的方向。因此，研学课程的设计者在做课程内容的上层结构时，有必要了解国家及教育行政部门的政策文件，设定研学实践活动课程的校本"必修内容"，结合教育改革的导向和基地的自身情况对研学线路的开发方向与研学线路主题确定进行创新性探索。

（三）跨学科设计理念

设立跨学科主题学习活动是研学实践活动体现课程综合化和实践性要求的重要措施，也是最新的义务教育课程修订所倡导的方向。长沙基地在做线路主题开发时同样注重融入多类学科，打破学科界限，打通课堂内外，丰富学生知识结构，鼓励学生运用多样知识和技能解决相应问题，提升综合素养。如长沙基地在2017年研学实践课程构建之初设计了五个模块，十个主题，包括"习非遗绝学、赏湖湘文化、寻伟人故里、数风流人物、悟乡村振兴、探名企风范"等主题，每条线路并非单一学科的内容设计，而是基于线路的资源特性，以及线路设计的主导话题，涉及地理类、历史类、人文类、自然类、科学类、艺术类、体育类等多门学科的融合，让学生综合运用不同学科的知识和方法，使学生获得丰富的基础知识和实践经验（表3-2）。

（四）超学科设计理念

皮亚杰认为，超学科是跨学科的"高级阶段"，本质上超越了学科间的相互作用，使得学科之间没有了稳定的边界。超学科与跨学科不同，跨学科的目标始终保持在学科研究框架之内，超学科研究则要从多个学科中叠加知识来开展研究、解决问题，并对其事物的形成做出新的理解。超学科的目标是对当今世界的理解，这无法在学科研究的框架内完成，而学生在研学实践活动中遇到的很多问题恰恰具备超学科的特性,跨越了学科边界。由于超学科的教育培养过程不仅包括了学生与教师,也包括了校外各研学站点不同领域(政治、经济、生态等)的合作伙伴,因此课程设计者在进行研学线路开发时,需注意在以解决综合性的现实问题为导向的准则下,考虑问题产生背景的系统性与多样性,引入学科范围之外的知识,创造新的知识空间,与校外合作者一起开发解决方案,在知识与问题间达成一种默契。值得一提的是,超学科设计并非否定学科,而是以主题为锚点,将不同学科知识通过真实情境下的问题驱动的任务学习的重组,模糊学科之间的边界性。如在"赏湖湘文化"研学项目下,开发一条小学段的"长沙小导游"研学主题线路,学生能根据自己的兴趣爱好、特长选择长沙的特色景点做好游览总结,并尝试根据不同的听众调整介绍的形式,这种线路主题的任务设计就具备明显的超学科特性。

表 3-2　长沙基地研学线路开发与学科整合示意表

类型	课程模块	研学主题	基础学科						
			地理	历史	人文(语文、道法)	自然	科学	艺术	体育
国家认同 人与文化	优秀传统 文化	习非遗绝学			✓			✓	
		赏湖湘文化	✓	✓	✓			✓	
	革命传统 教育	寻伟人故里		✓					
		数风流人物		✓					
	国情教育	悟乡村振兴	✓		✓	✓			
		探名企风范		✓			✓		
科技创新 人与社会	国防科工	学工业智造				✓	✓		
		强国防力量					✓		
自然实践 人与自然	自然生态	访魅力山河	✓						✓
		研生态农业	✓			✓			

二、研学线路开发的原则

(一)安全性原则

安全是研学线路开发的第一原则。线路设计只有在保证学生安全的前提下才能够实现其课程的教育性。因此在做研学资源组合的时候要合理选择有安全保障的资源站点,同时涉及多个站点资源,需要更换线路前后顺序时,更加要注意沿途交通、住宿、场地的安全性。

（二）教育性原则

教育性原则是研学线路开发的一项基本原则，只有把教育性原则放在首位，我们才能避免出现"只旅不学"或者"只学不旅"的现象。确定研学线路的教育性原则是指研学实践要以学生为主体，结合学生的身心特点、接受能力和实际需要，注重系统性、知识性、科学性和趣味性，着力来培养学生的社会责任感、创新精神和实践能力。研学实践的开展应为教育服务，以立德树人为根本目的，寻找适切的研学线路和课程教育目标，深度促进研学实践活动课程与学校课程的有机融合，最大限度地发挥育人功能。

（三）实践性原则

现代学习理论认为，从书本上学到的知识，其理解终归是浅层次的，要想真正掌握其中的深刻道理，必须亲自去做、去实践，要通过亲身实践来激活书本知识，完成从知识到能力和智慧的转化。开展研学实践的目的是给中小学生提供更多的实践机会，充分地促进学生知与行、动手与动脑、书本知识和生活经验的结合与统一。作为人才培养的创新模式，研学实践课程的设计要特别注重学生的实践性学习，避免仍是在学校中开展的以单一学科知识被动接受为基本方式的学习活动。研学实践课程应当超越学校、课堂和教材的局限，在活动时空上向自然环境、学生的生活领域和社会活动领域延伸，因地制宜，在教师的指导下，以问题为中心，在实际情境中认识与体验客观世界，在实践学习中亲近自然、了解社会、认识自我，并在学习过程中，提高发现问题、分析和解决问题的实践能力。

（四）分层性原则

学生作为参与研学实践活动的主体，其所在年段也影响着研学实践线路的开发。若为小学生，考虑到学生自身的安全性，宜开发以乡土乡情为主的研学内容，研学线路应以乡镇为主；若为初中生，宜开发以县情市情为主的研学内容，研学线路应以县市为主；若为高中生，宜开发以省情国情为主的研学内容，研学线路应以省（自治区、直辖市）甚至国家为主。针对不同年龄的学生特点，在研学内容的难度上也应有层次性，要有针对不同年龄段的路线课程，在学生的认知范围内去开展主题线路，实施相符的课程，提高能力，培养素养，避免出现一刀切、难度相当、形式相近、研学方式简单化等一系列情况，应充分考虑到不同年龄段学生的兴趣爱好和知识技能等，去开发和设计适宜的研学线路。

（五）主题性原则

研学线路的开发还需要有主题性。主题研学线路应具备两个特点，分别是完整性和集中性。在完整性上，线路需要能完整实施，流程和行程安排必须清晰有序，满足学生不同天数的研学安排；在集中性上，线路需要聚焦一个特定的主题，围绕关键的主题突出课程的核心，传输正确的价值观念和积极的情感。如长沙基地基于主题化的牵引，分析、整合区域内外的研学资源，开发与设计研学实践线路。通过主题化开发与设计研学线路，围绕某一研学主题，将不同的研学站点串联起来，突出研学特色，促进学生的深度学习（表3-3）。

表3-3　"赏湖湘文化"研学实践线路设计——三天两晚

研学主题	寻湖湘文化，览巴陵胜状
研学线路	第一天：基地—汨罗屈子文化园(白天活动、中餐)—红军营(晚餐、晚间活动、住宿) 第二天：红军营(上午)—平江起义纪念馆(下午)—岳阳(住宿) 第三天：岳阳楼(上午)—返回基地(下午)

线路安排		
时间	研学点	研学内容
第一天上午	长沙基地	【行前准备】激发兴趣，确定主题
第一天下午	屈子文化园	【现场教学】探秘屈原的求索精神
第二天上午	红军营	【现场教学】系统了解著名的平江起义，感受红军勇于牺牲、甘于奉献的革命精神
第二天下午	平江起义纪念馆	【现场教学】情景体验模拟平江起义，重走长征路、制作红军餐，进一步感受红军不怕牺牲、艰苦奋斗的革命精神
第三天上午	岳阳楼	【现场教学】感悟范仲淹的忧乐精神
第三天下午	长沙基地	【汇报交流】展示交流　升华主题

(六) 丰富性原则

一条好的研学实践线路往往不是单一的资源，而是由资源链组成。资源链的地点、地点之间的距离、资源类型、各资源类型之间的关系，是一个开发或设计的过程。在此过程中我们需遵循丰富性原则，在有限的时间和保证教育效果的前提下，去尽可能多的研学站点，设置尽可能多的研学活动，提高研学实践活动的效率。研学线路上的站点需要能满足不同学段学生研学实践的需要，活动的类型也要尽可能丰富，可以有动手操作、考察探究、集中参观、职业体验等，能引导学生从不同角度提升能力，满足学生的实际学习需要。

除以上提到的六个研学路线开发的基本原则外，还需兼顾可行性原则。其可行性原则需要课程开发者对客观环境进行准确预测以及对主观意愿进行综合考虑，从全局出发考虑研学的可行性，全面系统地研究、设计研学线路。

三、长沙基地研学实践课程线路开发

长沙基地采用"核心—领域—模块—项目—主题"五级模式构建基地研学实践课程图谱，以"行知天地间"为核心，确定"感受祖国大好河山、感受中华传统美德、感受革命光荣历史、感受改革开放伟大成就"四个领域的培养目标，构架"红色革命传统""祖国美好河山""传统历史文化""现代科技发展""时代社会变迁""劳动教育实践"六个研学实践课程模块，并在六个课程模块下对应设置了"访魅力山河""品四季物语""习非遗绝学""赏湖湘文化""研生态农业""行乐善服务""数风流人物""寻伟人故里""悟乡村振兴""强国防力量""探名企风采""学工业智造"等十二个课程项目，各个课程项目下按照学生的学段分层设置了 N 个课程线路主题，将独具特色的研学点进行主题串联。从无逻辑、碎片化的旅行式参观，到有主题、有层次的课程化实施，从基地的单方面发力到带动学校的双向奔赴，辐射多个研学站点的同频共振，带领学生体验探究性学习全过程(图 3-8)。

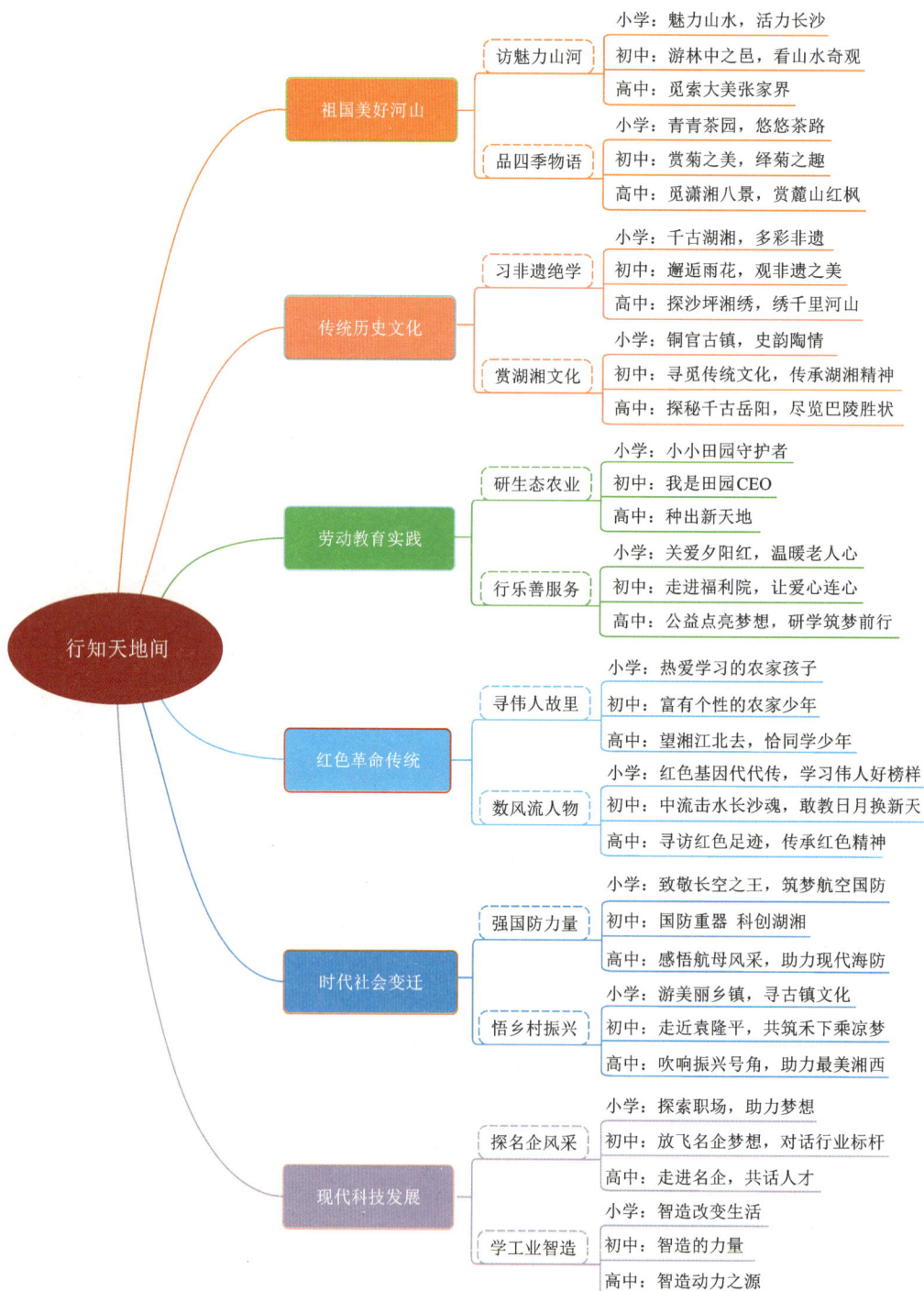

行知天地间

- **祖国美好河山**
  - 访魅力山河
    - 小学：魅力山水，活力长沙
    - 初中：游林中之邑，看山水奇观
    - 高中：觅索大美张家界
  - 品四季物语
    - 小学：青青茶园，悠悠茶路
    - 初中：赏菊之美，绎菊之趣
    - 高中：觅潇湘八景，赏麓山红枫
- **传统历史文化**
  - 习非遗绝学
    - 小学：千古湖湘，多彩非遗
    - 初中：邂逅雨花，观非遗之美
    - 高中：探沙坪湘绣，绣千里河山
  - 赏湖湘文化
    - 小学：铜官古镇，史韵陶情
    - 初中：寻觅传统文化，传承湖湘精神
    - 高中：探秘千古岳阳，尽览巴陵胜状
- **劳动教育实践**
  - 研生态农业
    - 小学：小小田园守护者
    - 初中：我是田园CEO
    - 高中：种出新天地
  - 行乐善服务
    - 小学：关爱夕阳红，温暖老人心
    - 初中：走进福利院，让爱心连心
    - 高中：公益点亮梦想，研学筑梦前行
- **红色革命传统**
  - 寻伟人故里
    - 小学：热爱学习的农家孩子
    - 初中：富有个性的农家少年
    - 高中：望湘江北去，恰同学少年
  - 数风流人物
    - 小学：红色基因代代传，学习伟人好榜样
    - 初中：中流击水长沙魂，敢教日月换新天
    - 高中：寻访红色足迹，传承红色精神
- **时代社会变迁**
  - 强国防力量
    - 小学：致敬长空之王，筑梦航空国防
    - 初中：国防重器 科创湖湘
    - 高中：感悟航母风采，助力现代海防
  - 悟乡村振兴
    - 小学：游美丽乡镇，寻古镇文化
    - 初中：走近袁隆平，共筑禾下乘凉梦
    - 高中：吹响振兴号角，助力最美湘西
- **现代科技发展**
  - 探名企风采
    - 小学：探索职场，助力梦想
    - 初中：放飞名企梦想，对话行业标杆
    - 高中：走进名企，共话人才
  - 学工业智造
    - 小学：智造改变生活
    - 初中：智造的力量
    - 高中：智造动力之源

图 3-8　研学实践课程模块

四、研学线路开发的一般流程

完整的研学线路设计应该具备科学的流程，同时和研学课程内容一样具备关键性的要素呈现，这样才能使研学课程的设计者或是研学课程的集体审议小组能够通过对研学线路价值性和科学性的分析，对此条研学线路后续课程内容开发的科学性与价值性进行大方向上的诊断。研学线路设计一般流程如下：

(一) 明确方向，确定项目

结合实践基地育人目标和研学课程目标，根据前期研学资源初步筛选和转化的结果，确定区域内最有价值的研学课程资源优势板块，选定符合资源特点的专题项目。如热爱劳动是感悟中华民族传统美德的一种表现方式，而号称"鱼米之乡"的湖南具有优质的开展农业生产劳动的研学资源，特别是水稻生产技术在中国乃至全球都遥遥领先，长期居住湖南的著名农业科学家袁隆平院士更是享誉全球的"杂交水稻之父"。立足此项资源，不同年龄段的学生都能在湖南"生态农业类"研学项目的体验与探究中找到发力点，从走进农业生产，热爱劳动，到学习农业技术、崇尚劳动，再到感悟农业安全，勤奋劳动等不同层级收获不同的研学经验。

(二) 分析学情，确定目标

首先，确定研学项目后，课程设计者要对研学活动的参与对象进行学情分析，包括学生的年龄、学段、性别、不同学科的学习情况、兴趣爱好、对于本项目研究的知识基础等，这些因素都会影响他们对研学活动的接纳程度和学习效果。其次，根据学生的学情分析，发现其需要提高的关键能力和实际需要，制定研学线路的行程目标。线路目标应该具体、量化，明确体现本研学线路的目的、意义和价值，确定学生在本次研学活动中需要达到的教育目标，让学生可以在研学中体会到学习和成长。

(三) 聚焦主题，选择资源

设计主题，聚焦问题，有助于在研学过程中有方向地激发学生的好奇心和探索欲，促进深度学习和深度体验。因此在研学线路的开发中，课程设计者要从素养导向的线路目标出发，在研学项目下开发切口较小，但是与学生生活相关或感兴趣，且具有教育价值的研学线路主题，并在前期筛选的资源库中选择与主题黏合度最高的研学站点，根据学生的年龄设计研学线路的时间长度，安排特色课程和活动。如长沙基地的研学课程线路中，同样是"红色革命传统"板块中的"寻伟人故里"项目，小学段与初中段的线路主题就各有侧重。小学段的学生处于学习习惯的养成期，可以结合"热爱学习的农家孩子"进行研学线路的主题设计，而初中阶段是学生正确人生观、价值观形成的重要时期，从"立志"的角度设计"富有个性的农家少年"主题，能帮助学生在良好道德榜样的引导下，形成正确的道德认知、产生远大的理想抱负。

(四)组合资源,串联成线

同一主题线路下选择的站点要具备差异性,内容要能涉及学生多种素养的发展,或者内容能支持采取多种学习方式进行学习。研学课程的设计开发者要根据研学主题的教育需要、基地的需要、不同学段的需要、不同活动的特点需要进行科学组合,并进行逻辑性排序。资源串联组合的方式可以是总分式,也可以是并联式。如长沙基地"赏湖湘文化"专题项目中的"铜官古镇,史韵陶情"主题,就是采取"总分式"串联法。此线路首先串联的第一个研学站点为陶瓷博物馆,研学导师将带领学生全面了解长沙铜官窑的陶瓷文化,然后依次串联谭家坡遗址公园、铜官窑陶瓷工厂、铜官古街,让学生分别探究铜官窑陶瓷取土、炼泥、制窑、上釉、售卖、创新的全过程。而"学工业智造"项目专题中的"智造的力量"研学主题,则采取"并列法"串联"三一重工""中联重科""株洲中车电力机车有限公司"等工业企业资源,让学生感悟"中国制造"向"中国智造"转变的力量(图3-9、图3-10)。

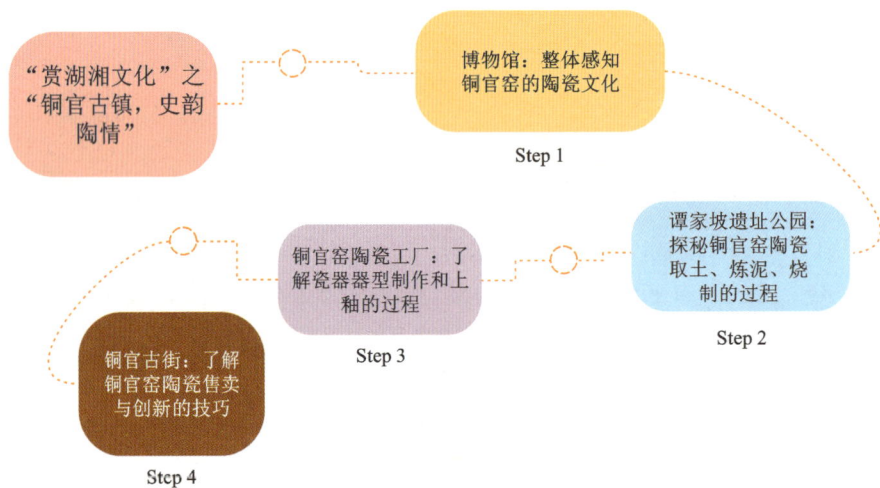

图3-9 "总分式"研学资源串联法

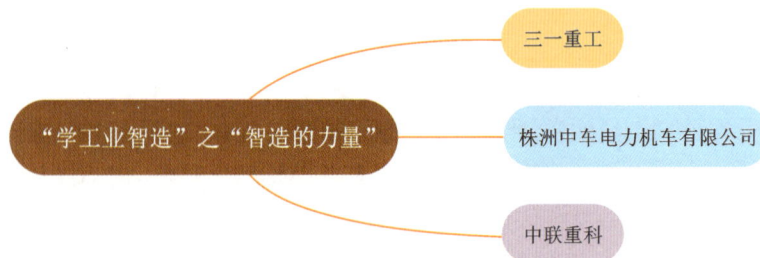

图3-10 "并列式"研学资源串联法

此外，在研学线路资源组合、串联成线的过程中，资源站点的先后排序也要贴合课程主线的逻辑需求。因为研学站点的先后排序对研学主题的影响非常显著，不同的站点排序会影响到学生对于主题的整体理解和探究。例如同样是韶山毛泽东故居、东山学校、湖南第一师范、岳麓书院四个研学站点，正向排序的课题主线可能是"追寻伟人求学的成长之路"，反向排序的课程主线则可能是"追溯伟人革命的回忆之路"。由此可见，研学站点的正向与反向排序影响了学生获取信息和知识的顺序，影响了学生的思维和探究重点。如果研学站点的串联排序不合理，在整体的认知逻辑上出现零散破碎的现象，则不利于学生逐渐建立对于主题的全局认识和判断能力。因此在串联研学资源的时候，课程设计者需要根据研学主题的深度和难度，科学安排站点的先后顺序，以保证学生研学学习效果达到最佳。

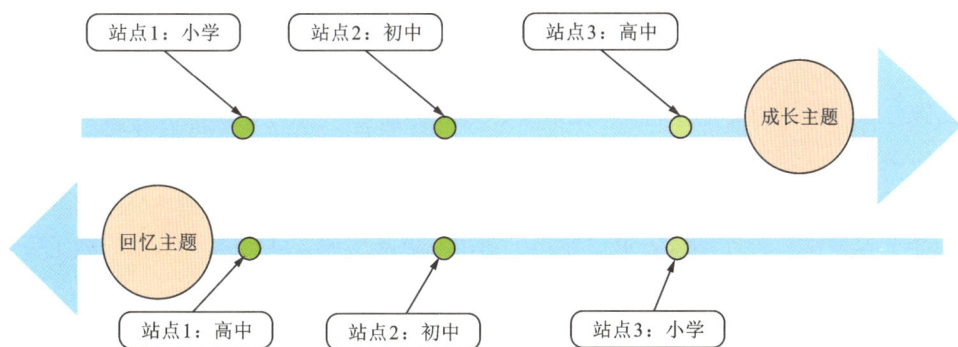

图 3-11 研学资源串联的先后排序将影响主题探究的重点

（五）试点实行，优化线路

串联线路后，试点实行是非常重要的步骤，它能帮助我们更好地了解实际情况，进而对线路进行优化和改善。例如不同研学站点的先后排序调整后，其站点间的交通线路是否通畅安全，整条线路主题探究的逻辑是否通顺流畅等，这些都是在试行环节需要思考的问题，而这些问题都会影响到后续研学课程内容的具化和优化。当基地没有合适的、稳定的生源进行研学线路的试行时，采取研学导师或者课程研发专家组以浸润式体验的方式进行线路的试点优化也是很好的方式（图 3-12）。

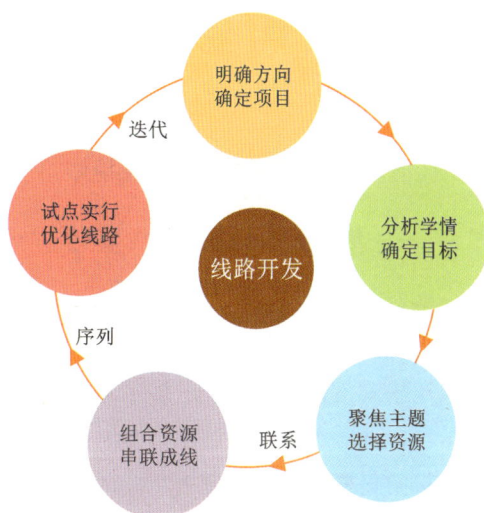

图 3-12 "浸润式体验"线路开发

第三节　研学实践课程内容的设计

　　研学实践课程内容设计是指根据研学目标和研学主题，制定具有实践性、探究性、体验性的教学计划和任务，通过实地考察、分组探究、问题解决等方式，促进学生的综合素质和能力的全面发展。研学实践课程内容设计应该贯穿整个研学过程，广义上包括前期的主题选择、路线规划、文献调研、教学任务设计，中期的实地考察、探究交流、群体协作、创新实践，以及后期的反思总结、作品展示、评价考核等。狭义上则是指在前期研学资源转化和研学线路开发后，每个研学站点中具体教学内容与任务的设计。研学课程内容的本质和目的是回答"育人的什么"的问题，形式和手段则是回答"用什么育人"的问题。如果说中国学生发展核心素养是后天可以获得的素养，那么以素养为纲，在主题串联下开展的研学课程内容设计就是实现核心素养可教、可学的一座桥梁。

一、研学课程内容设计考虑的因素

　　提升学生的素养是研学课程内容设计的内核，不同的学科有各自侧重的核心素养，不同的研学课程内容板块也有需要重点突出的核心素养。在研学课程内容的设计过程中，设计者要注意把握有助于奠定文化基础的内容，有助于帮助学生自主发展的内容，有助于增强学生社会参与的内容，努力通过实现校内和校外牛活的统整、学科和跨学科知识的统整，让前期设计的线路主题通过具体的内容载体，发挥其预期的教育价值。

（一）基于研学资源的真实性进行跨学科设计

　　按照 2022 年版的《义务教育课程方案和课程标准》要求，各门课程要用不少于 10% 的课时设计跨学科主题学习，但是很多学科在进行跨学科设计时只关注知识的整合，并未将其运用于真实的情境中，出现了流于表面，效果不足的系列问题。区别于正式环境下的学科学习，研学实践活动是在真实的物质资源环境中进行的非正式性学习，其课程资源保持着未被学科割裂的事物的原样，因此研学课程内容开发的物质基础天然具备真实性、整体性的优势。

　　首先，在做研学课程内容设计的时候，内容设计者要结合课程板块与线路主题的目标，结合校内各学科的课标，充分资源挖掘研学资源的物质特点与课程属性，将不同学科的知识和技能进行串联、融合和整合,保证课程内容有一定的宽度和容量,加强与当代社会生活、学生经验的联系。例如在历史文化类的研学中可以结合地理和文学、艺术等学科的知识,展示历史事件背景、地理环境和文学、艺术作品的情境描写;在生态自然类的研学中,可以结合物理学和化学等学科,展示生态系统的能量流动、物质循环和环境调节机制等内容。课程设计者可以通过跨学科的内容设计提高学生的综合能力,助力新时代教育减负增效,补齐当下跨学科课程内容整合的短板,让学生真正受益。

其次,跨学科的研学课程内容设计,学科整合贵在少而精,谨防大而多,大而不当。跨学科设计应该注重学科融合而不是学科堆砌。太多的学科概念和知识点会让学生感到疲惫和沮丧,而过多的学科涉及也容易导致内容过于杂乱,难以有效整合和应用。因此,跨学科的研学课程内容设计应该围绕一个核心主题,尽可能精简和提纯,抓住核心的学科要素和关键技能,避免过多的重复和冗余(表3-4)。

表3-4 长沙基地"我是田园CEO"农业主题研学课程跨学科课程内容设计例表

研学项目	研学主题	初中段学科内容	研学资源与课程内容
研生态农业 (7~8年级)	长沙基地研学 课程主题: 我是田园CEO	**劳动教育:**农业生产劳动(体验当地常见的种植、养殖等生产劳动,开展组合盆栽、农副产品保鲜与加工、水产养殖、稻田养殖等劳动实践等) **道德与法治:**勇担社会责任(积极奉献社会,服务社会) **生物:**被子植物的一生(种子的发芽、植株的生长,开花与结果);动物的主要类群(四大家鱼的识别、鱼类之间通过食物链和食物网,形成紧密而复杂的联系) **地理:**土地资源(我国的耕地危机与良田建设) **美术:**色彩的魅力(三原色、暖色、冷色、颜色搭配) **语文:**思辨性阅读、创意性表达、应用文写作	**蔬菜基地:** 课程内容一:开展科学种植,提升蔬菜收成。 **水产养殖基地:** 课程内容二:设计鱼菜共生系统,减少四大家鱼的养殖成本。 **花卉基地:** 课程内容三:参与庭院造景,提升农庄美感。 **蔬果基地:** 课程内容四:体验采摘加工,提升初级农产品的经济附加值。 **综合实践基地:** 课程内容五:汇报交流,学生撰写并分享《农户经济效益增收指南》

(二)基于学生的心理特征体现多元主体的参与性

设计者在设计研学课程内容时需根据不同年龄段的学生理解水平与接受能力,分别设计适合小学生、初中生和高中生的研学实践课程,绝不可用同一水平的课程来应对不同学段的学生。如小学段的研学课程内容可以偏重于整体的体验和感知,初中段的内容设计可以偏重于理解和领悟,而高中段的内容设计则可以偏重于探究和创造。同时在进行内容设计时,要根据学生的认知逻辑以及群体集中学习的特殊情况,设计允许学生参与实验试错、主动探究的内容,设计允许学生观摩真实的生产场景或者实物作品的课程内容,设计有调查、研讨、分享空间的课程内容,设计能够体现和锻炼不同学生优势能力与短板能力的内容。让不同的学生在研学课程中都能找到自由成长的空间。

◆优先设计允许学生主动探究,有试错机会的课程内容;
◆优先设计与学生个人或者社会生活相关的内容;
◆优先设计能够看到实物或真实的生产过程的课程内容;
◆优先设计能够促使学生提出以往没有的创新问题的课程内容;
◆优先设计能够满足群体中不同学生展示优势能力或者提升短板能力的课程内容;
◆优先设计能够引导学生制订计划、执行计划、分享结果的课程内容。

(三)基于研学主题的问题驱动体现任务性

素养时代的研学实践活动不再是朴素的直接经验或者学科知识所代表的抽象的间接经验的应用过程,它的本质上体现的是一种真实的专业实践。研学实践活动要提升学生直接经验的品质,告别碎片化的直接经验堆砌,就需要在研学课程内容的设计环节以具体的问题为导向,让研学课程中的学科知识与环境相融合,通过真实的任务情境串联整个课程的主题内容。例如到长沙基地参与实践活动的初中段学生,看到基地内苗木园区的大片桂花随风凋零后感到惋惜,于是在研学开题课上我们就此研学站点的研学内容共同确定了"寻香萃露,留住芬芳"这一研学主题,并设计了"如何留住花卉的芬芳?"这一研学主题活动的核心驱动问题。在问题的驱动下,随后的研学课程又逐一设计了制作桂花饼、提取桂花纯露、设计桂花香包等研学任务。在提取桂花纯露的研学任务中,初中阶段的学生需要"以蒸馏法提取植物纯露,帮助自己留下花卉芬芳",并需要运用到七年级物理课本中关于"水的沸腾"实验的相关内容,以及水由液态到气态转化的抽象概念,同时也需要用到九年级化学学科课本中蒸馏法实验的相关步骤。实践中,此项研学课程的所有任务都是基于问题解决的需求,而不是基于学科知识的需求。课程设计者通过真实的课程任务,促使学生把学科知识重组融合,让学生此基础上去思考、学习和运用与其相关的学科知识,最终感悟到了尊重自然、尊重科学的重要。由此可见,在研学课程内容问题驱动和任务设计的过程中,课程设计者可以通过具体的技能掌握,真实的知识的获得,帮助学生确立正确的社会价值观和社会规范,形成科学的思想体系,让表现性的外在行为任务促使隐性的内在思想道德、价值观层面的目标得以达成。

(四) 基于"研"和"游"的内容平衡性

虽然目前"研学实践"的名称已经逐渐替代"研学旅行",但这并不意味着研学中要完全剥离"游"的部分。围绕主题,以问题和任务导向的研学课程的内容设计一定要避免在研学站点纯知识摘抄与信息记录的任务模式,因为简单知识点的复制摘抄还处于浅层学习的阶段。让学生花费大量时间在书写和抄写上,不仅会失去其他多种形式实践和体验的机会,还会让学生感到枯燥和乏味,削弱他们对研学实践活动的兴趣和积极性,违背了实践主义教育的原则。因此,对于研学实践活动,应该避免设计大量的手抄作业或纸质摘抄类任务单的设计,可以设计借助信息技术手段完成研学任务的课程内容,积极探索多种实践形式和方式,让学生充分体验和参与,提高学习效果和体验质量。

(五) 基于非正式学习方式的特征体现折中性

课程内容的设计原理追求普遍性,但是研学实践并非一般的课程,它属于实践性、开放性、动态性的课程,并且随着研学基地资源、学生学情状态的不断变化,研学课程内容也会在原有基础上不断变化。因此,在设计研学课程内容的时候,我们不能完全按照"泰勒原理",认为设计的课程的内容能够完全按照已经确定的目标100%完成。基于研学课程的特殊性,研学课程内容的设计在结合目标导向的同时,要回归实践取向,体现美国课程专家施瓦布所倡导实践的课程观,即内容设计需要考虑"实践""准实践""折中"的三种模式,研学课程的内容开发必须与具体的教育情境联系,要预留动态生成的弹性空间,只要过程科学、合理,即使课程内容完成与预期目标不一样,也同样具有教育价值。如长沙基地开发的"领略湖湘文化,探究湖湘精神"主题线路中"千年学府·岳麓书院"研学课程内容的设计,设计者基于书院内内涵丰富、文化深厚的楹联资源,设计了"楹联寻踪——书院中的文字秘密"的研学任务。但是在"准实践"环节,研学导师发现小学段的学生难以理解岳麓书院中楹联的深厚意蕴,对于"楹联寻踪"的任务完成得并不理想。因此在活动结束环节,学生如果能对书院内"实事求是""学达性天""道南正脉"三块牌匾给出基于自己认知的合理解释,也算学生完成本站点的研学任务的挑战。还例如,长沙基地在岳麓书院内的第二个课程内容"麓山论道",任务设计为学生需要模仿"朱张会讲"的辩论模式,在书院内围绕当前的时事热点或自己感兴趣的历史典故进行现场辩论。此项任务内容设计开放且有弹性,哪怕学生并不能按照导师设想的选择最精准、最有价值的议题,但只要能够敢于思考,有理有据地表达出自己的观点,身临其境地感受岳麓书院开放多元的教学方式,课程内容的呈现就同样具备教育价值。同时,在后续课程内容设计时,课程设计者也可以根据"准实践"的经验,不断优化本站任务的"折中"内容方案设计。

二、研学课程内容的设计要件及思路

课程设计是研学实践不可缺少的环节,一个完整的课程设计,对于研学实践活动的准备、实施，对研学导师的培养、执教都有着非常重要的意义。一般来说，一个完整的研学实践课程内容设计包含几个基本要素，即课程主题、课程目标、课程对象、课程时长、课程说明、课程线路、课程资源、课程重难点、课程准备、课程设计、课程评价等，且研学课程内容在设计具化的阶段也有不同于一般学科课程的独特思路。

（一）研学课程内容的逆向设计思路

传统的课程内容设计思路一般遵循确定学习目标—设计教学内容—组织教学活动—实施教学评价的顺序。然而，对于研学实践活动而言，按此设计思路在实际教学中会暴露出诸多问题：一是教师花费大量时间在组织教学上，挑选自己熟悉的教学素材和得心应手的教学手段，如此一来，往往陷入两个误区，即"灌输式学习"和"活动叠加的教学"，不能体现以学生为主体的课堂地位，导致呈现出来的实际教学效果和课堂学习目标之间存在较大程度的脱节；二是将教学评价置于课堂教学活动设计之后，评价的针对性难以显现。特别是常规学习中的诊断性评价无法很好地对研学实践活动中的情感态度价值观层面、身体健康层面的隐性课程内容进行评判，从而导致出现教学效果无法检测的现象。这让我们不断思考，以表现性任务为主要设计内容的研学课程应该如何调整设计思路，才能使得课程内容的设计既能承接目标，又能利于检测？

20世纪90年代，由美国教育专家威金斯和麦克泰格正式提出的逆向设计（reverse design）很好地解决了传统课程设计思路暴露的诸多问题，也很符合研学课程内容设计的特点。其中，逆向教学设计之所以为"逆"，是相对于传统教学设计而言的，逆转了教师一直以来习惯的课程设计思路。"逆向设计"的三个阶段：从预期学习目标出发，以此为引领，然后研究制定合适的评价方式来检验预期学习目标是否可以检测出达成的情况，最后再在前两者确定的基础上选择合适的教学方法、素材或者活动。其中，"确定预期目标"阶段即设计教学目标阶段，教师要充分思考学生应该知道什么、理解什么，能够做什么，什么内容值得理解等问题，从而确定本节课的教学目标；"设计评价方式"阶段即教师要思考需要哪些证据来证明学生已经学会了，哪些方式能够科学地检测预设的目标；"创设教学活动"阶段即教师应设法把各种学习内容和其他教学资源加以整合，设计出各种学习活动或教学活动。简单来说就是，研学课程内容设计的逆向思维要将课程设计中"目标—内容—实施—评价"的顺序序列进行调整，变为"目标—评价—内容—实施"。其实质是要求在学习活动的内容设计之前优先设计评价活动，然后再设计能够为评价提供判断证据的活动内容。

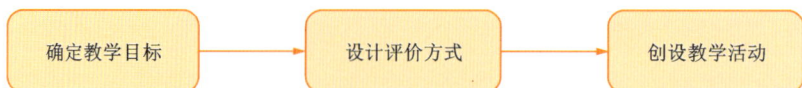

确定教学目标 → 设计评价方式 → 创设教学活动

图3-13 研学课程内容逆向设计流程图

基于此，长沙基地在做研学课程设计时，尝试从调整教学设计的顺序或者思路入手，在威金斯和麦克泰格的逆向设计(reverse design)模式的指引下，按照"确定学习目标—确定合适的评价方式—设计学习体验和活动"的顺序进行了研学实践课程设计的理论和实践研究。课程设计通过从学生的学习目标出发，采取合适的评价证据评估学生学习目标达成情况，最后在确定学习目标和可测量的评价方式上创设教学活动。例如在"访魅力山河"项目的研学主题课程中，如何实现"乐善生活"目标维度中提到的"在自然风光中促进学生身心健康、体魄强健"的课时目标？课程设计者可以先逆向设计能够检测的表现性评价内容，即可以用"微信小程序记录运动步数"的评价方式来检测学生是否在研学活动中完成一定的运动量，再在此基础上设计能够提供评价证据的研学课程内容，如在四十分钟内以徒步的方式完成湖南郴州高椅岭景区 A 点到 B 点的不同植物样本的取样任务。

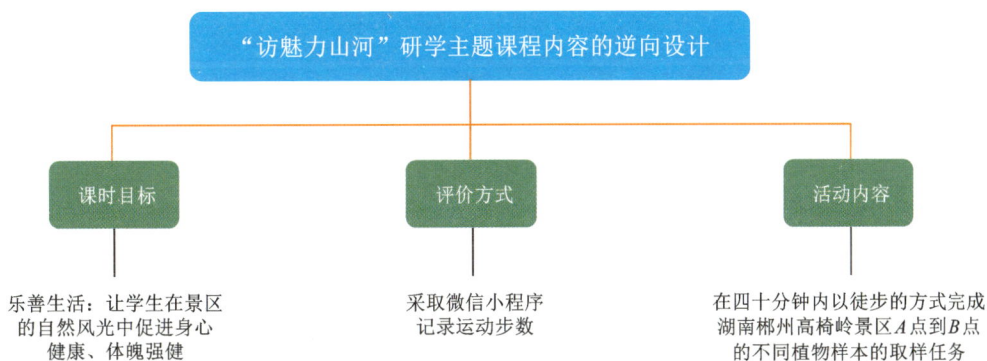

图 3-14 "访魅力山河"研学主题课程内容的逆向设计

如此，逆向设计促使学习目标的达成效率得以提升，让评价成为在创设教学活动过程中进行的一个持续的过程，使得教学活动"有据可评"，反馈教学活动的适用性和可测量性。

(二)研学课程内容的循序式设计思路

研学课程内容的开发，要立足学生的发展和学校的优势，抓住学生的关注点、寻找课程的生长点。在课程内容的设计环节，设计者可以围绕主题，采取循序递进式的设计思路，如按照体验、探索、激励、达成、乐享的顺序设计研学站点的课程内容，也可以从知识层面、技术层面、艺术层面、精神层面的角度进行内容的设计。例如"红色革命传统"板块"数风流人物"项目的主题研学，如何循序递进地设计研学课程内容以帮助达成具有普遍性的课程目标，帮助学生理解伟大的革命精神呢？我们可以在研学课程中首先进行红色革命类主题博物馆的参观考察，完成知识层面的储备，然后体验制作红军餐进行技术层面的学习，接着通过红色电影配音、革命题材情景剧演绎走向艺术层面的体验，最后通过红色诗词大会、分享交流会走向革命精神层面的感悟(图 3-15)。

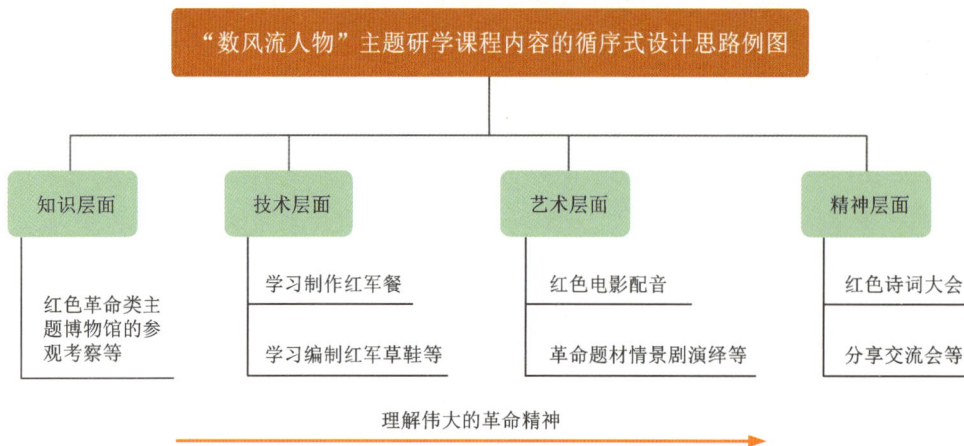

图 3-15　理解伟大的革命精神

三、课程内容设计的方式

（一）主题式串联

主题式串联指的是在研学课程设计中通过同一研学主题将不同的研学资源及课程内容组合串联在一起，从而形成长线主题式研学课程。其中研学资源的学科属性不必完全一样，却能体现同一个研学主题。这就要求研学课程设计开发者在课程设计中，能够以独到的眼光和视角去审视研学资源，对研学资源进行重组或者重新开发，从而让学习者在学习中能够基于同一主题开展深度研学，取得更多收获。

长沙基地将研学课程分为传统历史文化、祖国美好河山、现代科技发展、时代社会变迁、红色革命传统、劳动教育实践六大模块，将一个个看似分割的课程与项目进行串联，打破学科间的界限，打破知识的分离，甚至打破教育者间的界限，实现既有资源与生成资源、国家课程与基地课程的有效整合。将学生置身于社会化的场景中，运用体验教育的教学方式，让学生在研学当中获得愉悦的情绪体验，在群体活动及探究式学习中，掌握核心概念的知识，及逐渐培养出面向未来的关键能力。通过项目主题的串联，引导孩子们追求完整的生活，完整的人生。其中，研学内容的主题式串联不仅包含研学线路中不同研学站点的研学课程内容的主题串联，也包含单一研学站点内课程内容的主题式串联。

多研学站点课程内容的主题式串联。如长沙基地以"数风流人物"为主题的研学实践活动，涉及了多个研学站点的串联，教育目的在于通过走进革命先辈故居，让学生感受先辈们坚贞不屈、敢于牺牲的革命精神，学习崇高的思想品德和道德情操。在课程内容的串联设计中，课程设计者需要围绕主题有的放矢地提炼不同站点的标志性内容。

（1）通过参观杨开慧故居了解杨开慧同志的光辉事迹，感受敢为人先、敢于牺牲的革命精神。

（2）走进彭德怀故居，全方位了解彭德怀同志，感受"谁敢横刀立马，唯我彭大将军"的非凡胆略和高尚品德。

（3）通过参观胡耀邦故居，深入了解胡耀邦同志不搞特殊、以人为本、亲民爱民的光辉而又伟大的一生。

（4）走进秋收起义文家市会师纪念馆，了解秋收起义这一重要历史事件，感受革命道路的艰险曲折。

单一研学站点内课程内容的主题式串联。以长沙基地"寻伟人故里"项目专题中的"热爱学习的农家孩子"主题研学课程为例，在韶山研学基地，首先在毛泽东同志故居探究"家庭环境对少年毛泽东学习习惯养成的影响"，接着在南岸私塾模拟毛泽东的学习经历，探究"私塾的学习环境对少年毛泽东学习习惯养成的影响"，随后走进毛泽东遗物陈列馆，通过站点内研学课程内容的主题串联设计，引导学生学习伟人的事迹，鼓励学生把实际行动与日常生活结合起来，将好习惯传承并发扬，树立立志成才、报效祖国的理想。

（二）三段式推进

由于我国研学实践起步较晚，研学课程的设计缺乏深度研究，研学课程开发质量不高。研学实践在实际开展的过程，普遍存在以"游"为主，重游轻学，虽注重形式的多样性和趣味性，但存在教育意蕴不足，组织规划"去学生化"等问题，因而，研学实践课程的设计尤为重要。在设计研学实践课程时须既要有基于某一主题的内容建设，同时也要有纵向的行前课程、行中课程与行后课程的内容建设。

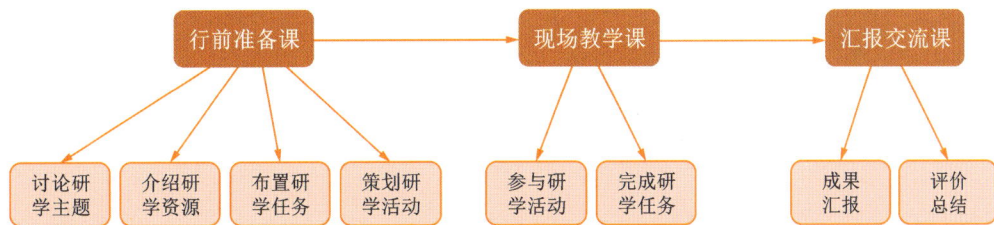

图3-16　基地"三段式"研学课程

长沙基地从2018年开展研学实践以来，将研学实践课程进行分段设计，分为了行前准备课、现场教学课、汇报交流课三种课型。在设计行前准备课时，课程设计者需搜集与主题相关的知识，介绍研学资源，布置研学任务，组织学生做好小组活动策划，让学生了解相关评价要求等，为开展研学活动做好知识和能力方面的储备。设计现场教学课时，课程设计者需充分调查研学资源，与研学点协作开发和主题相关的研学课程，课程内容及活动形式尽可能丰富，以任务为驱动，引导学生在研学活动中完成各项研学任务。在研学归来后的汇报交流课，课程设计者需设计具体的汇报要求，包括汇报主题、汇报时间、汇报形式、评价方式等。汇报交流课上可以采取多种汇报形式，如PPT、手抄报、思维导图、舞台剧等都可以尝试，让学生在集体汇报交流、研学成果展示、分享所见所闻所想等活动中，促成研学课程内容的显性和隐性部分的碰撞。通过三段式的研学课程设计，研学课程内容形成了一个环环相扣的链条，成为一个完整的课程群体。

最后，研学内容的开发一定有一个复盘改进、动态生成的过程，我们可以组成一个包含课程专家、研学导师、学生、家长、研学基地、营地的工作人员的课程审议小组对研学课程进行审议，从而避免课程内容的片面和单一，让研学课程内容在探索、实践、复盘的过程中回应新时代研学实践课程化的呼唤，为后续研学课程走向实践打好基石。

第四章

基于多维育人的研学实践课程分类设计

　　研学实践课程的设计是实现多维育人的有效途径，具有极大的教育意义。秉承"立德树人，多维育人"的办学思想，长沙基地践行多维发展、多元发展、特色发展的育人理念，充分挖掘湖南省内研学资源的特色，确定研学主题，分段设计"红色革命传统类""祖国美好河山类""传统历史文化类""现代科技发展类""时代社会变迁类""劳动教育实践类"六大模块，力求通过研学实践活动课程的分类设计，搭建书本知识与实践运用之间的桥梁，给学生开辟一个开放、多元、包容的社会大课堂。

每个孩子

都有其热爱的自然界

花鸟虫鱼，世界万物

都是他涌之不尽的好奇心和惊讶的源泉

我们应该

把这种热情好好呵护

让研学途中所有的美好

都成为雀跃在孩子成长记忆中的音符

第一节　红色革命传统类研学实践课程的设计

红色革命传统类研学实践课程是让学生感受革命光荣历史、激发学生对党和国家的热爱之情的重要途径。习近平总书记强调："要把红色资源利用好、把红色传统发扬好、把红色基因传承好。"本类课程依托革命先烈故居、学校、纪念场所等研学资源，设计与学生年龄和学情相匹配的研学任务和研学活动，让学生对革命先辈为中国共产党建设、新中国成立作出的伟大贡献有一个整体的认识。在此过程中，传承红色革命精神，学习革命伟人品质，选择正确人生之路。

一、红色革命传统类研学实践课程内容

红色是"革命"的象征，被赋予舍生取义、追求进步、勇于牺牲、敢于胜利等积极的政治意义。在中国共产党百余年的光辉历程中，红色基因激励着一代又一代的共产党人不畏牺牲、顽强拼搏、追求卓越。

红色文化是在革命战争年代，由中国共产党人、先进分子和人民群众共同创造并极具中国特色的先进文化，蕴含着丰富的革命精神和厚重的历史文化内涵。红色文化是一种重要资源，包括物质文化和非物质文化。物质资源表现为遗物、遗址等革命历史遗存与纪念场所；非物质资源包括井冈山精神、长征精神、延安精神等红色革命精神。

在设计红色革命传统类研学实践课程中，湖南有着丰富的研学资源。"一群湖南人，半部近代史"，一方面，湖南名人辈出；另一方面，在湖南发生过众多重大历史事件。

（一）革命人物类

"惟楚有才，于斯为盛。"湖南人杰地灵，名人灿若星汉，尤其是近代以来，更是英才辈出，光耀中华。从湘军时代的曾国藩、左宗棠，到戊戌维新的谭嗣同、杨度；从辛亥革命的黄兴、宋教仁，再到新中国的缔造者毛泽东、刘少奇、任弼时等，享有了"一部中国近代史，半部由湘人写就"的盛誉。中兴将相，什九湖湘。中国共产党成立前产生的八个早期组织，湘籍共产党人参与创建了六个。中共一大十三位与会代表，湘籍党员有四位；当时全国五十多名党员中湘籍党人有二十余名。共和国十大元帅，湘人占三；十大将军，湘人泰半。2009 年，经中央批准，中央宣传部等十一个部门联合组织评选的"100 位为新中国

成立作出突出贡献的英雄模范人物"中，湘人十八位。

在众多功勋卓越的革命先辈中，伟大领袖毛泽东是一代又一代人争相学习的榜样。长沙基地"好习惯成就好人生"研学实践课程引导学生追寻毛泽东少年时代的足迹，探究农家少年认真学习、热爱学习的具体表现，收集毛泽东一生的好习惯，感受"好习惯成就好人生"的重大意义和实践价值。

(二)历史事件类

湖南人秉持着"若道中华国果亡，除非湖南人尽死"的家国情怀，在每一次社会大变革中都站在前列，引领着时代潮流。三次长沙会战、常德会战、长衡会战、湘西会战等抗日战争无不展现了湖南人热爱祖国、英勇无畏的精神。而省会长沙，作为中国近代革命的摇篮和重要发源地，无数革命先贤英烈在这里留下了诸多不可磨灭的记忆。维新英杰在这里举办时务学堂，宣传民权平等；辛亥先驱在这里以天下为己任，开辟共和新路；毛泽东、蔡和森等无产阶级革命家曾在这里"指点江山、激扬文字"，组建新民学会，立志改造中国与世界；毛泽东、何叔衡在这里建立了共产主义小组，发出了"建党先声"……长沙基地"不忘的记忆，永远的丰碑"研学实践课程带领学生以刘少奇同志的革命精神为切入点，走近湖南英杰，学习历史事件，缅怀先烈的英雄事迹，感受伟人的奉献情怀。

二、红色革命传统类研学实践课程设计要点

红色革命传统类研学实践课程重在以多种多样的活动形式，以具体的人、事、物、魂为依托，让学生学习客观的历史事实，感受红色革命的思想，提升爱党爱国的情感。

(一)依托红色资源，打造主题课程

中国近现代史上，湖南涌现出数位艰难求索、前赴后继的英雄豪杰，他们以天下为己任，力挽狂澜，为民族的独立和人民的解放作出了卓越贡献。因此，湖南的红色资源非常丰富，单是省会长沙，红色资源就不计其数。目前长沙市共有九十五处红色旅游资源，其中伟人足迹二十六处，名人故居二十三处，工农革命热土二十六处，革命烈士纪念地二十处。

此外，随着"长株潭"一体化建设的推进以及长沙对外联结的深入发展，湘潭、株洲、岳阳等地的红色资源已日益融入"大长沙"红色旅游圈，为长沙的红色研学注入了无限生机和活力。

在前期考察中，我们发现众多红色研学点可以分为以下几类主题：

(1)以人为主题，探索伟人成长经历，学习其崇高精神和优秀品质。学生可以走进伟人故里，通过参观故居、学校、纪念馆等场地，了解他们的成长历程，探究他们能成为革命伟人的原因，思考如何学习他们的崇高品德和优秀习惯。这对于处于人生成长早期阶段的青少年而言，有助于他们"系好人生的第一粒纽扣"。对此，我们可以将韶山毛泽东同志故

居、南岸私塾、毛泽东同志纪念馆、东山学校串联成以"寻伟人故里"为主题的研学线路，探究"好习惯成就好人生"的论题，寻找毛泽东的好习惯和证据，思考如何学以致用。

（2）以事为主题，学习具体的历史事件，感受革命的光荣历史。学生可以走进各种纪念馆和博物馆等场所，学习中国近代史上的主要事件，感受革命先辈的艰苦奋斗和无私奉献。对此，我们将刘少奇故里、长沙市博物馆、湖南省党史馆串联成以"数风流人物"为主题的研学线路，探索湖南人在近代史上作出的重大贡献，从每一个人物故事和历史事件中学习历史、正视历史、以史为鉴，感受"不忘的记忆，永远的丰碑"。

（3）以物为主题，通过具体物件感悟革命历史。学生可以参观博物馆、遗物馆，观看革命先烈留存下来的纪念物，如毛泽东的书籍、衣物、用品等，通过具体的物件，感受真实的革命历史。该系列内容可以融入"好习惯成就好人生"和"不忘的记忆，永远的丰碑"两个主题研学活动中去体现。

（二）了解客观史实，坚持唯物史观

习近平总书记曾在讲话中指出：唯物史观是我们共产党人认识把握历史的根本方法。只有坚持历史唯物主义，我们才能更好地认识国情，认识党和国家事业发展大势，认识历史发展规律，推进各项工作。青少年作为共产主义的建设者和接班人，他们必须了解客观史实，并学会以史为鉴，才能坚持正确的方向，掌握正确的方法，从而做出卓越的成绩。例如在"不忘的记忆，永远的丰碑"主题研学实践课程中，学生需要在参观长沙博物馆的"中流击水——长沙近代历史文化陈列"馆后，记录长沙近代历史文化大事件；在湖南省党史馆先参观"开辟新天地"陈列展，了解中国共产党在新民主主义革命时期湖南的革命、建设、改革实践工作，然后思考"为何近代的湖南人才辈出？是巧合还是必然？"，学生在得出这一系列问题的答案以后，必然能从中找到自己欣赏的品质，并学以致用，为自己的学习和之后的工作提供精神支撑。

（三）注重思想引领，强化情感培育

学习红色文化是实现立德树人的重要途径，红色革命历史类研学实践课程对于学生的情感态度价值观的培育作用是非同凡响的。因此我们在活动开展中，要以具体的人、事、物为载体，展现革命的光荣历史和优秀文化，展现革命先烈的崇高品德，让学生在此过程中，接受精神的洗礼和心灵的启迪。如"好习惯成就好人生"主题研学实践课程引导学生探究毛泽东一生的好习惯，思考好习惯如何成就毛主席的辉煌人生。在此过程中，学习他勤俭节约、乐于助人、热爱学习、志向远大、同情疾苦等精神品质。"不忘的记忆，永远的丰碑"主题研学实践课程则引导学生学习湖南人在中国近代史上创造的辉煌成就，感受革命的光荣历史，并在聆听红色故事会的过程中，感受革命先烈的崇高品德，在此过程中培养学生的集体意识和奉献精神。

（四）活动方式多样，内化红色自信

研学实践课程的开展要同时兼顾"研究性学习"和"旅行体验"两个方面。因此，在活

动的开展中，我们除了要关注学生的任务完成、知识学习、情感提升等方面的情况，还需要去增强他们的体验感。在参观过程中，可以设置"找证据""闯关"等形式的活动吸引学生深入思考和探究；参观之余，可以组织学生演绎红色历史故事、聆听红色故事会、吟诵诗歌等活动，让历史事件"活"起来。在多种多样的活动中，提高学生对革命历史的认同感和红色文化的自信程度。

三、红色革命传统类研学实践课程活动方式

在本类课程中，可以采用的活动方式有情景演绎、红色故事会和诗歌吟诵。

（一）情景演绎

情景演绎也叫代入式情景重现，指将自己作为主视角代入已发生在他人身上的经历并按照原先的轨迹再次运行，从而使自我体验未曾真实发生过在自己身上的经历并形成真实的自我经验。如在"好习惯成就好人生"主题研学实践课程中，我们组织学生根据毛泽东同志纪念馆展板内容，再现主席的小故事。一方面可以加深学生对展板内容的理解，另一方面能让学生对主席的精神品质有更深刻的体会。同时，我们还组织学生在东山学校的莲泉井边再现少年毛泽东朗诵《咏蛙》的情景，学生可以选择普通话和方言两个版本，按照自己对毛主席的了解去还原他的神态和动作，在此过程中感受他的豪迈气魄。

（二）红色故事会

红色故事主要指革命期间发生的故事，红色故事会则是以一个中心思想将一个个革命故事组合在一起，是贯彻习近平总书记"用好红色资源，讲好红色故事，搞好红色教育，传承好红色基因"重要指示的必要载体。在"不忘的记忆，永远的丰碑"主题研学实践课程中，学生在湖南省党史馆的报告厅聆听红色故事会，在一个个感人至深的故事中了解革命先烈的故事，感受他们身上的奉献精神，传承他们的崇高品德。

（三）诗歌吟诵

诗歌吟诵是一种介于朗诵和歌唱之间的音乐形式，能使传统诗词的声律美和意境美更为完整地展现。学生在"好习惯成就好人生""不忘的记忆，永远的丰碑"两个主题研学实践课程中都有该活动。如：学生在南岸私塾吟诵少年毛泽东所写的《吟天井》，在长沙市博物馆吟诵《青年救国团团歌》，在浏阳河畔吟唱《浏阳河》。这些活动的开展，有利于提高学生参与研学活动的兴趣，也能潜移默化地让学生感受伟人的精神品质、革命的艰难困苦和幸福生活的来之不易。同时，激发他们内心深处的豪情壮志，提升他们的爱党爱国之情。

📝 红色革命传统类研学实践课程设计案例(一)

课程主题	好习惯成就好人生		课程项目	寻伟人故里
适用年级	小学高年级		课程时长	三天
课程说明	在中国近代史上,湖南涌现出数位杰出人物,以伟人故里为代表的红色资源颇为丰富,如韶山毛泽东故里、花明楼刘少奇故里、湘潭彭德怀故居等。在众多功勋卓越的革命先辈中,伟大领袖毛泽东是一代又一代人争相学习的榜样。他有着强健的体魄、高尚的情操、独特的性格、超人的领导智慧、和谐的人际关系、科学的工作方法……本课程将带领孩子们追寻毛泽东少年时代的足迹,探究农家少年众多好习惯的具体表现,感受"好习惯成就好人生"的重大意义和实践价值			
研学线路	长沙基地—毛泽东故居、南岸私塾—毛泽东同志纪念馆—东山学校—长沙基地			
课程资源	韶山毛泽东同志纪念馆坐落在全国重要的革命纪念地——湖南省湘潭县韶山冲。毛泽东故居是毛泽东出生和少年活动的地方。毛泽东纪念馆包括:毛泽东铜像、毛泽东少年时代读书的南岸私塾、毛氏宗祠、毛震公祠、毛鉴公祠等历史遗址和纪念性建筑,同时对有关反映毛泽东生平和思想的文物、资料进行征集、研究、陈列和宣传,是毛泽东生平和毛泽东思想研究的重要基地。在这里,学生可以了解少年毛泽东的成长经历,了解并学习他的好习惯。 东山学校位于湖南省湘乡市,是伟人毛泽东的母校。少年毛泽东在这里开始接受自然科学和社会科学的新式教育,接受了新式学堂新思想的洗礼,视野由韶山,转向了中国,转向了世界,救国救民的志向得到初步发展。在这里,同学们可以学习和了解少年毛泽东在东山书院的求学经历,感受新式学堂对毛泽东人生轨迹的重大影响,体会"春来我不先开口,哪个虫儿敢作声"的豪迈气概			
课程目标	价值体认	通过了解少年毛泽东好习惯养成的原因,激发学习毛主席爱学习、有志向的优良品格的意识		
	问题解决	通过实践探究,分析毛泽东好习惯养成的原因		
	创意物化	收集毛泽东好习惯养成的原因,使用平板等科技设备创作微视频进行展示		
	乐善生活	追寻毛泽东少年时代的足迹,探究农家少年认真学习、热爱学习的具体表现,感受"好习惯成就好人生"的重大意义和实践价值		
课程重难点	通过参观考察、合作探究等活动方式,探究毛泽东好习惯养成的原因,完成研学任务单和研学汇报材料的制作,并对研学所得进行汇报展示并学以致用			
课程准备	(一)研学导师准备:研学任务单、电视剧《少年毛泽东》(1992年版)视频资料、电视剧《东山学堂》视频资料、歌曲《浏阳河》音频资料、毛主席相关录音、多媒体电脑、平板电脑、评价印章及研学护照 (二)学生准备:收集毛泽东的相关信息			

● **教学设计**

课程环节	课程内容及设计意图	学生活动
	行前准备课	
环节一： 竞猜激趣	竞猜活动1. 歌曲《浏阳河》是人们用来表达对毛主席敬仰的一首歌，研学导师在课程的开始组织学生欣赏歌曲《浏阳河》，引导猜测《浏阳河》是哪个地方的民歌？歌中提到了哪位人物？歌曲表达了什么意思？ 竞猜活动2. 1949年10月1日，毛主席用独具特色的湖南方言在天安门城楼宣布了中华人民共和国中央人民政府成立。研学导师播放该录音，引导学生猜测讲话人是谁？什么时间？在哪里讲话？讲的什么？哪里的方言？ 竞猜活动3. 毛主席一生饱读诗书，也创作了众多文学瑰宝，研学导师组织学生朗读毛泽东的诗词，猜作者、写作时期、写作地点。 通过一系列有奖竞答活动，激发学生参与该主题研学活动的兴趣	学生欣赏歌曲《浏阳河》，听录音，朗读诗词，并回答研学导师提出的相关问题
环节二： 知识准备	毛主席一生的众多事迹被拍摄成各类影视剧，这也是当代青少年了解毛主席的重要素材。研学导师播放《少年毛泽东》《东山学堂》视频片段，引导学生初步了解毛泽东少年时期的时代背景、社会风貌、生活环境、活动情境，让学生对少年毛泽东建立初步印象，为后续学习活动做好必要的知识铺垫	学生观看关于少年毛泽东的影视资料，建立对毛泽东的初步印象
环节三： 明确任务	研学导师向学生介绍研学主题、线路行程及研学点的基本情况，讲解本课题的任务要求和活动规则、活动评价方式。让学生熟悉研学点，明确活动规则，带着任务和目的参与此次活动	学生明确研学主题、线路、研学点等相关情况，熟悉活动规则、评价方式等
环节四： 活动策划	研学导师引导学生以小组为单位进行活动策划，以此让学生有计划、有准备地参与此次活动，同时学会团结协作	学生以小组为单位进行讨论，制订活动计划，并派代表向大家汇报：本组选择的探究内容、可能找到的证据、现场讲解与记录的方法、组内人员分工及职责、可能遇到的困难及对策。师生共同对汇报小组的活动计划提出意见和建议，之后各小组对活动计划进行修改完善

课程环节	课程内容及设计意图	学生活动
环节五：总结课程	研学导师小结本节课的内容，让学生为后续活动做好充分准备，对活动保持持续的兴趣	学生总结梳理本节课的重要内容，为后续外出研学做好准备
现场教学课（一）		
活动一：敬献花篮	在韶山毛泽东广场的毛主席铜像前，每天都有络绎不绝的来自全国各地的人们来向毛主席表达自己的敬仰与思念之情。研学导师组织学生向毛泽东铜像敬献花篮，并让学生交流参加仪式的感受，讲述心中的毛泽东。提出问题引导学生思考：人们常说"习惯形成性格，性格决定命运"，毛泽东能从一个普通的农家子弟成长为历史伟人，他的身上有哪些好习惯呢？由此激发学生的学习兴趣和探究欲望	学生向毛主席铜像敬献花篮，表达对主席的敬仰之情，感受主席在人们心中的地位。同时，初步思考研学导师提出的问题，明确后续活动的方向
活动二：任务导入	研学导师组织学生在空旷的场地了解参观规则，发放研学任务单，解读活动任务，以此确保学生有组织、有目的地参加研学活动	学生熟悉活动任务，明确参观规则
活动三：参观毛泽东故居	毛泽东故居位于韶山冲南岸上屋场，这里有淳朴勤劳的乡风，善良乐学的民风，毛氏家族严厉传统的家风，都是培养少年毛泽东坚毅好学的良好习惯不可或缺的条件。研学导师组织学生有序参观毛泽东故居，并记录少年毛泽东的好习惯和证据。通过这些活动提高学生观察和理解的能力，使其学会寻找理论依据支撑自己的思考	学生按照毛泽东故居的参观要求有秩序地参观，认真观察，记录每一处的名称、景物、人物、事件，积极展开思考和联想，从中发现少年毛泽东的好习惯和证据，对证据作现场讲解并拍摄记录
活动四：参观南岸私塾	"儿童入私塾读书要行什么礼？学生在私塾要读哪些书？私塾的主要教学方式是怎样的？古代私塾与现代中小学有什么不同？"研学导师向学生提出问题并组织学生参观少年毛泽东就读的南岸私塾，继续寻找毛泽东好习惯的证据，同时在私塾天井处模仿少年毛泽东吟诵《吟天井》。一方面提高学生的观察和理解能力，另一方面让学生在诗歌吟诵中感受少年毛泽东勤学善思的好习惯	学生继续收集少年毛泽东的好习惯和证据，并在南岸私塾天井处表演少年毛泽东作诗词《吟天井》的情形，而后背诵全诗
活动五：总结活动	研学导师检查学生研学任务的完成情况，公布各组得分，对本节现场教学课进行简单小结，以此引导学生对该研学站点的表现进行及时总结，思考后续研学活动中的改进方向，保持研学的热情	学生配合研学导师完成研学任务的检查与讨论，思考本站点研学的不足之处和后期改进的方向

课程环节	课程内容及设计意图	学生活动
现场教学课 (二)		
活动一： 概览参观	毛泽东同志遗物馆收藏和保存毛主席遗物6536件，文物资料35696件。专业导师带领学生对其进行概览参观，为下阶段重点探究做好铺垫。目的是培养学生观察能力，为任务单的完成提供依据	学生在专业导师的引导下对遗物馆进行概览性参观，认真观察，标记与自己探究内容有关的文物名称和展位，作为下一步重点探究对象
活动二： 重点探究	研学导师组织学生以小组为单位对上一环节标记的重点文物做深入探究，并拍摄解说，以此培养学生考察探究与团结协作的能力，提高学生创作与表达能力	学生以小组为单位，对概览参观中标记的文物进行重点观察探究，了解毛泽东晚年时期的好习惯。同时，对文物现场作讲解并拍摄微视频，进行文物讲解的现场演练
活动三： 诗词大会	专业导师组织学生在遗物馆的报告厅参加毛泽东诗词大会的学习活动，让学生从毛泽东的诗歌中更深入地了解毛泽东	学生听专业导师讲述毛主席的故事以及他的"诗与远方"，欣赏毛泽东少年时期所作诗词。学习少年毛泽东从小立志、饱读诗书、心忧天下的相关历史故事
活动四： 总结活动	研学导师检查各组任务单完成情况，公布各组得分，并为过关的学生加盖过关印章。其目的是让学生对该研学站点的收获有一个全面的认识，并对后续研学保持热情	学生发表活动感受，与研学导师一起对本节现场教学课进行总结
现场教学课 (三)		
活动一： 任务导入	"东山学校作为100多年前的新式学堂，新在哪里？""毛泽东是怎样被东山学校破格录取的？又是怎样勤奋学习、刻苦锻炼、心忧天下、同情疾苦、立志成才走出东山的？"研学导师组织学生在东山学校大门前广场集合，向学生提出上述问题，并简要介绍陈列馆、旧址两个教学点的情况和参观须知，激发学生参与该站点研学活动的兴趣	学生熟悉活动任务，初步思考研学导师提出的问题
活动二： 参观陈列馆	专业导师带领学生参观"毛泽东与东山学校陈列馆"，引导学生寻找任务单证据，并承诺证据寻找最充分的学生可以在参观东山学校旧址时坐在少年毛泽东曾坐过的座位上。其目的是激发学生的学习动力，提高学生考察探究的能力，并在此过程中感受少年毛泽东的伟大志向	学生跟随专业导师对陈列馆进行全面参观，了解东山学校及毛泽东在该校的学习生活概况，并思考少年毛泽东的远大志向与具体行动相结合的表现与证据

课程环节	课程内容及设计意图	学生活动
活动三： 参观旧址	专业导师组织学生参观东山学校旧址，同时在莲泉井边以小组为单位进行闯关：(1)吟诵毛泽东的诗《咏蛙》。 (2)说出毛泽东在环形跑道、便河、莲花水井旁锻炼体魄、磨砺意志的三项活动(答案：跑步、游泳、冷水浴)。让学生在少年毛泽东求学的真实环境中，感受他从小气魄豪迈、志向远大、意志坚韧的独特品质	学生参观东山学校旧址，参加闯关活动，继续寻找少年毛泽东的远大志向与具体行动相结合的表现与证据
活动四： 总结活动	研学导师对学生在整个活动中的表现作出简要总结和点评，让学生对该研学站点的收获有一个全面的认识，并为第二天的研学汇报交流做好准备	学生配合研学导师对该站点的活动进行总结，回答参观前任务导入时提出的两个问题
汇报交流课		
环节一： 任务导入	研学导师播放研学过程相关资料，引发学生对研学过程的美好回忆，引出本节课任务。以此创设情境让学生联系前期研学经历，为本节课的汇报交流做铺垫	学生在研学导师的引导下对此次研学活动进行全面回顾，并再次熟悉活动的总任务：以小组为单位，整理本课题研学过程中收集的资料，使用视频制作软件，设计制作一个表现本组参与本课题研学的微视频。微视频长度三到五分钟，要有至少一首歌颂毛泽东的背景音乐。汇报形式可以是微视频、手抄报、PPT
环节二： 自主创作	研学导师放手让学生自主创作汇报材料，在必要时给予指导和帮助。激发学生的创意，提高总结梳理和团队协作能力	学生以小组为单位自主创作汇报材料
环节三： 展示交流	研学导师组织各小组进行汇报展示，师生结合评价标准对各小组的汇报成果进行评价，选出优胜小组。在此过程中培养学生创作、展示等能力和团队协作的意识	学生分组上台进行汇报展示，并与研学导师一起结合评价标准对其他小组的作品进行点评
环节四： 总结评价	研学导师指导学生交流本次研学过程中的收获、感受，总结经验、反思不足，共同探讨改进办法并总结发言。让学生学会总结收获、反思不足，深刻感受此次研学活动对自己的启发	学生以小组为单位按要求展开讨论，讨论完后派代表用一句话进行总结性发言
研学拓展	1.农家子弟毛泽东有哪些农村孩子的共同点，又有哪些不普通之处？ 2.如何让更多人了解毛泽东的这些好习惯？	

课程评价

评价项目	评价标准			评价结果	
	合格	良好	优秀	自评	组内互评
任务完成	能自主完成每个站点三分之一的研学活动任务	能自主完成每个站点三分之二的研学活动任务	能自主完成每个站点全部的研学活动任务		
活动参与	能基本按要求参与研学活动，但没有在集体中发挥自己的作用	能按要求完成研学活动，主动在集体中发挥自己的作用	能出色完成研学活动，在集体活动中起到示范引领作用		
汇报展示	能为小组的汇报展示提供少许素材，承担部分责任	能为小组的汇报展示提供大量素材，承担部分责任	能为小组的汇报展示提供大量素材，积极承担设计制作、展示交流的责任		

亮点分析

红色革命类研学实践课程有利于培养学生对党、对国家的热爱之情，有利于引导学生通过学习革命伟人的精神品质提升自身的道德修养。此类课程的开展要做到立意高远、内容丰富、主题鲜明、形式多样。

在整个教学设计中，该教学案例呈现了以下几个方面的亮点：

（1）紧扣研学实践活动的要求，将研究性学习和旅行体验充分结合。该教学案例既让学生充分参观、游览各个红色革命纪念场所，又布置了相关任务让学生开展研究学习。

（2）结合红色革命研学资源，设计了主题鲜明的研学实践课程主题。该教学案例以人为主题，将韶山毛泽东故居、南岸私塾、毛泽东同志纪念馆和湘乡东山书院串联起来，引导学生追随少年毛泽东的成长足迹，收集毛泽东的好习惯，并找到相关证据，主题鲜明，育人效果突出。

（3）重视学生的思想教育和情感体验。该教学案例通过让学生搜集伟大领袖毛泽东好习惯和好品质，并阐述如何在日常学习生活中学以致用，培养了学生的良好习惯并提升道德素养。

（4）通过多种形式的活动方式，发挥了学生主体作用。该教学案例设计了情景演绎、红色故事、诗歌吟诵等活动方式，如在南岸私塾天井处模仿少年毛泽东吟诵《吟天井》，在毛泽东同志纪念馆进行文物讲解，在报告厅聆听"毛泽东的诗与远方"等，让学生在学习的过程中充分参与、体验、感受，充分发挥主观能动性。

红色革命传统类研学实践课程设计案例(二)

课程主题	不忘的记忆，永远的丰碑		课程项目	数风流人物
适用年级	初中		课程时长	三天
课程说明	党的百年历史上，湖南共产党人发出"建党先声"、成为"建军摇篮"、开辟"建政先河"，开创了惊天动地的历史壮举，谱写了感天动地的英雄壮歌。为何近现代的湖南人才辈出？是巧合还是必然？本课程带领学生以刘少奇同志的革命精神为切入点，走近湖南英杰，学习先烈的英雄事迹，感受先辈的奉献情怀，接受心灵的净化洗礼			
研学线路	长沙基地—刘少奇故里—长沙市博物馆—湖南省党史馆—长沙基地			
课程资源	刘少奇故里景区包括刘少奇同志故居、铜像广场、纪念馆等，是全国首批爱国主义教育示范基地，也是全国唯一一座完整展示、宣传、研究刘少奇生平思想和收藏、保护、研究刘少奇文物的人物类纪念专馆。在这里，学生可以领会刘少奇在革命年代的奉献精神和高尚品德，树立勤奋学习、不畏困难的积极态度，塑造积极正确的价值观念。 长沙市博物馆是集文物收藏、保护研究、展示宣传、教育服务等功能于一体的国家一级博物馆、综合性地志博物馆。其中"中流击水——长沙近代历史文化陈列"馆基本陈列包括"倡导经世""引领新政""辛亥首应""建党先声""秋收起义""团结御侮""和平解放"等7个单元，回顾了长沙近代百年历史。在这里，学生可以了解长沙城的历史故事，领悟长沙近代先贤们"心忧天下，敢为人先"的精神，懂得和平生活的来之不易，从而更加热爱和珍惜当下的学习与生活。 湖南党史陈列馆是全国范围内首批规模最大、规格最高、资料最丰富的以省命名的党史专题展馆，是全国中小学生研学实践教育基地、湖南省爱国主义教育基地。在这里，学生可以在参观场馆中感受一部浓缩的湖南地方党史，在红色故事会中了解革命先辈的崇高品质和光辉事迹			
课程目标	价值体认	通过初步了解建党初期的相关历史知识，感受中国共产党建设之路的艰辛，形成国家认同，培养热爱中国共产党的情感		
	问题解决	了解近代史中湖南人参与的历史事件，学习近代湖南英雄人物的英勇事迹		
	创意物化	以了解到的近代湖南英雄人物的英勇事迹为题材，创意设计汇报材料		
	乐善生活	激发对党和国家的热爱之情，树立热爱生活、不畏困难的积极态度，形成良好品德，塑造积极正确的价值观念		
课程重难点	了解建党初期的相关历史知识，学习近代湖南英雄人物的英勇事迹并进行讲述，并学习以刘少奇为代表的先贤先烈的崇高品德			
课程准备	(一)研学导师准备：研学任务单、电影《建党伟业》视频资料、刘少奇同志介绍视频资料、平板电脑、多媒体电脑、评价印章及研学护照 (二)学生准备：中国共产党建党初期的相关资料的收集和知识储备			

● 教学设计

课程环节	课程内容及设计意图	学生活动
行前准备课		
环节一：导入主题	电影《建党伟业》是为庆祝中国共产党建党九十周年而制作的献礼影片，对于学生了解中国共产党成立的艰辛不易有很重要的指导意义。研学导师组织学生观看《建党伟业》视频片段，让学生对研学主题有一个初步的认识，激发学生参与研学活动的兴趣	学生观看视频资料，记录下视频中出现的人物或事件的名称，并集中交流
环节二：知识梳理	在中国共产党的精神谱系中，充盈着鲜红的湖南元素，烙下了闪亮的湖南印记。研学导师组织学生讨论湖南籍的共产党人先驱，着重介绍刘少奇同志，并播放记录刘少奇同志生平的电视剧，为后续学习活动做好必要的知识铺垫	学生在研学导师的组织下，结合自己对中国近代史的学习，讨论湖南籍的共产党人先驱，初步了解刘少奇同志
环节三：站点介绍	研学导师介绍本课题的线路行程、各研学点的基本情况及研学任务等，让学生明确任务与规则，为后续研学活动有序开展做好铺垫	学生明确线路行程、各研学点的基本情况及研学任务等，熟悉活动规则和评价标准
环节四：活动策划	研学导师组织学生以小组为单位对活动进行策划，确保后续活动中能更好地团结协作	学生以小组为单位制订活动计划并展示交流
环节五：活动总结	研学导师对本节课各个环节的内容进行总结梳理，并鼓励学生积极参与即将开始的研学活动，让学生保持探究的兴趣	学生在研学导师的组织下全面梳理本节课的重点内容，对后期研学做好心理预设
现场教学课(一)		
活动一：任务导入	研学导师组织学生在刘少奇故里铜像广场集合，讲解活动任务和规则，确保活动有序开展	学生熟悉任务，明确后续活动的重点
活动二：瞻仰刘少奇同志铜像	刘少奇同志铜像是1988年少奇同志诞辰90周年时落成的，伟岸形象再现了作为党和国家主要领导人的少奇同志风尘仆仆、日理万机的光辉形象，使人油然而生一种敬意和亲切感。专业导师组织学生在刘少奇铜像广场瞻仰铜像，观察铜像外表神态，了解刘少奇同志与中国共产党的密切关系并培养学生对革命伟人的敬仰之情	学生在讲解员的组织下瞻仰刘少奇同志铜像，完成思考题

课程环节	课程内容及设计意图	学生活动
活动三： 参观刘少奇 同志纪念馆	专业导师带领学生参观刘少奇同志纪念馆，完成任务单上的内容。让学生深入学习刘少奇同志与中国共产党之间的故事，感受他的卓越贡献，领会其奉献精神和高尚品德。同时，培养学生的观察探究能力，增强团队合作意识	学生在专业导师的带领下了解纪念馆九个展厅的主题内容，记录刘少奇同志参加过的党内运动及撰写过的著作等
活动四： 寻访刘少奇 同志故居	专业导师带领学生参观刘少奇同志故居，讲述刘少奇同志与家人同乡之间的故事。让学生在更真实的环境中了解刘少奇同志，并思考如何向刘少奇同志学习好的精神品质	学生按照规定参观刘少奇同志故居，积极展开联想，想象刘少奇同志当年是怀着怎样的心情走出花明楼炭子冲去实现自己的远大抱负
活动五： 总结活动	研学导师检查各小组任务单完成情况，为回答正确的小组成员盖章，并对学生在整个活动中的表现做简要总结和点评。让学生对该站点的研学内容形成一个整体印象，对后续研学保持动力	学生在研学导师的组织下对该站点研学活动进行全面总结，思考不足和改进方向
现场教学课（二）		
活动一： 任务导入	研学导师宣布参观任务及参观注意事项，让学生带着目的有秩序地参加研学活动	学生在研学导师的组织下熟悉任务，结合上一站点的活动反思为后续活动做好准备
活动二： 观历史事件， 感百年长沙	专业导师组织学生参观"长沙近代历史文化陈列"馆，记录下每一个历史时期的重要事件，使学生了解长沙城的历史故事，领悟长沙近代先贤们"心忧天下，敢为人先"的精神。在此过程中，培养学生的观察和探究能力，提高收集信息的能力	学生参观场馆，了解湖南人在中国近代史上作出的卓越贡献，对湖南人的精神品质有深刻的感悟
活动三： 朗诵青年 救国团团歌	研学导师组织学生观看场馆内的影像并开展诗歌吟诵活动，让学生在接近真实的情境中感受抗战时期的残酷事实，深刻感悟和平生活的来之不易，提高对党和祖国的认同感	学生在"烈火焚城惊寰宇"处集体观看"文夕大火"影像，并集体朗诵"湖南青年反日铁血救国团歌"，感受战争的残酷和和平生活的美好
活动四： 浏阳河畔咏 唱《浏阳河》	研学导师组织学生前往浏阳河畔咏唱《浏阳河》，感受以毛泽东为代表的湖南人在建设新中国过程中的伟大贡献	学生前往浏阳河畔声情并茂地咏唱《浏阳河》，领会歌词背后的含义
活动五： 总结活动	研学导师检查各小组任务单完成情况，对学生在整个活动中的表现作出简要总结和点评，以此帮助学生对该研学站点的收获进行全面梳理，并为下一站点的研学做好准备	学生配合研学导师对该站点的研学任务进行全面总结，反思自己和小组的不足之处，思考后续研学中的改进方向

课程环节	课程内容及设计意图	学生活动
现场教学课(三)		
活动一：任务导入	研学导师组织学生阅读湖南省党史馆的简介，结合简介明确活动任务、了解活动纪律，让学生带着目的和任务参加研学活动，并时刻注意保持良好的组织秩序	学生熟悉研学任务及在参观过程中的注意事项
活动二：听红色故事，传革命精神	专业导师为学生讲述多个红色故事，引导学生在红色故事会中学习革命先烈的精神品质	学生在专业导师的引导下集体前往报告厅听红色故事会，并回答"哪个故事最让你印象深刻？你认为主人公有哪些精神品质值得你学习？"
活动三：观党史事件，感百年湖南	专业导师引导学生集体前往"开辟新天地"陈列展进行参观，了解中国共产党在新民主主义革命时期在湖南的革命、建设、改革实践工作。让学生了解湖南人在党的建设方面做出的积极工作，学习湖南人身上吃苦耐劳、心忧天下的精神品质	学生在专业导师的引领下参观场馆，思考"为何近代的湖南人才辈出？是巧合还是必然？"
活动四：总结活动	研学导师检查各小组任务单的完成情况并盖章，总结点评学生的活动表现。同时，引导学生对所有站点的研学所得进行全面梳理，为第二天的汇报展示进行充分准备	学生配合研学导师对所有站点的研学活动进行全面总结，并为第二天的汇报展示进行充分准备
汇报交流课		
环节一：回顾研学活动	研学导师组织学生结合照片或视频资料回顾研学活动中的相关内容，为后续的展示交流做好内容上的铺垫	学生讨论交流"在本次研学活动中，给你留下最深刻印象的是哪个研学点？它为什么会让你印象深刻？"
环节二：介绍汇报任务及相关要求	研学导师组织学生再次回顾本节课的任务："以了解到的近代湖南英雄人物的英勇事迹为题材，设计、制作本课题研学活动汇报材料，可以围绕一个人展开介绍(如伟人刘少奇)，也可以展现一群人的英勇行为。"要求：以小组为单位，全员参与，合理分工，设计制作一份汇报材料，题目自拟，汇报形式可以是故事会、微视频、PPT、手抄报、情景剧等；要能表现本组完整的研学过程，要有每位组员的活动感受；展示时长为五至八分钟	学生再次明确研学活动总任务，明确设计制作环节的方向和要求

课程环节	课程内容及设计意图	学生活动
环节三：自主创作	研学导师组织学生以小组为单位自主创作汇报材料，适时指导。在此过程中提高学生的创作能力和团结协作的意识	学生以小组为单位对汇报任务进行自主创作
环节四：展示交流	研学导师组织学生结合汇报材料进行展示交流并相互点评，为学生提供展示平台，提高他们的表达能力与点评技巧	学生对汇报材料进行展示交流并进行自评和互评
环节五：总结评价	研学导师依据本次研学活动中小组成员获得的过站印章数、能力印章数与最终汇报成果的分数，评选出本次研学的优秀小组与若干单项奖。引导学生深刻反思此次研学活动中的优点与不足，在此过程中提高总结与反思的能力	学生反思本课题研学活动的收获和不足
研学拓展	新时期的湖南人该如何把握时代命脉，延续过往的成就和辉煌？请以此为主题，撰写一篇主题小论文	

● 课程评价

评价项目	评价标准			评价结果	
	合格	良好	优秀	自评	互评
红色革命历史	能完成一到两个站点的研学任务，掌握任务单上部分革命历史要点	能完成各站点的研学任务，掌握任务单上多数革命历史要点	能完成全部站点的研学任务，掌握任务单上全部革命历史要点		
红色诗歌吟诵	在流畅演唱《浏阳河》和朗诵《青年救国团团歌》	在演唱《浏阳河》和朗诵《青年救国团团歌》时有表情、无跑调、有感情	在演唱《浏阳河》和朗诵《青年救国团团歌》时表情丰富到位、感情激昂、态度积极		
红色精神传承	能积极参加各项研学活动	在研学活动中，有一定的集体意识、协作意识、奉献精神，能在各类活动中发挥自己的力量	在研学活动中，充分发挥集体意识、协作意识、奉献精神，积极承担团队任务，发挥示范带头作用		

● **亮点分析**

　　研学实践课程"不忘的记忆，永远的丰碑"以具体的历史事件为主题，引导学生走近湖南的英雄人物，学习革命历史事件，了解客观史实，坚持唯物史观，感受先辈的丰功伟绩和幸福生活的来之不易。在教学设计中亮点突出：

　　(1)课程主题鲜明。湖南省红色资源丰富，类型多样，包括伟人足迹、名人故居、革命事件、活动遗址、纪念场所等。该教学案例在众多红色资源中精选了刘少奇故里、长沙市博物馆、湖南省党史馆作为研学点，进而又在这三个研学点中精选教学内容，以建党初期的相关历史事件为主线，强化了学生对党的光辉历史的认同感，初步形成集体意识和奉献精神。

　　(2)育人效果突出。通过引导学生了解建党初期的相关历史知识，让学生了解党的历史并走近近代湖南英雄人物。一方面通过了解历史事实培养了学生的唯物史观，另一方面以革命先烈的光辉事迹为依托对学生的精神品质起到了正确的引领作用。

　　(3)活动方式多样。在参观、访问、讨论等基础的活动方式之外，还创设了红色故事、诗歌吟诵等活动，如：组织学生在湖南省党史馆聆听红色故事会，让学生对革命先烈有更深层次的认识；组织学生在长沙市博物馆吟诵《青年救国团团歌》，在浏阳河畔吟唱《浏阳河》，让学生将自己对党、对国家的热爱激扬地展现出来。

第二节 祖国美好河山类研学实践课程的设计

祖国美好河山类研学实践课程旨在引导学生走出校园，在与大自然的接触中领略祖国的大好河山，了解人与自然的关系。同时，运用书本中所学的知识解释自然现象，掌握生存技能，磨炼意志品格，提高欣赏美、鉴定美和创造美的能力。本类课程依托自然风光、地质资源、物种资源等，选择与学生学情和年龄相匹配的活动任务和场域，让学生通过参观、考察、调查等方式，领略祖国河山的壮美，开阔视野，增长知识，促进身心健康、体魄强健、意志坚强，促进形成正确的世界观、人生观、价值观。

一、祖国美好河山类研学实践课程内容

我们的祖国地大物博、幅员辽阔，壮美的风景名胜不计其数。放眼湖南省，山水资源十分丰富：有天门山、衡山、岳麓山、崀山、莽山等风景秀丽的名山；有湘资沅澧四条名江汇入中国第二大淡水湖——洞庭湖；有南山牧场、仰天湖大草原等辽阔壮丽的原野；有张家界石英砂岩峰林地貌、邵阳崀山和郴州高椅岭的丹霞地貌等特色地貌……走进这些风景名胜，学生一方面可以欣赏祖国河山的壮美，培养对祖国的热爱之情；另一方面可以开展地质考察和物种调查等活动，培养科学探究能力。

(一) 自然风光类

自然风光类是祖国美好河山类研学实践课程资源最为丰富的一类，它涵盖面广、种类多，大自然中的山、水、石、(草)原都能作为它的资源。它以大自然为载体，让学生通过视觉、触觉、听觉、嗅觉等感官对大自然进行全方位感知，从大自然中获得最直观、最深刻的知识和信息，充分感受大自然的神奇和祖国河山的魅力。如长沙基地研学实践课程"游林中之邑，看山水奇观"，带领学生走进湖南的南大门郴州，在东江湖泛舟游湖，在高椅岭攀爬探险，在仰天湖大草原悠闲漫步，在此过程中开阔视野、陶冶情操，培养审美情趣。

(二) 地质调查类

地质调查是指对某地区的岩石、地层、构造、矿产、水文地质、地貌等地质情况进行的调查研究工作。其主要目的是将理论的内容与野外的实际相对照，从而验证理论并得到新

的认识,为进一步提升理论积累素材;或者通过野外考察,取得对该区的地质、地形、地貌等野外现象的直观认识,为其他的地质工作或后续详细的地质研究、考察提供资料和路线等。湖南省内有多处特色地貌,最为著名的有张家界石英砂岩峰林地貌、邵阳崀山和郴州高椅岭的丹霞地貌。如长沙基地研学实践课程"游林中之邑,看山水奇观",带领学生攀爬高椅岭,感受丹霞地貌的独特风景,分析丹霞地貌特征及其成因,思考中国丹霞在景观美学、地球科学、生物与生态学中的价值。在此过程中,将教科书中的理论知识与大自然的实际情况相结合,以此提高学生考察探究和学以致用的学习能力。

(三)物种探究类

物种是生物分类学的基本单位,对生物界中某一种物种进行深入探究有利于帮助学生对其有一个全面的认识,还可以将在此过程中学到的方法运用到其他物种上。如长沙基地研学实践课程"悠悠茶香,浓浓乡情",带领学生走进茶园"采茶",带进工厂"制茶",面对客人"礼茶",通过连续性的探究活动,使学生对"茶"这种植物有更全面、更深层次的认识,使中国茶文化生活化、艺术化地融入学生生活之中。

二、祖国美好河山类研学实践课程设计要点

祖国美好河山类研学实践课程要依托当地的特色资源开展,同时也要以点带面对整个自然界的同类事物进行研究。在活动开展过程中既要注重学生的体验感,让学生在真实的环境中感受美;又要避免纯粹的"游玩",忽略了这些自然风光中蕴含的学科知识。因此,在课程设计上,要把握以下几个要点:

(一)因地制宜,聚焦区域特色

《关于推进中小学生研学旅行的意见》中指出:要因地制宜,呈现地域特色,引导学生走出校园,在与日常生活不同的环境中拓宽视野、丰富知识、了解社会、亲近自然、参与体验。湖南省山水资源十分丰富,我们可以围绕"山水奇观"开展主题课程。纵观湖南的所有地州市,郴州是较好的选择。它的景点分布相对集中且各具特色,有山、水、石、(草)原等资源。与此同时,郴州市拥有国家级的示范性综合实践基地,能为学生提供住宿,以其为中心前往各个研学点都比较便利。因此,我们开发了"游林中之邑,看山水奇观"的研学实践课程。与此同时,湖南省的茶叶资源丰富,古丈毛尖、安化黑茶、君山银针等茶叶享有盛名。结合这一地域特色,我们设计开发了以"茶文化"为中心的"悠悠茶香,浓浓乡情"主题研学实践课程。

(二)场域联动,展开核心探究

郴州的高椅岭景区有非常壮美的丹霞地貌,学生可以在此欣赏美丽的风景并体验攀岩等探险项目。众所周知,丹霞地貌在湖南、在中国、在全世界都有分布,且大自然中还有

许多其他类型的地貌。如何让学生对丹霞地貌有更加深刻、全面的认识，同时对大自然中的地貌类型有更加广泛的了解？这需要我们联动全国甚至全世界的场域，让学生对此展开深入探究。在"游林中之邑，看山水奇观"研学实践课程中，我们组织学生对高椅岭的丹霞地貌进行了考察探究，让学生结合地理学科知识思考其地貌的类型和成因。与此同时，让学生后续思考"丹霞地貌还分布在我国哪些地方？""除了丹霞地貌，你还了解哪些地貌知识？它们各有什么特色？"等问题。

（三）跨学科融合，提升综合素养

学科融合是指在承认学科差异的基础上不断打破学科边界，促进学科间相互渗透、交叉的活动。它有利于帮助学生更加全面地掌握课本知识，也有利于提高学生的综合素质。在"游林中之邑，看山水奇观"研学实践课程中，活动的设计充分调动了学生的跨学科能力。在欣赏"雾漫小东江"时，学生需要利用语文和美术学科的知识吟诗作画，又要结合地理学科知识分析水资源保护措施；在高椅岭欣赏丹霞地貌时，学生需要利用艺术学科知识摄影并制作明信片；在仰天湖大草原漫步时，学生需要用到生物知识考查物种，还要用到语文知识为其做广告代言……这一系列活动下来，众多学科知识被充分调动，学生不仅学会从综合的角度去看待问题，还让读、写、说、画等能力得到综合提升。

（四）形式多样，兼具科学与趣味

《关于推进中小学生研学旅行的意见》指出：要结合学生身心特点、接受能力和实际需要，注重系统性、知识性、科学性和趣味性，为学生全面发展提供良好成长空间。对此，我们在课程设计中采用了多样化的活动方式。如在"游林中之邑，看山水奇观"研学实践课程中，学生会参与实地考察、摄影绘画、攀岩探险、宣传推广等活动；在"悠悠茶香，浓浓乡情"研学实践课程中，学生则充分体验设计制作的活动。学生在各具特色的活动中既能放松身心感受美，也能潜移默化地被知识浸润。

三、祖国美好河山类研学实践课程活动方式

研学实践课程类型多样，不同类型的课程在活动方式的选择上会有不同的侧重点，祖国美好河山类研学实践课程主要是以自然风光和自然资源为依托，向学生展示自然的美和资源的价值。因此，在此类课程中，我们组织学生进行研学实践的活动方式主要有以下几种：

（一）实地考察

实地考察指为了解一个事物的真相和事态发展流程而去实地进行直观且详细的调查，简单地说，就是到指定的地方去做研究。在考察过程中，要随时对自己观察到的现象进行分析，努力把握住考察对象的特点。例如在"游林中之邑，看山水奇观"研学实践课程中，

学生需要前往东江湖、高椅岭和仰天湖大草原进行实地考察，分析"雾漫小东江"的成因、丹霞地貌的成因和特点，观察了解仰天湖大草原的食物链等。

（二）设计制作

设计制作指学生运用各种工具、工艺（包括信息技术）进行设计，并动手操作，将自己的创意、方案付诸现实，转化为物品或作品的过程，如动漫制作、编程、陶艺创作等，它注重增强学生的技术意识、工程思维、动手操作能力等。例如在"游林中之邑，看山水奇观"研学实践课程中，学生在仰天湖大草原漫步时，需要创意设计并制作景区的明信片，提高景区的宣传度。在"悠悠茶香，浓浓乡情"研学实践课程中，学生需要利用传统制茶工艺将自己亲手采摘的茶叶制成绿茶。

（三）宣传推广

"宣传推广"这个词组由两个词组成，"宣传"主要意指"传播"，"推广"则更多地关注推进产品的销售作用。开展宣传推广活动有利于调动学生语文学科知识中的写作与表达技巧，也有利于帮助景区更新经营模式，让更多人欣赏到祖国的美丽河山。在"游林中之邑，看山水奇观"研学实践课程中，学生需要为仰天湖大草原设计宣传稿并为其代言。研学导师组织学生以小组为单位设计宣传语，师生共同欣赏并选出最优方案，方案的设计者则可以作为景区代言人来开展真实的宣传推广活动。

祖国美好河山类研学实践课程设计案例(一)

课程主题	游林中之邑,看山水奇观		课程项目	访魅力山河
适用年级	初中学生		课程时长	三天
课程说明	我们的祖国,幅员辽阔,物产丰富,经过大自然千百万年的雕琢,构成了一幅景色旖旎、绚丽多彩的画卷。放眼湖南省,自然山水景观不胜枚举,丰富的地域资源为学生"访魅力河"研学主题活动的开展提供得天独厚的物质条件。本课程带领孩子们走进"林中之邑"郴州,探访奇石、碧水、绿原,感受祖国河山的壮美,培养对美丽的祖国、神奇的大自然的热爱之情			
研学线路	长沙基地—东江湖景区—高椅岭景区及雄鹰营地—仰天湖大草原—长沙基地			
课程资源	东江湖景区是国家级风景名胜,位于郴州市资兴市境内,是一个以森林和湖光山色为主,兼有丰富人文旅游资源的研学胜地,拥有"雾漫小东江"、大坝、龙景峡谷、百廊码头等景点,能为学生开展观赏"雾漫小东江"、泛舟游湖并吟诗作画及思考淡水资源保护措施等活动提供丰富的研学资源。 高椅岭景区位于湖南省郴州市苏仙区,景区最大的特点就是丹霞地貌周边有漂亮的水注点缀,红岩绿水,险寨奇涧。雄鹰营地位于高椅岭腹地,该营地依托天然丹霞地貌和绝美的生态环境,匠心独运,巧妙布局,开发了一系列体验性极限运动训练项目。在这里,同学们可以攀爬高椅岭,感受丹霞地貌的独特风景;分析丹霞地貌特征及其成因,思考中国丹霞在景观美学、地球科学、生物与生态学中的价值;体验探险课程,提升团队凝聚力。 仰天湖大草原位于郴州市北湖区,被誉为"南方的呼伦贝尔",海拔一千三百五十米。以仰天湖为中心、半径十五千米的范围内,囊括了高原旷野上举世奇观的仰天巨佛和离粤港澳最近的草原湿地景观。在这里,学生可以漫步大草原,拍摄美景,记录植被变化,探索景区经营策略,为大草原代言			
课程目标	价值体认	通过欣赏郴州的特色风景名胜,感受祖国山河的壮美,培养对祖国的热爱之情和保护自然环境的意识		
	问题解决	通过欣赏郴州的特色风景名胜,思考自然风光形成的原因、景区的发展方向等,并学会制作旅游攻略		
	创意物化	在通过考察、走访,充分了解郴州自然山水资源的基础上,设计一份郴州地区的旅游攻略		
	乐善生活	激发亲近大自然、遍览祖国大好河山的兴趣,在自然风光中开阔视野、陶冶情操,培养乐观开朗、积极向上的生活态度		
课程重难点	欣赏祖国的壮美风光,思考自然风光的形成原因,探索景区的发展方向,梳理自然风光的保护措施			
课程准备	(一)研学导师准备:研学任务单、《美丽中国》纪录片视频资料、平板电脑、多媒体电脑、评价印章及研学护照 (二)学生准备:"湖南省风景名胜"相关资料收集、知识储备			

● **教学设计**

课程环节	课程内容及设计意图	学生活动
行前准备课		
环节一：观摩视频引主题	《美丽中国》是一部展现中国野生动植物和自然人文景观的大型电视纪录片。研学导师组织学生欣赏纪录片的片段，让学生对祖国的大好河山产生浓厚兴趣。视频结束后，引导学生围绕欣赏到的壮美河山谈感受，从而引出研学主题"访魅力山河"	学生在研学导师的组织下欣赏《美丽中国》视频节选，与同伴交流欣赏祖国大好河山后的感受
环节二：结合主题谈发现	"湖南省各地州市都拥有着丰富的自然景观，它们是怎么分布的？如何将它们绘制成地图并进行介绍？"研学导师组织学生围绕这两个问题进行探讨	学生利用网络搜索的方式对各地州市的自然山水景观进行汇总，并结合地理知识和美术功底进行风景方位图的绘制，最后进行汇报展示
环节三：按照条件选站点	对比分析各地州市的实际情况，郴州市的景点分布相对集中，且各具特色。与此同时，郴州市拥有国家级的示范性综合实践基地，能为学生提供住宿，以其为中心前往各个研学点都比较便利。立足郴州市，从安全性、实操性、可行性三个方面来看，东江湖景区、高椅岭景区及雄鹰营地、仰天湖大草原适合作为研学点。研学导师引导学生结合上述内容选取研学点，并对研学点进行相应介绍，其目的是让学生熟悉活动环境并制定合理的研学线路	学生在研学导师的组织下明确如何选择研学点，并初步了解研学点的情况
环节四：依据任务做策划	好的策划是活动顺利开展的有力保障，研学导师组织学生以小组为单位对即将开展的活动进行策划，确保人人有事做，事事有人做，为顺利开展后续活动做好铺垫	学生明确活动的总任务——"制作一份郴州地区的旅游攻略"，学习评价标准和活动评价方式，并结合这些内容进行活动策划与人员分工
环节五：总结课程提希望	研学导师对本节课的活动内容做出小结，对即将开始的研学活动给予鼓励，以此加深学生的印象，激发学生的动力	学生在研学导师的组织下对整节课的重点内容进行复盘，并为后期的活动做好铺垫
现场教学课(一)		
活动一：任务导入	研学导师组织学生交流对东江湖的第一印象，激发学生的研学兴趣，并发放研学任务单	学生在研学导师的组织下形成对东江湖的初步印象，熟悉活动任务，小组商讨如何更好地开展接下来的活动

课程环节	课程内容及设计意图	学生活动
活动二：观赏"雾漫小东江"	东江湖下游的江面夏秋两季，蒙蒙水汽收束在翠峰屏列的峡谷间，便出现白雾弥漫、云蒸霞蔚的眩目奇景。研学导师组织学生观赏"雾漫小东江"，结合场景吟诗作画，同时思考其成因，学会欣赏美的事物，并将学科知识运用于实际生活	学生在研学导师的组织下欣赏"雾漫小东江"的美景，并完成任务单
活动三：泛舟游湖	白廊码头风景优美，学生在湖光山色中能充分感受大自然的神奇与美好。清澈的水源也能让学生深刻认识到保护水资源的重要性。研学导师组织学生泛舟游湖并思考水资源的保护措施，让学生领略祖国壮美风光的同时增强环保意识	学生在白廊码头泛舟游湖，欣赏自然风光，并完成任务单
活动四：活动总结与拓展	1. 研学导师检查研学任务单的完成情况，结合任务单完成情况、纪律、安全等评价指标评选优胜小组，并对下一堂课作出相应的要求。 2. 研学导师引导学生继续思考：(1)东江的水与湘江的水看起来有哪些不同？为什么？(2)东江湖的旅游业为周边的居民们带来了哪些好处？	学生在研学导师的组织下对该站点的活动内容和研学任务进行总结梳理，反思不足，并思考下一站点的改进方向
现场教学课(二)		
活动一：任务导入	在学生攀登高椅岭之前，研学导师组织学生欣赏眼前的风景，初步感受高椅岭的美丽与奇特。发放研学任务单，让学生结合上一个研学站点的经验，带着任务和目的参与后续活动	学生初步感受高椅岭的奇石，熟悉活动任务，明确后续活动的重点
活动二：攀爬高椅岭	高椅岭十分陡峭，部分路段临崖且狭窄，攀登高椅岭能够很好地锻炼学生的体力，磨炼学生的毅力。研学导师组织学生攀爬高椅岭，感受其美与奇，并完成研学任务：(1)尝试用四字成语描述它的奇特之处。(2)思考高椅岭地貌的类型、成因、在我国的分布情况和价值。在引导学生充分调动所学的地理知识解决实际问题的同时，培养学生鉴赏美的能力	学生在研学导师的组织下攀爬高椅岭，灵活运用书本上学到的地理学科知识完成研学活动任务
活动三：体验探险项目	雄鹰营地位于高椅岭腹地，利用高椅岭的险与奇开发了一系列体验性极限运动训练项目。学生在专业导师的引导下分组体验长空栈道、峡谷探险等特色课程，培养团队协作力和个人毅力	学生以小组为单位体验探险项目

课程环节	课程内容及设计意图	学生活动
活动四： 总结与拓展	1.研学导师检查研学任务单的完成情况并选出优胜小组。让学生及时梳理该站点的研学收获，总结自己对比上一个研学点活动的进步之处，思考下一个研学站点还有哪些可以改进的地方。 2.研学导师引导学生继续完成拓展任务：（1）为高椅岭景区制作一张宣传海报。（2）中国还有许多有特色的地貌，如喀斯特地貌、雅丹地貌等，请选择一种感兴趣的地貌，搜集相关知识，与同学进行分享	学生在研学导师的组织下对该站点的活动内容进行全面梳理，商讨更好地开展后续活动的努力方向
现场教学课（三）		
活动一： 任务导入	仰天湖大草原被誉为"南方的呼伦贝尔"，海拔一千三百五十米，植被类型丰富。学生开展活动之前，研学导师组织学生远眺大草原的概貌，同时发放研学任务单，确保后续活动更有目的性和方向性	学生感受大草原的壮美与辽阔，并结合研学任务单再次熟悉该站点的研学任务
活动二： 漫步大草原	研学导师组织学生漫步大草原，感受大自然的馈赠，同时完成任务：（1）拍摄大草原的美景并制作明信片；（2）结合生物学科的知识，绘制大草原山麓到山顶的植被图和食物链示意图。学生在此过程中提高鉴赏美和跨学科运用知识的能力	学生在研学导师的组织下在草原漫步，记录草原的美，探索草原的动植物种类
活动三： 草原辩论赛	仰天湖大草原是自然生态中的瑰宝，为当地的畜牧业经济提供了宝贵的自然资源。"保护草原的原生态重要，还是发展当地的畜牧业经济重要？"研学导师组织学生针对这个论题展开辩论，提高学生辩证思维和口语表达能力	学生围绕研学导师提出的论点开展辩论赛
活动四： 争做草原代言人	好的宣传推广能让更多的人欣赏到美丽的风景。研学导师组织学生以小组为单位通过观察探究、现场采访等方式，了解景区发展的故事，以SWOT的方式分析仰天湖大草原发展的前景，并为其代言。这样既能调动学生语文学科知识，也能提高口语表达、宣传策划的能力	学生在研学导师的组织下围绕大草原开展考察探究、参观访问、宣传代言等活动

课程环节	课程内容及设计意图	学生活动
活动五： 活动总结 与拓展	1.研学导师检查研学任务单的完成情况并选出优胜小组，对汇报交流课作出相关的要求。让学生及时梳理该站点的研学收获，思考如何在汇报交流课中有充分的准备和更好的表现。 2.研学导师引导学生继续完成拓展任务：（1）仰天湖大草原过去由于过度放牧，导致黄土裸露，游客体验感差，因而人气不高。从你的体验过程来看，你认为它做出了哪些改进才获得如今的成功？（2）郴州还有哪些值得一去的风景名胜？说说你推荐的理由	学生在研学导师的组织下对站点的内容进行全面梳理，并为第二天的汇报交流课做准备
汇报交流课		
环节一： 任务导入	研学导师联系行前准备课以及前两天的研学活动，引出本节课的任务和要求：以手抄报、课件等方式为载体制作一份《郴州地区旅游攻略》，并通过微视频、情景剧等方式进行汇报展示。此环节有利于学生对前期活动有一个简单复盘，为后续活动理清方向	学生在研学导师的组织下对前期活动进行简要回顾，为后续活动做好铺垫
环节二： 自主创作	研学导师放手让学生设计制作汇报材料，激发学生的创意，提高总结梳理和团队协作能力	学生以小组为单位自主创作汇报材料
环节三： 展示交流	研学导师组织各小组进行汇报展示与交流点评，以此提高学生的表达能力和点评技能	学生以小组为单位，借助汇报材料进行研学成果展示。师生结合评价标准对各小组的汇报成果进行评价，选出优胜小组
环节四： 总结评价	研学导师从"观察、理解、想象、表达、沟通、守规、负责、反思"八个方面对整个班级在研学活动中的表现进行总结和评价，以此提高学生总结和反思能力，感受该主题研学活动对自己的深刻影响	学生进行反思总结，感受该主题研学实践课程对自己的影响
研学拓展	1.请制作一个简短的视频宣传你家乡的风景名胜。 2.请为你和家人量身定做一份以"访魅力山河"为主题的省外旅行攻略	

● 课程评价

评价指标	评价标准			评价结果	
	一星	二星	三星	小组评价	教师评价
任务完成	能够完成个别站点的研学任务	能够完成2/3的研学任务	能够完成所有研学任务		
活动参与	不能较好地参与研学活动，在遵守纪律、注意安全、完成任务等方面有所欠缺	能较好地参与研学活动，能按要求遵守纪律、注意安全、完成任务	能很好地参与研学活动，在遵守纪律、注意安全、完成任务等方面发挥示范引领作用		
团结协作	不能很好地配合团队参与活动，不服从组长安排，偶尔配合组员完成活动任务	能较好地配合团队参与活动，服从组长安排，能配合组员完成大部分任务	能很好地配合团队参与活动，服从组长安排（或担任组长工作），能配合组员完成全部任务，并在此过程中起到很好的榜样作用		
成果展示	攻略不够清晰明确，缺乏分类，只考虑两个景点的内容，逻辑性不够强，操作起来不方便	攻略较清晰明确，内容翔实(至少考虑到了三个景点的内容)逻辑性较强，可操作	攻略清晰明确，内容翔实(至少考虑到了四个景点的内容)，逻辑性强，可操作		
	①有一份手抄报为载体，未做到图文结合，且设计不够科学美观。②展示形式单一	①有一份手抄报为载体，且图文结合，设计较为科学美观。②展示形式单一	①有一份手抄报为载体，且图文结合，设计科学美观。②展示形式多样		
	表述欠清楚	表述准确、清楚	思路清晰，语言流畅		

● 亮点分析

"游林中之邑，看山水奇观"研学实践课程带领学生走进郴州，结合东江湖景区、高椅岭景区及雄鹰基地、仰天湖大草原等特色资源，因地制宜地开发了以水、石、草原为主题的系列活动，充分向学生展示了祖国的大好河山，也培养了学生的综合素养。

(1)内容丰富。该教学案例将自然风光类、地质调查类、物种探究类课程有机融合，让学生在欣赏壮美的自然风光的同时，对其中包含的地质知识、物种知识等进行探索。

(2)因地制宜。郴州不仅自然风光资源十分丰富，自然景观种类也十分鲜明，包括山、水、石、原等。该教学案例因地制宜，在东江湖景区以水为主题，在高椅岭景区以石为主题，在仰天湖大草原以草原为主题，开发出极具特色的主题串联式课程，并结合资源特点开展了泛舟游湖、励志探险、观光游览等活动，将地域资源充分利用。

(3)学科融合。该案例中每一个研学点的活动任务都体现了学科间的融合，极大地促进了学生综合素养的提升。如在东江湖景区，学生需要运用语文和美术学科知识，以"雾漫小东江"为主题吟诗作画，还需要运用地理知识，为东江湖的水资源保护献计献策；在仰天湖大草原，则需要运用语文知识开展辩论赛，运用生物知识绘制食物链等。

(4)形式多样。在活动过程中，在引导学生欣赏祖国大好河山的同时，为更好地促进他们的全面发展，精心设计了实地考察、摄影绘画、攀岩探险、宣传推广等丰富多彩的活动。如此一来，既能充分发挥学生的特长，也能促进学生综合素养的提升。

祖国美好河山类研学实践课程设计案例(二)

课程主题	悠悠茶香,浓浓乡情		课程项目	访四季物语
适用年级	小学高年级		课程时长	三天
课程说明	幅员辽阔的中华大地不仅山川秀美,而且物产丰富。茶叶,便是其中最常见的一种。勤劳而智慧的华夏儿女将其采收、加工、冲泡、饮用。几千年来,人们不但积累了大量关于茶叶种植、生产的物质文化,让它成为时下人们的日常生活饮品,更累积了丰富的精神文化,"茶"成为中华民族的一种传统文化符号。了解茶,就是了解中华民族的历史与精神。春夏时节,可借助长沙地区优质的茶叶课程资源,开发"茶"主题研学课程,带领学生走进茶园"采茶",走进工厂"制茶",面对客人"礼茶",通过主题串联式的探究活动,使中国茶文化生活化、艺术化地融入学生生活之中			
研学路线	长沙基地—某茶叶集团研学点—长沙基地茶艺教室			
课程资源	该研学点位于长沙县金井镇金龙村,是种植、生产和销售有机绿茶、特种茶、名品绿茶及茶叶提取物的专业茶叶公司。这里有广袤的茶园,有设备先进的现代化厂房,有专业的技术指导人员。学生在这里能动手体验传统的绿茶制作工艺,并目睹茶叶机械化生产、加工、包装的全过程,感受人们对茶亘古不变的喜爱和现代科技的进步			
课程目标	价值体认	感受茶文化的博大精深,培养文化认同感和自信心;体验采茶、制茶、品茶活动,体认劳动创造美好生活,感悟我国劳动人民的勤劳和智慧;领略茶园优美风光,培养乡土情怀,激发建设美丽乡村、助力乡村振兴的使命感		
	问题解决	了解与茶相关的知识,学会采茶、制茶、敬茶、品茶的方法		
	创意物化	将亲手采摘的茶叶加工成干茶叶,并以此为载体,宣传推广家乡的绿茶		
	乐善生活	亲近自然,用劳动让生活更美好,并将采茶、敬茶等技能运用到生活中;习得传统礼仪,传承中华民族传统文化		
课程重难点	学会采茶、制茶、敬茶、品茶的方法,体认劳动创造美好生活,感悟我国劳动人民的勤劳和智慧			
课程准备	研学导师准备:茶文化纪录片《茶,一片树叶的故事》视频片段,六大类茶核心工艺的视频,茶艺手法教学视频,《喝茶的暗语》视频,《采茶歌》音频,将学生研学活动中的精彩瞬间编辑成小视频,研学任务单,平板电脑,多媒体电脑			

教学设计

课程环节	课程内容及设计意图	学生活动
行前准备课		
环节一： 联系生活 入主题	茶是中华民族的举国之饮，发于神农氏，闻于鲁周公，兴于唐朝，盛于宋朝。时至今日，吃饱喝足、客人造访时，人们依然会捧起一杯杯热气腾腾的茶。研学导师以此熟悉的生活场景为契机开启师生对话，带领学生走进茶主题的学习	学生回忆日常生活中家人饮茶的场景及对茶的喜爱，积极与老师、同学进行互动交流
环节二： 观看视频 提问题	观看纪录片《茶，一片树叶的故事》（视频片段），引导学生谈谈对茶的了解，并提出与茶相关的疑问，研学导师板书关键词，如"茶的分类""如何制茶"等。通过这一环节，研学导师打开学生的思维，了解学情和兴趣点，为后续确定探究问题做铺垫	学生观看视频，联系视频内容，结合自身生活经验说一说："对于茶，我知道些什么？还有哪些疑问？"
环节三： 确定站点 明任务	1. 聚焦上一环节提出的问题，研学导师引导学生商议解决问题的办法，如查阅资料、去专营店实地考察等。根据学生在基地生活的实际情况，预留以下三方面问题后续到研学点探究解决：茶叶从哪儿来？冲泡的茶叶是怎样加工成的？以茶待客要注意哪些礼仪？ 2. 根据上述三个问题，师生共同确定研学站点和研学内容，明确研学线路和研学总任务，介绍任务评价标准。 3. 本次研学总任务：以小组为单位，采用大家擅长的方式，运用本次研学活动收获的实践经验，宣传推广家乡的绿茶	1. 在研学导师引导下，围绕前面提出的问题，积极思考，与老师、同学共同探讨解决办法。 2. 明确本次研学需探究解决的三个核心问题，了解研学路线、研学站点、研学内容、探究任务及相关评价标准
环节四： 活动策划 做准备	研学导师组织学生自主分成八人小组，以小组为单位，根据研学活动安排和完成研学任务需要进行活动策划，为顺利开展后续研学活动做好前期准备	学生自主分组，组内商议分工，预计活动中将面临的困难，群策群力预设解决办法，未雨绸缪
现场教学课（一）		
活动一： 聚焦茶叶	研学导师出示长沙普通人家最常用的绿茶实物和冲泡好的茶汤，组织学生观其形、闻其香、品其味，激发学生参与活动的兴趣，聚焦第一个问题："茶叶从哪儿来？"通过师生交流了解学生的原认知，明确研学内容和任务，发放《"青青茶园"实践活动任务单》，引导学生在体验采茶活动的同时观察、关注茶树的生长情况、外形特点等多方面信息	学生看一看茶叶实物，闻一闻茶叶清香，品一品绿茶风味，结合自身生活经验谈一谈自己对于茶叶来源的了解

课程环节	课程内容及设计意图	学生活动
活动二：走进茶园	1. 伴随着民歌《采茶歌》的优美旋律，学生走进茶园，放眼看一看漫山遍野、一垄一垄排列整齐的茶树，想象歌词中"百花开放好春光，采茶姑娘满山岗"的采茶盛况。 2. 专业导师介绍茶树生长条件及全年茶叶采收情况等相关知识	学生在优美的旋律中欣赏茶园风光，想象采茶场景，聆听专业导师的讲解，了解"明前茶""谷雨茶""寒露茶"等的由来，感受我国劳动人民顺应天时、不辍劳作的勤劳与智慧
活动三：学习采茶	专业导师引导学生观察茶叶，介绍并同步演示采摘茶叶的方法——提手采和双手采，传授采摘心法——眼快、手快、脚快、心静，强调：采得的茶叶不可紧捏，不可紧压，以免影响茶叶的观感和口感	学生围绕在专业导师的四周，观察茶叶叶片的形态特征，在其指导下识别独芽茶、一芽一叶茶、一芽二叶茶，初步尝试用提手采的方法采茶
活动四：体验采茶	研学导师从采摘的茶叶质量和采摘时的专注程度两方面明确采茶活动的评价标准，组织学生按一定间隔均匀分布在茶垄之间，进行采茶体验活动	学生练习用学到的方法进行采茶体验；每组负责收集信息的同学拍摄照片或视频，为研学活动汇报做准备
活动五：评价总结	1. 专业导师从鲜度、嫩度、均度、净度四方面对学生采摘的茶叶进行评价；研学导师结合观察到的学生采茶过程中的表现，综合专业导师的评定，评选"优秀小茶农"。 2. 研学导师总结学生参与活动的情况，及时表扬奖励；指导学生如何妥善处理新采摘的茶叶，以便后续进行加工	学生对照专业导师的评价检查自身采摘到的茶叶，总结、积累、记录采茶经验，并分组将采摘的茶叶妥善安置好
现场教学课(二)		
活动一：了解茶叶	1. 师生聚焦问题："采摘的新鲜茶叶如何制成可以冲泡、便于保存的干茶叶呢?"研学导师引导学生谈一谈自己的设想。 2. 研学导师引导学生明白：根据茶叶的工艺和发酵程度不同，茶叶可以划分成六大类。播放图片，组织学习六大茶类的名称及特点；播放视频，引导学生了解六大茶类制作的核心工艺。在此基础上，进一步明确：同一株茶树上的茶叶可以分别制作出六大类的六种茶叶，一般会加工成其最适合的一种茶叶，长沙地区产出的茶叶更适合制作成绿茶。 3. 明确研学内容和任务，发放《"绿茶加工"实践活动任务单》	学生猜想新鲜茶叶加工成干茶叶的过程，并通过观看图片和视频简要了解六大类茶叶的加工工艺、外形及茶汤特点，感受劳动人民的匠心与智慧

课程环节	课程内容及设计意图	学生活动
活动二： 参观厂房	师生在专业导师的带领下参观研学点的厂房	学生参观茶叶制作厂房，聆听专业导师的讲解。每组负责收集信息的同学拍摄照片或视频，为研学活动汇报做准备
活动三： 学习制茶	专业导师先后介绍并演示两种制作绿茶的方式——传统的手工制茶和现代的机器制茶	学生学习传统和现代两种不同方式的绿茶制作方法，记录操作步骤和要领
活动四： 分组制茶	研学导师、专业导师和行为导师共同协作，组织学生按照操作规范，同时体验手工和机器两种制作绿茶的方式，并从制作所需时间、工序和茶汤口感三方面进行对比	学生以小组为单位，将全组采摘的茶叶和人员一分为二，分别体验手工制茶和机器制茶两种方式，并分别记录所需时长
活动五： 总结交流	1.专业导师、研学导师综合学生参与制茶活动及活动成果的情况，评选"优秀制茶师"。 2.专业导师介绍绿茶冲泡的方法，并提供之前两种方式制作的绿茶供学生练习冲泡并品尝，引导学生对比两种方式制茶的区别与联系	1.学生结合专业导师对本组制成茶叶的评价，反思不足，总结经验教训。 2.学生冲泡、品尝绿茶，从制作时间、工序和茶汤口感三方面交流品尝两种制茶方式制作的茶叶茶汤的感受。通过师生交流，感受现代科技给茶叶生产带来的进步与发展
现场教学课（三）		
活动一： 聚焦茶礼	"待客茶为先"，专业导师联系生活，引导学生谈一谈生活中是怎样以茶待客的，聚焦问题——"以茶待客要注意哪些礼仪"，引入茶艺课堂。明确研学内容和任务，发放《"品茗'礼'当先"实践活动任务单》	学生联系生活经验畅所欲言
活动二： 认识茶具	专业导师引导学生对照小资料自主学习，了解面前摆放的茶具及其用途，集中介绍、同步演示使用方法	学生以小组为单位，在组长的带领下自主学习，并跟随老师学习茶具使用方法
活动三： 学习茶艺	播放茶艺手法教学视频，学生跟随视频进行茶艺手法的练习，专业导师巡视指导	学生跟随视频学习茶艺手法
活动四： 习得茶礼	播放视频"喝茶的暗语"，提问：你从中发现了什么？引导学生探究学习常见的茶礼	学生通过观看视频、专业导师点拨，理解并习得"伸掌礼""扣手礼""凤凰三点头"等茶礼，并以小组为单位，抽选不同情境进行茶礼练习

课程环节	课程内容及设计意图	学生活动
活动五：展示评价	专业导师抽选两组学生派代表上台展示茶礼，师生共同点评。在此基础上，专业导师总结学生在活动中的表现情况，评选"优秀茶艺师"	上台展示的学生根据具体情境进行茶礼展示，其他学生认真观察、积极点评
汇报交流课		
环节一：活动回顾	播放学生研学活动剪辑成的视频，研学导师引导学生回顾研学全过程，谈谈自己的新发现新收获，或印象深刻的人和事……以此，营造情境，打开思路，引导学生有意识地总结研学活动	学生观看视频，在头脑中回放研学中共同经历的人和事，积极进行分享交流
环节二：准备汇报	课件出示行前准备课上布置的研学总任务，研学导师介绍研学汇报展示活动的程序及相关要求，布置学生准备汇报材料	学生以小组为单位，对照评价标准，集思广益，商议汇报展示的内容和形式，并分工合作积极筹备
环节三：展示交流	1.课件出示研学成果汇报展示的评价标准，学生分组上台展示，师生对照标准进行点评。汇报完毕后，评选最佳发言人、最佳点评者。 2.研学导师组织学生就研学活动的全过程进行反思交流	学生依次上台进行汇报展示，台下的学生认真观看并进行客观公正的评价。在此基础上，学生在研学导师的引导下交流研学过程中的体验和感悟，总结经验，反思不足
研学拓展	1.研学导师充分肯定学生在整个研学活动中的积极表现和活动开展的意义，依据评价体系综合评价各组学生在研学过程中的情况，评选"研学优胜小组"，给予表彰奖励。 2.拓展：祖国大地上还有哪种或哪些物产让你为之心动呢？邀请志同道合的伙伴，像这样开展一次实践探索之旅吧，相信你会有不一样的收获和感受

● **课程评价**

班级		姓名		评价结果
评价维度	**自评**	**互评**	**师评**	
采茶方法	☺☺☺	☺☺☺	☺☺☺	（　）个☺
制茶步骤	☺☺☺	☺☺☺	☺☺☺	
茶艺礼仪	☺☺☺	☺☺☺	☺☺☺	
注："一般"请标记☺，"良好"标记☺☺，"优秀"标记☺☺☺				

亮点分析

　　"悠悠茶香，浓浓乡情"主题研学实践课程以"茶"为核心，带领学生走进茶园"采茶"，带进工厂"制茶"，面对客人"礼茶"。学生在此过程中不仅感悟到了"茶"文化的博大精深，也培养了乡土情怀，激发了内心助力乡村振兴的志向。该教学案例呈现了颇多亮点：

　　(1) 聚焦地域特色。湖南省的茶叶资源比较丰富，古丈毛尖、安化黑茶等茶叶深受大众喜爱。放眼长沙基地及周边，有茶艺教室供学生学习茶的礼仪，还有茶叶集团研学点供学生"参观考察""采茶制茶"。该课程充分发挥了地域特色，因地制宜地为学生设计了丰富多彩的活动。

　　(2) 开展核心探究。聚焦"茶"主题，该教学案例组织学生对"茶"文化展开了深入的探究。学生不仅收获了"茶的来源""茶的分类"等相关理论知识，还掌握了采茶、制茶、敬茶、品茶的相关技能，与此同时习得传统礼仪，传承中华民族传统文化。

　　(3) 活动形式多样。在整个活动中，学生充分体验了理论学习、实地参观、设计制作、情景演绎等学习方式。在丰富多彩的活动形式中，对"茶叶的生产制作""茶"文化有了多方面的认识。

第三节 传统历史文化类研学实践课程的设计

传统历史文化类研学实践课程旨在利用中华优秀传统文化实现育人的目标，让学生不由自主地浸润到不同的文化情境中，以具身体验的方式亲历文化现象，在潜移默化的文化陶冶中习得生活知识和生存技能，获得价值认知，坚定文化自信，真正实现文化育人。本类课程依托文化遗迹、历史博物馆、非遗文化民俗场馆等研学基地资源，创设与学生年龄阶段相适宜的身体与思维活动场域，让学生通过现场观瞻、探究考察、具身体验等途径，发现、理解、感悟具有丰富内涵的中华优秀传统文化世界。

一、传统历史文化类研学实践课程的内容

相比于其他类型的研学实践课程，传统历史文化类研学实践课程更加具有开展优势。湖湘地区历史文化类资源丰富，除了一些可以查询到的相关历史文字记载外，学生还能看到许多遗存的实物。例如，走进博物馆、纪念馆，学生能看到许多被精心保存、有效归类的史料和文物；走进屈子文化园、岳阳楼、岳麓书院等名胜古迹，学生能看到古人真实生活、学习的环境，身临其境地感受古人追求真理、勇于求索的精神；走进非遗馆，体验非遗传统技艺，欣赏琳琅满目的非遗工艺品、非遗表演，品尝非遗小吃，学生在参观中惊叹湖湘劳动人民的智慧，在动手体验中感受匠人们精益求精的精神。新时代，传统历史文化类研学实践课程的内容不仅要引导学生追根溯源了解本地域的传统历史文化发展和特征，更是要懂得如何传承与创新，肩负起时代的使命和责任，培养有根的中国人。

(一)历史古迹类

历史古迹类是传统历史文化类研学实践课程独有的课程资源，它具有地域特色，且表现内容和遗存方式也十分丰富，是人类在该区域生产、生活过程中的留存。它包括古代遗址、古代建筑、古代陵墓、宗教遗存、文物遗存、古代风俗、古代文学艺术等，值得强调的是，学生不应局限于对历史古迹本身的研究，而是在考察历史古迹类时应对古迹背后的历史事件或者文化精神进行深度的探究和学习，并形成自我感悟。比如长沙基地"寻韵湖湘文化，尽览巴陵胜状"研学实践课程带领学生前往文化名城——岳阳寻找答案，跟随着历史的脚步，从"路漫漫其修远兮"的求索精神到"先天下之忧而忧"的忧乐情怀，再到"平

江起义革命精神"，从古至今溯源，追寻湖湘文化，感受先贤的家国情怀与人生智慧，通过对湖湘文化的学习、体验、探索，激发学生的文化自信与文化认同感，帮助学生树立正确的人生观、价值观和世界观。

(二) 民俗文化类

传统历史文化类的研学实践课程离不开对民俗文化内容的研究。民俗文化又称为传统文化，也就是人们常说的"非物质文化遗产"，是对民间民众的风俗生活文化的统称，也泛指一个民族、地区中集居的民众所创造、共享、传承的风俗生活习惯。公元前6世纪，楚国入主洞庭湖之南(简称湖南)，从此长江中下游一带的楚风俗文化便逐渐深深植根于湖南这方热土。作为与这一特有的湖湘文化相共生、相伴随、相融汇而共同发展的湖湘民俗文化，同样源远流长而丰富多彩。湖湘民俗的产生、形成、演变、发展，与整个中华民族的风俗一样，既有共同的历史进程和共同的时代特征，又有它本身独特的地域风貌。当前，能够适合本类研学实践课程的载体有：考察当地的非物质文化遗产民俗博物馆、参与本地的传统节庆活动以及探索非遗工艺品的发源地，因地制宜地进行课程开发能够更好地体现地方人文特色。例如：长沙基地"千古湖湘，多彩非遗"研学实践课程带领学生在雨花非遗民俗馆中了解湖湘具代表性的非遗项目，如：花鼓戏、竹编、女书等；追溯湘绣发源地——沙坪；探索千年古窑——铜官窑，通过一件件手工艺品，了解当时人们的社会生产、生活习俗，它不仅保持和发扬了中华民族的优良传统，而且还与湖南优秀的历史文化和人文精神相汇合，培育了湖南人所特有的"心忧天下，敢为人先"的精神。湖南传统民俗文化正是由于其蕴藏丰富厚实，内涵瑰丽奇艳，形式多种多样，而具有鲜明的地方特色。

二、传统历史文化类研学实践课程的设计要点

传统历史文化类研学实践课程是基于地域特色资源上设计形式多样的研学活动。虽然很多资源都是以遗迹、残存的书信、故事或者传说等形式留存和展现的，但活动重在引导学生通过自身的推理能力并结合研学中的所见所闻进行分析，并形成自我的理解和感悟，帮助学生提升自我分析和理解事物或关系的能力，所以在课程设计上，必须注重对学生情感、态度和价值方面的安排。

(一) 由表及里，体悟湖湘魅力

传统历史文化类的研学实践课程常常是在人文景区开展，不少活动的开展极易偏向于娱乐化和表面化。因此，与其他类型的研学实践课程相比，传统历史文化类研学实践课程的组织和实施者更应该有效地把握活动的内容，让活动直击学生内心，体现传统文化的育人价值，例如：红军营这一研学站点，学生将亲身经历平江起义模拟情景体验，重走长征路，寻访当年红军遗迹，聆听遗址前的红色故事。丰富的课程内容可以积极调动学生们各种感官，让学生在研学活动中潜移默化地体会湘军不怕牺牲、敢于奉献的英雄气概，进而

联想到湖湘人淳朴重义、勇敢尚武、爱国忧民、敢为人先的精神，为身为湖湘人深感自豪。

（二）以小见大，深挖文化内涵

传统历史文化类的研学实践课程，其目的就是让学生在实际的场景和活动中感受和提升自身的文化内涵。所以在课程设计时都应该具备以下两个方面的要素：

（1）研学站点应具有丰厚的历史底蕴，在研学的实践中应饱含历史情怀，引导学生在亲身体验中深挖湖湘文化内涵，如：屈子文化园，学生可以通过吟诵屈原的诗歌，体验祭屈仪式，制作汨罗香囊，感受屈原追求真理、勇于求索的精神与初心未改的家国情怀。

（2）在设计相关课程任务时，重在学生的主观思考，在活动中教师可以基于一些诗句、故事、文物等让学生阐述自己的理解和体会，在深挖湖湘文化内涵的同时也能树立学生正确的价值观。如：学生登上岳阳楼，可以品读经典《岳阳楼记》，感受到胸怀天下的意境熏陶，体会诗人忧国忧民的情怀。

传统历史文化类的研学实践课程依托湖湘各地的历史文化资源开展综合性的户外教育实践活动，旨在让学生在户外实践活动中习得历史常识，更是要以小见大，感受历史人文情怀和文化内涵，生成对国家和民族的高度的热爱和认同感。

（三）古为今用，传承传统技艺

传统技艺是指有着悠久文化历史背景，并必须经过一定的深入研究学习才能掌握的技术、技能，每一门技艺都烙着民族的印记，是中华民族文化重要的组成部分之一，是各族人民劳动与智慧创造的结晶，更是铸牢中华民族共同体意识的重要载体。然而，随着经济社会的不断发展，尤其是现代生产生活方式，给民族文化传承保护和发展工作带来了不少的冲击，许多民间技艺面临着核心内容流失严重、技艺失传，民族特色减弱，传承人才断层等危机。如何保护好、传承好、利用好这些珍贵的民族传统技艺，成为摆在人们面前的一道难题。传统历史文化类研学实践课程正是发挥最本质的作用，不仅会给乡村注入独具地方特色的文化内涵，激活乡村旅游市场活力，更能推动少数民族传统技艺实现创造性转化、创新性发展，让学生看到传统技艺的现状，喜欢上这些手工艺品，同时在参观考察的过程中也可以看见这些技艺在如今社会生活中的运用，开拓学生思维的同时，也可以通过研学的模式，让传统技艺能够被更多人熟悉、了解。所以此类课程设计要点是要让学生明白传承并不是守旧，创新才有未来，从棕编到扎染，从湘绣到陶艺……事实充分证明，保护和传承民族传统技艺，要顺应时代需求，大胆创新，民间技艺才能获得新生。让学生在真实情境中探索民间技艺融入生产生活的创新模式，并将其与现代生活相结合，设计符合现代审美、实用且具有民族特色的手工艺品。

三、传统历史文化类研学实践课程的活动方式

研学实践课程作为户外的一种课程活动，不同类型的主题活动所侧重的活动方式也有

所不同，传统历史文化类的研学实践课程大部分以名胜古迹、博物馆、纪念馆为依托，通过文物、故事、传说、文字、图像等方式展示，根据研学站点资源特色结合课程内容，所以在本类课程中，长沙基地的研学导师主要采用的活动方式是参观考察、问题导学和专题采访。

(一)参观考察

参观考察是传统历史文化类研学实践课程的一种必不可少的活动方式，它主要是指在研学实践过程中，学生在研学导师的引领下有计划、有目的地进行参观考察活动。在参观考察前期的课程设计中，或者是参观考察地方独特的历史人文景观，或者是深入考察具代表性的传统文化精神的民俗馆、博物馆、纪念馆等，为学生从而进一步挖掘湖湘文化内涵提供有力保障，让学生在各种感官通道中，体悟湖湘文化的魅力。在参观考察活动实施之初，研学导师应重在激发学生兴趣，在激发兴趣后，学生往往能自发且主动地去搜集信息，例如：要探秘湖湘非遗文化时，细化到湘绣，就需要学生在湖南长沙沙坪湘绣博物馆进行实地参观考察，比如考察湘绣的起源，湘绣的工艺特色，如今湘绣的发展。学生通过参观考察博物馆的展板资料和湘绣展品，以及自己体验动手制作湘绣等过程，系统全面地了解湘绣后，根据资料进行分析、整理、总结等，对湘绣背后蕴含的传统文化形成自己的体悟。

(二)问题导学

问题导学是指根据课程内容，设计提出问题，以这种方式对学生思维进行引导，使学生在此过程中，能够自主思考，主动学习和了解知识。问题导学最突出的特点就是，教学过程中引导性非常强，因此，在运用此方法时，研学导师所设定的问题，要能保障完成研学的进程和目标，除此以外，也需要调动学生的积极性，让学生积极地参与进来。传统历史文化类的研学实践课程，其主要的目的就是为了让学生能够主动思考和学习。众所周知，传统历史文化类的研学课程涉及面广，综合性强，知识枯燥，如何让学生在研学中的思维不跑偏，不局限，不盲目，不乏味，问题导学就起着至关重要的作用。通过设定的问题引导学生产生探究的兴致，有利于增强学生独立思考和迅速解决问题的能力，通过解析问题的过程，让学生在众多资料和信息中，有目的性地收集自己所需要的知识。精心设计重要问题是问题导学非常重要的环节，研学导师应该根据课程内容和教学目标反复斟酌问题的设计，确保问题的设定能够调动学生学习的积极性，而且难易程度要结合学生的实际水平，难度不能过高，问题设定应该有层次，主客观问题要搭配合理，不仅能引导学生更深层次地去探究和思考，还能升华自己的情感。例如：在长沙基地小学研学课程"习非遗绝学"中研学导师就设计了一系列的问题：什么是非遗文化？湖湘地区最具代表性的非遗文化项目有哪些？为什么在科技飞速发展的今天，依然要传承和保护非物质文化遗产呢？学生围绕这一系列的问题在外出研学中寻找答案。

(三)专题采访

专题采访是指在传统历史文化类的研学实施课程过程中，学生根据调查研究所确定的要求和目的，通过个别采访或集体交谈的方式，系统且有计划地收集资料的一种调查方法，其实质就是一种人际沟通方式。传统历史文化类研学实践课程的活动方式，从第一层面上说，它不同于自然类、科学类、劳动类等研学实践课程，自然类、科学类等研学实践课程可以通过人对自然、对科学现象的观察进行探究，而传统历史文化类更偏向于通过与当地人和专业从业人员的深入交流、深度对话，在活动中让学生在不知不觉地快速形成对传统历史文化的认知、激发情感体验的过程。专题采访能否取得预期的效果，关键在于学生的沟通技巧和能力，对学生的综合素质要求较高，学生想要深度挖掘和获取更多相关的资料和知识，专题采访前的充分准备，采访中的有效交流，采访后的归纳整理，都需要团队的全力配合。将学生与事、物、人相互联系起来，在或短暂或持续的接触中，让学生走进他们的生活，融入他们的世界，聆听着他们对事物的理解，领悟着传统文化对一代人的影响，体会到湖湘文化精髓。

传统历史文化类研学实践课程设计案例(一)

课程主题	千古湖湘，多彩非遗	课程项目	习非遗绝学
适用年级	小学高年级	课程时长	三天
课程说明	非物质文化遗产是人类文明的记忆载体，蕴藏着民族精神符号的基因。在湖南这块历史悠久的土地上，多元的民族文化更是孕育了丰富的非物质文化遗产资源，具有浓郁楚南特色的滩头木板年画、既能抒情又能叙事的侗族琵琶歌、细腻通透的醴陵瓷、壮丽磅礴的菊花石石刻、精美绝伦的湘绣、神秘独特的江永女书……它们以强烈的地域特征见证了湖湘多民族文化交流融合的非凡魅力。本篇章所打造的"习非遗绝学"优秀传统文化主题研学课程，意在引导学生在研学路上了解非遗技艺的特点，感受非遗传人的匠心，探究湖湘传统文化的多样性，寻找增强非遗传承后劲的最佳途径		
研学路线	长沙基地—雨花非遗民俗馆—沙坪湘绣博物馆—铜官窑古镇—长沙基地		
课程资源	雨花非遗民俗馆：为全国中小学生研学实践教育基地、湖南省社科普及基地、长沙市专业科普基地。馆内展示非遗项目三百五十九个，签约非遗传承人二百余名，是一个集"赏非遗、学非遗、游非遗、购非遗、吃非遗"等功能于一体的综合性非遗主题馆。能为学生开设非遗体验课程三十多项(如茶艺、香道、插花、剪纸、竹编、棕编、扎染、女书、皮影戏、滩头年画等)，让学生全方位体悟湖湘文化的魅力。 沙坪湘绣博物馆：位于沙坪小镇湘绣文化广场，展馆建筑面积近四千平方米，藏品数千件，藏书近万册。陈列展馆分为：历史篇，人物篇，工艺篇，传承篇，企业篇，作品篇共六个篇章，在这里，学生可以通过赏展品，听故事，学技艺等方法去深挖湖湘文化内涵。 铜官窑古镇：位于长沙市望城区北境的湘江东岸，自唐代起，铜官又称陶都，历来以陶瓷闻名于世，这里是世界陶瓷釉下多彩发源地，被誉为陶瓷史上的里程碑。千年窑火一直未断，开世界釉下多彩先河，创新诗词书画于瓷器装饰，融入外国文化，开辟了"海上陶瓷之路"，产品畅销二十九个国家和地区，是全国五大陶都之一。在这里，学生从生活、科技、情感等角度探寻长沙地区陶瓷器的发展、复兴和创新		
课程目标	价值体认	在初探寻非遗之"根"的过程中，让学生初步感受非遗技艺的魅力与工匠精神的伟大	
	问题解决	激发走进非遗、了解非遗的兴趣，通过研学小组活动的策划，培养合作意识，增强服务意识，学会主动承担责任	
	创意物化	通过小组分工合作，结合平板和实地考察收集的资料，进行创意升级，完成"魅力非遗SHOW"汇报作品	
	乐善生活	激发对非遗文化的兴趣，在地域传统文化的熏陶下，提升学生人文情怀，弘扬优秀文化，树立文化自信	
课程重难点	走访非遗传承人，学习非遗技艺，思考非遗的现状，探索非遗未来发展方向，领悟传统文化的魅力与内涵		
课程准备	(一)研学导师准备：研学任务单、《生活中的非遗》纪录片视频资料、平板电脑、多媒体电脑、评价印章及研学护照。 (二)学生准备：湖湘非遗的相关资料收集、知识储备		

● 教学设计

课程环节	课程内容及设计意图	学生活动
行前准备课		
环节一：初探非遗	观看纪录片《生活中的非遗》片段，激发学生对非遗产生兴趣的同时，引导学生联系视频内容、结合生活经验，谈谈对非物质文化遗产的了解。研学导师将视频中一些非遗实物作品(如竹编、泥书、湘绣、棕榈编等)带进课堂展示给学生欣赏，进一步激发学生探究的兴趣，通过提问、连线等教学环节，让学生明确非遗概念、知晓非遗的类别和特点，领悟非遗的意义。研学导师在此环节重在普及非遗的相关知识，为后续确定探究方向做铺垫	学生观看视频、欣赏实物、回答问题、动手连线，结合自身的经验，总结非遗的概念、类别、特点以及意义
环节二：结合主题找站点	研学导师与学生一同收集资料、一同探讨，并根据路程、时间、站点课程内容、容纳量筛选出适合此次主题的研学站点。最后确定了三个适合本主题开展的研学站点：雨花非遗民俗馆、沙坪湘绣博物馆以及铜官窑古镇	学生用平板电脑通过搜索工具，查询长沙适合这一主题的研学站点，并一一进行了解和筛选，确定好适合的研学站点
环节三：确定站点任务	研学导师根据站点资源布置相关的研学任务。雨花非遗民俗馆中集合了湖湘地区大部分非遗项目，学生在这里需要寻找到自己感兴趣的非遗项目，记录它们的类别、特点以及自己喜欢的理由，并动手体验。接下来针对这一类别，让学生采访非遗传承人，了解该项目的历史渊源、代表作品、传承故事、当代创新产品、工艺技法等，在充分收集资料后，引导学生思考如何为自己喜欢的非遗项目做宣传。在沙坪湘绣博物馆内，学生可以画一画湘绣传承人谱系图、问一问绣娘关于湘绣的问题、学一学湘绣的基本针法，从而探究国家级非遗、湖南三宝之一湘绣的魅力。铜官窑古镇中，学生在研学导师带领下重点参观"形成"与"烧成"两个生产车间，了解现代铜官制陶工艺的创新	学生明确研学主题、线路、研学点等相关情况，熟悉活动规则、评价方式等

课程环节	课程内容及设计意图	学生活动
环节四：活动策划	研学导师组织学生根据自己想探究的非遗类别进行自主队，以小组为单位，根据研学任务需要进行活动策划，为后续研学活动做好前期准备	学生自主分组，制订活动计划，并派代表向大家汇报：本组选择的要进行探究的非遗项目、组内人员分工职责、可能遇到的困难及对策。师生共同对汇报小组的活动计划提出意见和建议，之后各小组对活动计划进行修改完善
环节五：总结课程提希望	研学导师对活动内容做出小结，其目的是加深学生的印象，且对即将开始的研学活动给予鼓励	学生总结梳理本节课的重要内容，为后续外出研学做好准备
现场教学课（一）		
活动一：任务导入	学生来到研学站点开始活动之前，结合研学任务单再次熟悉该站点的研学任务，确保后续活动更有目的性和方向性	学生熟悉任务单，了解该研学站点需要完成的各项任务
活动二：雨花非遗寻宝记	湖南省长沙市雨花非遗民俗馆集聚了包括两个世界级、二十五个国家级、二百余个省市级非遗项目在内的三百多个非遗项目及一千余种工艺品，吸引了二百余位非遗传承人入驻，是长沙乃至湖南展现传统人文之美的汇聚地。研学导师、专业导师、行为导师带领学生，实地参观考察馆内展板、咨询专业导师、访问非遗传承人，寻找到自己小组喜欢的非遗项目，并对其进行深入的探究，完成"寻非遗"的研学任务	学生参观考察雨花非遗馆，完成"寻非遗"这一研学任务
活动三：非遗技艺再实践	在专业导师的陪同下，学生拜师学艺，深入探究自己小组感兴趣的非遗项目，并在研学导师的引导下了解非遗传承人背后的故事	以小组为单位对自己感兴趣的项目进行二次选择，深度实践，并面对面采访非遗传承人，完成"问非遗"这一研学任务
活动四：灵感大碰撞	研学导师引导学生思考如何宣传自己喜欢的非遗项目，并鼓励以小组为单位提前构思如何完成本组的"传非遗"的任务	小组讨论设计宣传非遗海报的初稿，完成"传非遗"这一研学任务，并上台交流"传非遗"的心得体会
活动五：总结活动	1.研学导师组织各组学生通过知识抢答的形式回顾本站点所学到的非遗知识。2.由专业导师结合活动表现、任务完成情况，对表现优秀的学生盖印研学导师的"能力印章"	学生回答相关问题
现场教学课（二）		
活动一：任务导入	研学导师出示任务单，引导学生以小组为单位在研学现场通过看、问、画、学等方法探究湘绣的魅力	学生熟悉该站点需完成的任务

课程环节	课程内容及设计意图	学生活动
活动二：溯源湘绣博物馆	在湘绣博物馆中观看视频《绣天下》片段，学生初步了解湘绣的发展脉络。在专业导师带领下系统参观博物馆展板、实物、图片，鼓励学生画一画湘绣传承人的谱系图，并说说他们背后的故事	学生绘制湘绣传承人的谱系图并进行分享
活动三：我是小小湘绣师	研学导师用视频加图文的形式详细讲解刺绣的知识要点及小诀窍。随后布置体验任务：学生在规定时间内，运用刺绣材料工具包中的工具，独立完成绣品翠竹一幅	学生化身小小湘绣师，在绣娘手把手指导下，练习穿针引线，掌握刺绣方法。学生学习基础针法，并完成绣品
活动四：总结活动	专业导师根据绣品的评价标准，结合学生绣品完成情况，评选出"小小湘绣师"，获评者分享心得体会。在交流环节要引导学生通过实地考察和现场的体验刺绣，感受湖南这一最具代表性的国家级非遗项目的独特魅力，领悟非遗传递的"静心""坚持"，体会匠人的匠心，感受非遗精神的根本	学生上台展示自己的湘绣作品，分享感受
现场教学课(三)		
活动一：任务导入	介绍研学点的基本情况，再次强调本站研学的主要任务以及在研学过程中的注意事项	学生再次熟悉活动任务，初步思考研学导师提出的问题
活动二：了解海上丝绸之路的陶瓷明珠	观看铜官窑纪录片片段，从"黑石号"的故事，走进一千多年前的"世界陶瓷工厂"——长沙铜官窑，并从谭家坡龙窑遗址的复原图中了解传统的制作陶瓷的工序	学生观看纪录片片段，实地参观谭家坡龙窑遗址复原制陶工序
活动三：探秘现代制陶工艺	研学导师带领学生重点参观研学点内的形成与烧成两个生产车间，了解现代铜官制陶工艺的创新。 形成车间：制陶人向学生展示陶器成型的过程。和一般的拉坯或捏制不同，此处向学生展示的主要方式有滚压形成、修坯形成、注浆形成。 烧成车间：陶工主要展示彩绘、施釉、烧制三道工序。此处向学生主要展示的烧制窑为现代电窑，研学导师可以借机向学生提问谭家坡龙窑遗址中，古代烧制窑使用什么燃料？与现代电窑会有什么区别？	学生参观研学点内的形成与烧成两个生产车间，了解现代铜官制陶工艺的创新

课程环节	课程内容及设计意图	学生活动
活动四：实习小窑工	在研学点学生通过聆听传承人的自传，观看传承人的表演，欣赏具有专业难度的制陶手艺，感受手艺人的执着与匠心，激发对匠人精神的敬佩。化身小窑工复刻匠人精神，感受制陶乐趣，创新制作属于自己的新陶作品。研学导师重点介绍拉坯、彩绘、捏塑和盘泥条四种成型方法，鼓励学生展开想象，制作有创意的作品。通过每组的展示分享，学生与老师从作品质量、美观度、内容与创新等方面进行评价与投票，票数最多者评选为"优秀小窑工"	学生聆听传承人的自传，观看传承人的表演，欣赏具有专业难度的制陶手艺，动手制作一件陶艺作品。各组学生上交一至两件本组的优秀作品进入班级展示及评选，通过师生通票选取"优秀小窑工"
活动五：总结拓展	检查研学任务单的完成情况，并加盖研学点过站印章，选出最优小组，并对下一节课做出相关的要求。其目的是让学生及时梳理该站点的研学收获，反思不足，争取在汇报交流课中有充分的准备和更好的表现	小组讨论、总结、梳理研学中的所感所想所获
汇报交流课		
环节一：巩固知识，精彩回顾	研学导师在对"雨花非遗馆、铜官窑、沙坪湘绣博物馆"三个研学点的研学内容进行简要的回顾后，为了检验学生对非遗的认识，让知识转变为能力	学生抢答研学导师出示的问题
环节二：了解现状，情感渲染	通过现场研学，学生已经深度体验到非遗技艺是如此美妙，在《非遗公益广告》中，看到许多非遗项目濒临失传而感到沮丧。从自豪到沮丧，研学导师要及时发现学生情感的起伏，引导学生们认识到学习非遗的重要性，明白传承非遗是当今青少年传承民族文化不可推卸的责任，为接下来的汇报做好铺垫	学生观看视频后，结合研学的所见所闻所感绘制并撰写汇报材料
环节三：汇报宣传，为非遗代言，激发责任感	研学导师组织各小组进行汇报展示，师生结合评价标准对各小组的汇报成果进行评价，选出优胜小组。在此过程中培养学生创作、展示等能力和团队协作的意识	学生分组上台进行汇报展示，并与研学导师一起结合评价标准对其他小组的作品进行点评
环节四：总结评价	研学导师指导学生交流本次研学过程中的收获、感受，总结经验、反思不足，共同探讨改进办法并总结发言。让学生学会总结收获、反思不足，深刻感受此次研学活动对自己的启发	学生以小组为单位讨论按要求开展讨论，讨论完后派代表用一句话进行总结性发言

课程环节	课程内容及设计意图	学生活动
研学拓展	1.观看《非遗创新》视频，引发学生对非遗的未来发展进行思考。让学生意识到如何以更现代、更创新、更为大家喜闻乐见的方式呈现、传承，才是非遗文化历久弥香、焕发活力的关键所在。 2.鼓励学生帮助生活中符合认定标准，但还不是非遗的项目申请非遗。 3.建议学生课后可阅读《湖南省非物质文化遗产名录》一书	

● 课程评价

评价内容	评价标准			评价结果	
	合格	良好	优秀	组内互评	老师评价
湘绣	按时完成	按时、保质完成	按时、保质完成，并融入时代感和创意		
陶艺	按时完成	按时、保质完成	按时、保质完成，并融入时代感和创意		
汇报	按时完成	按时、保质完成	按时、保质完成，并融入时代感和创意		

● 亮点分析

　　一个地方的非物质文化遗产包含着当地的文化内涵和集体记忆，是促进人们形成地方意象的重要载体，它以独特的风格联结过去与现在，潜移默化地影响着人们的思维方式和价值取向，从而成为学生形成地方意象的桥梁，加强了学生和地方的一种情感联系。

　　本课程结合了湖湘地区传统文化特色，确定了研学的主题及目标。非物质文化遗产蕴含着地方文化的灵魂，饱含地方的风俗、价值观等，是承载乡愁，推进中华优秀传统文化教育的重要载体。本主题研学课程将民间故事、民间戏剧、民间艺术等相融，让参加研学实践活动的学生深切感受到了湖湘传统文化的博大精深与非遗传承人的工匠精神。针对小学高年级学生的年龄特点，研学导师结合了语文、社会科学、美术等校本课程资源，并结合湖南长沙市内已有资源和本地特色，拓展雨花非遗民俗馆、沙坪湘绣博物馆、铜官窑作为课程的外延场地，提高了学生对湖湘优秀传统文化的感受。另外，研学实践活动形式丰富多彩，在课程中学生不仅可以看非遗、问非遗、学非遗并与非遗传承人面对面地接触与交流，让学生不仅认识到所在地区文化的独一无二性，而且领略了家乡民俗文化之美，在不知不觉中提高了对家乡文化认知的"自觉性"与自信心。

传统历史文化类研学实践课程设计案例(二)

课程主题	寻韵湖湘文化,尽览巴陵盛状		课程项目	赏湖湘文化
适用年级	高中学生		课程时长	三天
课程说明	湖湘文化是湖南特有的地域文化,是历史流传下来的珍贵文化遗产,在中国的历史长河中拥有举足轻重的地位。在历经先秦湘楚文化的孕育、宋明中原文化的洗练之后,更是在近代造就了"湖南人才半国中""无湘不成军"等盛名。是什么让湖南人能获得如此多的殊荣?湖南人又是凭着怎样的精神开创了崭新的时代?本篇章长沙基地的研学导师将带领学生前往文化名城——岳阳寻找答案,跟随着历史的脚步,从"路漫漫其修远兮"的求索精神到"先天下之忧而忧"的忧乐情怀,再到"平江起义革命精神",从古至今溯源,追寻湖湘文化,感受先贤的家国情怀与人生智慧,通过对湖湘文化的学习、体验、探索,激发学生的文化自信与文化认同感,帮助学生树立正确的人生观、价值观和世界观			
研学路线	长沙基地—屈子文化园—平江起义纪念馆—红军营—岳阳楼			
课程资源	屈子文化园位于湖南省汨罗市屈子祠镇,分为屈子祠核心景区、端午文化体验区、屈原墓保护区、汨罗江湿地保护区等,集研学、龙舟竞渡、艺术欣赏、民俗展示、休闲娱乐于一体。学生将走进屈子文化园,通过吟诵屈原的诗歌,体验祭屈仪式,制作汨罗香囊,感受屈原追求真理、勇于求索的精神与初心未改的家国情怀。 平江起义纪念馆由平江起义旧址、彭德怀铜像广场、史料陈列馆组成,是全国爱国主义教育示范基地。学生通过参观平江起义旧址及史料陈列馆,深入了解平江起义,感受以命相搏、奋起抗争的湖湘红色文化精神。 红军营是中国游击战的发源地,革命先辈傅秋涛、钟期光等曾以此地为据点,开展了长达三年的游击战争,至今保留了"红军哨卡""红军指挥所""军需库""藏军洞"等遗迹。在这里,学生将亲身经历平江起义模拟情景体验,重走长征路,寻访当年红军遗址,聆听遗址前的红色故事,感受红军不怕牺牲、敢于奉献的精神。 岳阳楼下瞰洞庭,前望君山,自古有"洞庭天下水,岳阳天下楼"之美誉,与湖北武汉黄鹤楼、江西南昌滕王阁并称为"江南三大名楼"。岳阳楼作为三大名楼中唯一保持原貌的古建筑,其独特的盔顶结构,更是体现出古代劳动人民的聪明智慧和能工巧匠的匠心独运。北宋范仲淹脍炙人口的《岳阳楼记》使岳阳楼著称于世,他倡导的"先天下之忧而忧,后天下之乐而乐"思想对后世影响深远。学生可登上岳阳楼,置身于岳阳楼真实情境中,品读经典《岳阳楼记》,感受到胸怀天下的意境熏陶,体会诗人忧国忧民的情怀			
课程目标	价值体认	通过深入了解湖湘文化相关知识,开阔视野,提升人文素养,坚定文化自信,培养民族自豪感与家国情怀,树立正确的人生观、价值观与世界观		
	问题解决	通过参观场馆、听取讲解,了解湖湘文化代表人物及其体现的湖湘精神,学会查找收集资料		
	创意物化	以"我心中的湖湘文化"为主题,制作汇报资料		
	乐善生活	培养合作意识与团队意识;在探寻湖湘精神研学过程中传承和发扬湖湘文化精神,将研学所学所感分享给身边亲属、朋友		
课程重难点	通过参观考察、合作探究等活动方式,深入了解湖湘文化相关知识,完成研学任务单和研学汇报材料的制作,对研学所得进行汇报展示并学以致用			
课程准备	(一)研学导师准备:研学任务单、《岳阳楼记》朗诵视频、《屈原》视频片段、《彭德怀》平江起义剪辑视频、平板电脑、多媒体电脑、评价印章及研学护照 (二)学生准备:"湖湘文化""岳阳地区"相关资料收集、知识储备			

● 教学设计

课程环节	课程内容及设计意图	学生活动
行前准备课		
环节一： 情境导入， 引出主题	湖湘文化是一种地域性的文化，包括湖湘文学，戏曲杂谈，人文地理，地方民俗，书画篆刻，湖湘饮食，风景旅游等方面。 研学导师通过图片展示、戏曲视频播放等方式引导学生思考湖湘文化包括哪些方面？有什么事物、地方可以体现出湖湘文化？通过此环节，引导学生了解湖湘文化的概念及相关知识，并以此为契机，带领学生走进湖湘文化主题的学习	学生思考湖南省内具有代表性的湖湘文化内容，积极与老师、同学相互交流
环节二： 核心探究， 深入了解 湖湘文化	湖湘文化精神集中体现在于湖湘人物。研学导师引导学生说出心目中湖湘文化代表人物，例如屈原、贾谊、欧阳询、谭嗣同等，并提出问题：在这些湖湘人物中你能感受到什么文化精神？师生一同归纳出湖湘人物中所展示的"淳朴重义""勇敢尚武""经世致用""自强不息"的湖湘精神	学生结合历史知识说一说心目中的湖湘人物，并以时间为主线进行人物排序。透过湖湘人物归纳湖湘文化的精神内涵
环节三： 介绍研学点， 明确研学 任务	岳阳是湖湘文化的重要发源地，湖湘文化底蕴深厚，是伟大爱国诗人屈原的故乡，拥有举世闻名的岳阳楼等。湖湘文化资源丰富研学站点相对集中，因而选定岳阳为研学目的地。研学导师打开学生视野，介绍本次岳阳研学的线路行程和各研学点的基本情况，简要说明各研学点的活动内容与任务，明确评价标准与成果汇报及要求	学生了解岳阳研学的线路行程、各研学点的基本情况及代表的湖湘文化精神，并明确研学任务与评价标准
环节四： 活动策划	研学导师组织学生自主分成八人小组，以小组为单位，根据研学活动安排进行策划。研学老师可随机展示任意小组的活动计划书，并邀请小组代表分享设计思路，师生共同修改完善。研学导师重点引导学生针对"预计困难与解决办法"一项进行全班交流，学生群策群力的同时，研学导师适当进行方法指导。以此让学生有计划、有准备地开展后续研学活动，同时学会团结协作	学生以小组为单位进行讨论，制订活动计划，并派代表向大家汇报：本组选择的探究内容、可能找到的证据、现场讲解与记录的方法、组内人员分工职责、可能遇到的困难及对策。师生共同对汇报小组的活动计划提出意见和建议，之后各小组对活动计划进行修改完善
环节五： 总结课程	研学导师对本节课的活动内容做出小结，布置学生课后可通过平板电脑继续查阅有关屈原、范仲淹、平江起义相关资料，为后续活动做好充分准备，对活动保持持续的热情	学生总结梳理本节课的重要内容，为后续外出研学做好准备

课程环节	课程内容及设计意图	学生活动
现场教学课(一)		
活动一：活动导入	屈原是中国历史上一位伟大的爱国诗人与政治家，中国浪漫主义文学的奠基人。研学导师引导学生谈一谈自己印象中的屈原形象，明确研学内容和任务，分发《"走进屈原"实践活动任务单》	学生谈一谈印象中的屈原，再次熟悉活动任务，明确参观规则
活动二：参观屈子文化园	"路漫漫其修远兮，吾将上下而求索"，屈原的"求索"精神成为后世仁人志士所信奉和追求的一种高尚精神。专业导师带领学生参观屈子文化园，集中讲解屈原的故事，其目的是让学生了解屈原的不朽诗篇及理想抱负，感受屈原初心未改的家国情怀与一心为民的美政之思	学生将走进屈子文化园进行参观，集中聆听专业导师讲解，做好学习记录，并完成任务单。遵守屈子文化园的参观要求，有秩序地参观
活动三：祭屈大典	祭屈初始于屈原殉国后，汨罗江两岸人民在每年的端午节自发组织龙舟竞渡、祭屈仪式纪念屈原。师生在专业导师的带领下参观庄严肃穆的祭祀大厅，聆听讲解，专业导师演示并解说祭祀程序。行为导师为学生披上绶带，工作人员鼓奏乐器，主祭人读诵《祭文》，全体师生鞠躬致敬屈子	学生通过参观、体验、诵读、行礼等形式，正冠肃立，以庄严神圣的态度参与祭屈大典仪式。在仪式中感悟屈原的爱国精神和求索精神
活动四：制作汨罗香囊	屈子爱香，终日佩戴不同香草，也常在楚辞中以各类植物花草喻人，更是开创了"香草美人"之说，以此来比喻忠贞贤良之士。研学导师讲解汨罗香囊与屈原的关联，让学生了解古人的生活方式与仪式。专业导师介绍香囊的制作方法及制作注意事项	学生了解汨罗香囊的意义，聆听制作方法，亲手制作精美香囊，在一针一线间，感受非物质文化遗产的魅力
活动五：总结活动	研学导师检查研学任务单的完成情况，并加盖研学点过站印章，展示各小组优秀香囊成品，并对下一站点提出相关的要求。其目的是让学生及时梳理该站点的研学收获，反思不足，争取在下一个站点的活动中予以改进	学生展示香囊成品，配合研学导师完成研学任务的检查与讨论，思考本站点研学的不足之处和后期改进的方向
现场教学课(二)		
活动一：参观史料陈列纪念馆	在研学导师、专业导师和行为导师共同组织下，学生有秩序地参观平江起义旧址及史料陈列馆，专业导师对平江起义的革命背景与历史意义进行详细讲解，其目的是让学生通过参观、聆听讲解来加深对湖湘红色精神的认识，激发爱国情感	学生参观史料陈列纪念馆，集中聆听讲解，做好学习记录，每组负责收集信息的同学拍摄照片，并完成《揭秘平江起义》实践活动任务单》

课程环节	课程内容及设计意图	学生活动
活动二：参观平江起义旧址	平江起义旧址原为天岳书院，1928 年 7 月 22 日，彭德怀、滕代远、黄公略等在此领导和发动了著名的"平江起义"。在此，由专业导师介绍彭德怀等革命者们在此处进行平江起义的场景，着重讲述彭德怀与平江起义的关系。学生通过故事感受先辈们勇敢无畏，不怕牺牲的革命精神	学生按照旧址的参观要求，有秩序地参观，认真听取讲解，继续收集平江起义相关资料
活动三：献花仪式	1. 在彭德怀铜像前，专业导师介绍"谁敢横刀立马，唯我彭大将军"的创作背景与彭德怀戎马一生的故事，在故事中感受彭德怀的军事才能和大将风范。 2. 研学导师带领学生向彭德怀铜像献花，并庄重地三鞠躬，深刻缅怀彭德怀等老一辈无产阶级革命家的不朽功勋	学生听专业导师讲述彭德怀的故事，欣赏毛泽东为彭德怀所作诗词《赠彭大将军》，感受彭德怀的军事才能和大将风范。并向彭德怀铜像敬献花篮，表达对彭德怀的敬仰之情
活动四：总结活动	研学导师引导学生分享感悟，检查研学任务单的完成情况，并加盖研学点过站印章，其目的是让学生分享该站点的研学收获，反思不足，争取在下一个站点的活动中予以改进	学生发表活动感受，与研学导师一起对本节现场教学课进行总结
现场教学课(三)		
活动一："平江起义"情景模拟体验	研学导师组织学生回顾"平江起义"的事件起因，并带领学生前往"平江起义"情景模拟体验区，由红军营基地专业导师组织学生开展沉浸式情景模拟体验"平江起义"，真实感受到当年先辈不怕牺牲、敢于奉献的精神，深化对平江红色文化的认知	学生回顾"平江起义"的事件起因，根据角色进行扮演，亲身体验过高空索道，放火箭筒、迫击炮等活动，并针对所扮演的角色谈一谈活动感受
活动二：重走红军路	1. 研学导师带领学生前往红军营景区，沿着原"红军哨岗""军需库""藏军洞"等遗迹，重走红军路，徒步寻找当年红军的踪迹，引导学生完成《"探访红色足迹"实践活动任务单》。 2. 行为导师模拟演示红军在征途中紧急处理伤口的方法，学生观看学习并实操，感受当年红军战士在艰苦条件下与敌人顽强拼搏的精神	学生跟随研学老师重走红军路，寻找红军遗迹，谈一谈感受。观看行为导师包扎伤口的手法，进行实操
活动三：聆听红色故事	研学导师组织学生前往红军营遗址，讲述发生在这里的红色故事。听完故事后，学生分享故事中让人印象最深刻的人物及原因，引导学生学习先辈们艰苦奋斗、不畏艰难的精神，深切地感受当年红军的艰苦，以及今天幸福生活的来之不易，激发学生爱国爱党之情	学生听取红色故事，并完成《"追寻红色记忆"实践活动任务单》，谈一谈红色故事体现了红军哪些精神品质

课程环节	课程内容及设计意图	学生活动
活动四：总结活动	研学导师检查各组任务单完成情况，并为过关的学生加盖过站印章。其目的是让学生对该研学站点的收获有一个全面的认识，并对后续研学保持热情	学生发表活动感受，与研学导师一起对本节现场教学课进行总结
现场教学课（四）		
活动一：任务导入	岳阳楼下瞰洞庭，前望君山，自古有"洞庭天下水，岳阳天下楼"之美誉，与湖北武汉黄鹤楼、江西南昌滕王阁并称为"江南三大名楼"。研学导师组织学生在岳阳楼广场上集合，向学生简要介绍岳阳楼景区的情况和参观须知，引导学生思考"最早建造岳阳楼的主要功能是什么？""范仲淹创作《岳阳楼记》的背景是什么？"其目的是让学生明确活动任务与规则，同时对该站点的研学内容产生兴趣	学生再次熟悉活动任务，初步思考研学导师提出的问题
活动二：参观岳阳楼	岳阳楼始建于东汉建安二十年（215年），历代屡加重修，现存建筑沿袭清光绪六年（1880年）重建时的形制与格局。研学导师带领学生参观世界规模最大的青铜建筑"五代楼观"，了解岳阳楼与各朝建筑风格；前往"新碑廊"，欣赏廊内石碑，感受诗词与书法的魅力；登岳阳楼，欣赏《岳阳楼记》雕屏，观览洞庭美景，感受岳阳楼的千古之情。通过这些活动提高学生的审美和诗词鉴赏的能力	学生结合专业导师讲解做好学习记录，并在参观活动中完成《"岳阳楼知多少"实践活动任务单》
活动三：经典诵读	北宋范仲淹脍炙人口的《岳阳楼记》使岳阳楼著称于世，他倡导的"先天下之忧而忧，后天下之乐而乐"思想对后世影响深远。 1. 研学导师引导学生回顾《岳阳楼记》的创作背景、文章内容及蕴含哲理。学生深入解读《岳阳楼记》，研学导师补充完善。 2. 行为导师带领学生来到岳阳楼前广场，研学导师讲解朗诵技巧，师生一同朗诵《岳阳楼记》。朗诵完邀请学生谈一谈你对忧乐精神的理解是什么？感受"不以物喜、不以己悲"的博大胸襟，养成豁达的人生态度	回顾《岳阳楼记》相关内容，并在研学导师的带领下深入解读《岳阳楼记》。学习朗诵技巧，朗诵《岳阳楼记》，分享自己对忧乐精神的认识

课程环节	课程内容及设计意图	学生活动
活动四：搭建模型	岳阳楼作为三大名楼中唯一保持原貌的古建筑，其独特的盔顶结构，更是体现古代劳动人民的聪明智慧和能工巧匠的匠心独运。学生认真聆听专业导师讲解，了解岳阳楼建筑特色。行为导师分发岳阳楼模型材料包，学生以小组为单位，合作搭建岳阳楼模型	学生认真听取讲解，了解岳阳楼建筑特色，领取岳阳楼模型材料包，以小组为单位，合作搭建岳阳楼模型
活动五：活动小结	研学导师检查研学任务单的完成情况，并加盖研学点过站印章，对学生在研学点产生的生成性问题进行现场答疑。引导学生对前期所有站点的研学所得进行全面梳理，为第二天的汇报展示进行充分准备	学生配合研学导师对该站点的活动进行总结，同时回答参观前任务导入时提出的两个问题
汇报交流课		
环节一：任务导入	研学导师播放研学过程视频，引发学生对研学过程的美好回忆，联系行前准备课以及前两天的研学活动引出本节课的任务和要求：以手抄报、微视频等方式制作一份《我心中的湖湘文化》，并通过故事会、视频展播、情景剧等方式进行汇报展示	学生在研学导师的引导下对此次研学活动进行全面回顾，并再次熟悉活动的总任务
环节二：自主创作	学生以组为单位自主创作汇报材料，研学导师进行巡堂，在必要的时候给予指导和帮助	学生以小组为单位自主创作汇报材料
环节三：展示交流	各小组进行汇报展示，师生结合评价标准对各小组的汇报成果进行评价，选出最佳汇报小组。有利于提高学生的表达能力和点评技能	学生分组上台进行汇报展示，并与研学导师一起结合评价标准对其他小组的作品进行点评
环节四：总结评价	研学导师指导学生交流本次研学过程中的收获、感受，总结经验、反思不足，共同探讨改进办法并总结发言。让学生学会总结收获、反思不足，深刻感受此次研学活动对自己的启发	学生以小组为单位按要求开展讨论，讨论完后派代表用一句话进行总结性发言
研学拓展	灿烂的湖湘文化是中华文明的重要组成部分，在今天，如何更好地弘扬、传承湖湘文化？请简述你的看法	

● 课程评价

评价项目	评价标准	自评	互评	师评
负责	能承担组内分工任务；自主完成各研学点的任务			
守规	参与研学活动，遵守各项活动规则，主动维护公共秩序			
想象	能调动已有知识和表象积累，对活动中的故事入情入境，进行想象			
理解	能运用语言和书面文字清楚地表达所思所想，思维活跃有创造性			
观察	善于观察生活，能敏锐地捕捉研学活动中有意义的瞬间			
反思	能及时端正自己的动机，严肃自己的态度，提高自己的思想素质			
表达	积极参与研学活动中，勇于发表自己的思考与意见			
沟通	能认真听取他人的意见和建议，评价和约束自己的行为，并学会尊重和理解对方			

● 亮点分析

　　湖湘文化是我国优秀传统文化中不可缺少的文化之一，在当前课程改革过程中，教育部门也明确提出，教师在教学过程中，必须让学生充分了解传统文化，使学生传承和发扬我国的优秀传统文化。本次研学实践课程以探索湖湘精神为课程核心，以学生为主体，并以湖湘特色资源，资源价值为依据，分类别来开发研学实践课程，设计并挖掘体验性和探究性强的湖湘特色研学实践活动。

　　（1）探究性强。该课程将学生带到湖湘文化的重要发源地岳阳，湖湘文化底蕴深厚，是伟大爱国诗人屈原的故乡，拥有举世闻名的岳阳楼等。在这里学生通过历史遗留碑文，古迹，探索从"路漫漫其修远兮"的求索精神到"先天下之忧而忧"的忧乐情怀，再到"平江起义革命精神"，从古至今溯源，追寻湖湘文化，感受先贤的家国情怀与人生智慧，激发学生的文化自信与文化认同感，帮助学生树立正确的人生观、价值观和世界观。

　　（2）体验性强。该课程中每一个研学站点都设计了相应的研学活动任务，如诗词朗诵、制作香囊、聆听故事、情景模拟、搭建模型等，活动任务的形式丰富多元，学生参与感强，让学生在动手动脑中学习历史文化知识，探索湖湘文化精神，有很强的教育价值。

第四节　现代科技发展类研学实践课程的设计

随着现代社会的高速发展，科学技术在社会发展中的作用越来越明显，党的二十大报告将"实施科教兴国战略，强化现代化建设人才支撑"单列成章，科技被摆在了国家发展全局的核心位置，科教兴国战略也被不断赋予全新的时代内涵。当今学生不仅应该掌握书本知识，还需具备科技素养与创新能力。因此，将科技与研学实践课程结合，开展科技类研学实践课程将成为对学生进行科技教育有效的途径，既适应当前提高全民科技素养的迫切要求，又能史好地落实素质教育，普及科技知识，促进学生的全方位发展。

一、课程内容

随着科学技术在人们生活中的地位越来越重要，科技与教育的深度融合更是成为大势所趋。科技类研学实践课程主要承担着对学生进行科学知识普及、提升科技素养和培养创新能力等方面的教育责任。此外，开展科技类研学实践课程，能够深化科技类场馆的教育功能，提高企业的科技知名度，增强学生的科学意识。

本类课程主要从主题场馆类、现代名企类和智慧城市类来对现代科技发展类研学实践进行课程设计。

（一）主题场馆类

场馆包括但不限于博物馆，是一种收集、典藏、研究、展览与自然科学和人类历史、艺术、文化相关物质的场所，以教育为核心功能，能为公众提供科普、教育、娱乐功能的社会公共机构。科技场馆是指专门建设用于面向社会和公众开展科学技术普及活动、科技文化教育与传播的公共场所，包括但不限于科技馆、自然博物馆、专业领域科普场馆、青少年科技场馆。在 2016 年 2 月，国务院办公厅印发《全民科学素质行动计划纲要实施方案（2016—2020 年）》，在"实施青少年科学素质行动"部分明确提出"大力开展校内外结合的科技教育活动"，科技场馆作为校外科技教育活动的主要载体，发挥了其重要作用。

不同于其他场馆，在科技场馆能够自然建立起一种探究的场景，通过多种感官、多重经验吸引学生，激发学生探究的兴趣。科技场馆的研学课程结合了科技场馆的"动"与科学课程的"做"，学生在互动体验和实践中能够获得满足感和成就感，选择这样的学习经验，才能让学生在场馆内的科学学习更加有效。如长沙基地研学实践课程"学工业智造"即根据"科学原理—创新技术—智造力量"的认知深入原则，带领学生通过参观和体验科技馆、博物馆等科普场馆的设施设备，直观理解感受科学知识，探索生活中常见的"智造"背后的科学原理，感受科学技术的魅力所在。

(二) 现代名企类

企业与科技是不可分割的，科技的进步推动着企业的发展，企业的发展也快速推动着社会的科技不断进步。长沙基地研学实践课程"探名企风范"将课堂搬到企业，针对学生未来发展需要，带领学生走访参观具代表性的高科技知名企业，将科技素养融入实践研学中。通过走进知名企业、观摩优秀科技企业创新成果和对话科研人员等方式，多角度、全方位地解读企业文化与发展状况，增加同学们对高科技企业的了解。通过探访名企，触摸前沿科技，开阔科技视野，不断提升学生创新实践的能力。

(三) 智慧城市类

随着社会与经济的不断发展，越来越多的人都在向城市靠拢，引发交通堵塞、供水供电紧张、居住条件差等问题，对城市的承载能力提出新的挑战。党的十九届五中全会强调，要坚定不移地建设网络强国、数字中国，因此长沙市人民政府提出构建"一脑赋能，数惠全城"，将长沙打造成有颜值、有气质、有内涵、有格调、有品位的全国新型智慧城市样板和标杆。

智慧城市是通过综合运用现代科学技术、整合信息资源、统筹业务应用系统，加强城市规划、建设和管理的新模式，能够让城市居民轻松找到最快捷的上下班路线、供水供电有保障，且街道更加安全。智慧城市建设过程中有一条非常重要的支架便是物联网，物联网指把所有物品通过信息传感设备与互联网连接起来，进行信息交换，即物物相息，以实现智能化识别和管理。长沙基地研学实践课程"学工业智造"中，三一集团与远大科技集团分别用"ECC 企业控制中心"和"远程联网监控系统"控制中心直观地向学生展示物联网的运用，让他们感受科技的实时性。这样做不仅开拓了学生的视野，激发学习兴趣，引导学生形成对未来就业方向的初步思考。通过此次活动，不仅让学生认识了现代科技发展的重要性，更是对他们实践能力的培养。

二、设计要点

现代科技发展类研学实践课程将科技教育与研学实践结合起来，一方面教给学生基础的科技知识，便于更好地理解书本内容，提升科技教育质量；另一方面能够使学生面向未来社会发展，不断提升自身科技素养。

(一) 问题联系生活，激发科研兴趣

研学实践打破禁锢，延伸到校外的社会与自然、生活，将劳力与劳心结合，培养学生

的行动力和创造力。现实生活和体验是教育的源泉，因此，科技类研学实践课程要以生活为核心。在开展科技研学之前，要了解学生的习性偏好、兴趣及学业水平等，在此基础上引导学生从书本走进生活，了解科技在实际生活中的具体运用，以及科技给生活带来的巨大改变。比如在设计"学工业智造"研学课程时，我们以"防蚊"为主题，让学生了解各种防蚊、灭蚊的方式，以电子灭蚊拍、光触媒灭蚊器为例，引导学生联系实际感受科技产品对人们生活的改善，通过思考、探究和体验，激发学生对科技的兴趣，让学生深刻认识到"科技改变生活"。

（二）把握内容深度，渗透科研方法

现代科技发展类研学实践课程要将科技类研学实践资源与校内相关教材、课标整合在一起，结合学生的知识储备，进行全方位教育。科技类研学实践课程不仅需要衔接学生的课堂教学与校外生活，还要进行跨学科的融合，将某一主题的活动与多种教材联系在一起，以实现整体的发展。在课程设计中，要加强书本中物理、生物、化学、信息技术等各学科知识技术与科技类研学实践课程的结合，整合学科知识，体现多维度教育目标，注重对学生的引导以及团队合作能力培养，让学生在动手操作和亲身实践中验证假设，理解更深层次的知识。

（三）注重价值引领，倡导创新智造

从探究兴趣角度看，要培养学生对科学知识和活动的兴趣，有强烈的好奇心，主动求知；从实事求是角度看，要摒除封建迷信，正视科学现状，科学求知；从追求创新角度看，要培养学生的创新性思维和创造性思维，使学生善于发现问题，打破常态。现代科技发展类研学实践课程正是试图通过学生们在真实情景中的集体生活和学习，在科技氛围的感染下，实现科研兴趣、科技创新能力的培养，以契合学校科学教育，为学生的继续学习做铺垫。由于科学技术与学生的日常生活息息相关，科技类研学实践课程将学生的科学教育与校外生活结合在一起，力求加大实践性内容，拓展学生的视野。

三、活动方式

在本类研学课程中，长沙基地主要采用的活动方式有参观访问、探究体验和讲座交流。

（一）参观访问

科技馆作为一种小型科学博物馆，是一种多功能的科技活动空间，能让学生更加深入地体验科技的发展情况。其主要包括：技术教育展览，科技交流展示，科技活动空间以及科技体验馆等四个区域。参观科技馆能够让学生收获颇丰，包括增长科技知识，锻炼科技能力。例如在"学工业智造"研学活动中，长沙基地研学导师带领学生前往湖南省科学技术馆，整个场馆一共分为三层，第一层有"制造天地""材料空间""信息港湾"三个主题，第二层有"能源世界""数理启迪""地球家园"和"太空探索"四个主题，第三层主要是"生命体验"主题。

学生在这里可以接触到多样的现代科技发展资料，提升对科技的领悟力，同时还能参与丰富多彩的科技活动，了解当前科技发展前沿，拓宽知识面和技术视野，激发内心对科学原理的关注、进行科学探究的兴趣，培养合作意识和科学探究精神，养成热爱科学的态度。在科技馆，学生可以参观了解最新的科技信息，掌握最新的技术发展趋势，学习技术、应用技术，增加社会经验，培养实践能力，并通过技术展示和科技文化交流，实现知识的主动收获和技术的实践性创新。参观科技馆不仅能让学生充分感受强盛发展的科技前沿，更重要的是让人们见识科技改变，培养利用科技方面的素质，为社会和自身发展带去双重收益，作出应有的贡献。

企业一直致力于科学前沿产品的研发与生产，并力争打破其他国家的垄断。因此，实地参观该企业有利于学生科学素养的培养。科学教育课程的目标是培养学生核心素养，其主要由科学观念、科学思维、探究实践、态度责任四个维度组成。比如"学工业智造"研学实践课程中，学生可参观其群体中较为熟知的"可口可乐"企业，在生产车间，学生可以观察产品的生产流程，探秘生产过程中的高科技；在水处理车间，学生了解到"反渗透"技术在原料处理中的妙用；在罐装车间，学生在全自动化的生产线上，看到吹瓶机、灌装机和打码机是如何无缝配合，感受每小时近 48000 瓶的罐装速度。这些都可以让他们更加直观地感受科学原理、创新设计、现代技术在生活中的运用，并切身体会到现代科技发展的无穷力量。

(二) 探究体验

学生在科技类研学实践课程中，更倾向于选择能够亲身体验的形式，去感受科技的魅力。通过对学生各项感官的直接刺激，能够加深学生的记忆，使学生更好地理解科学技术知识，提高科技素养。将书本上的科学知识直观展示在学生面前，让学生能够亲眼看见或者亲手触摸，直接感受到科技产品，学生就能够对科学技术知识产生更多的兴趣，保持更高的学习热情。在长沙基地"探名企风范"研学实践课程中，将学生分为材料设计师、空气工程师、能源研究员三个类别，学生扮演工程师、设计师或研究员，学习这一领域的基础知识，并通过调动多种知识、发挥想象力和团队合作去解决一个个具有挑战性的问题。例如扮演工程师的学生利用所学的结构与承重方面的知识，亲手设计、搭建一个承重结构，使其实现最大的承重效能等。学生不仅会学习与主题相关的背景知识，如结构与承重、能量的转化、物质的形态和静电等，还要尝试着灵活运用这些知识，完成挑战。通过知行合一、手脑并用，学生可以更充分地理解所学知识，取得更好的学习效果。

(三) 讲座交流

科普讲座是吸引学生的一种学习方式，不仅授课专家的专业性高，而且专家能灵活运用语言艺术和肢体语言。在"零距离"的科普讲座，学生可以与科技界"大咖"对话，在对话过程中认知得到发展。学生带着问题来听课，在与专家互动中反思，再带着探究性问题离开，不仅可以把科普讲座中获得的科学知识由被动学习变为主动学习，固化记忆，增强科普传播效果，还能在接下来的探究过程中获得更多科学知识，激发对科学产生更加浓厚的兴趣，增加其参加下期科普讲座的动力。

现代科技发展类研学实践课程设计案例(一)

课程主题	对话行业标杆，放飞科技梦想	课程项目	探名企风范
适用年级	初中学生	课程时长	三天
课程说明	说到"网红城市"，不少人会想到"长沙"。如今，岳麓山、橘子洲、茶颜悦色、文和友、湖南省博物院等景点和美食已经成为来到长沙必打卡的地标。长沙的企业都是以娱乐与美食为主吗？从"网红"走向"长红"，长沙要做什么？作为初中生如何与未来长沙的发展同进步？本次研学，将课堂搬到企业，针对初中学生学情、未来发展需要，带领学生走访参观长沙市内具代表性的媒体行业、医疗企业、家居工厂、科技企业等，详细了解企业信息，多角度、全方位地解读企业文化与发展状况，增加同学们对该类企业的了解。结合企业产业设计丰富多彩的研学课程，开阔学生的思维视野和生活体验，培养学生自主、合作、探究的精神和实践能力；帮助学生提升自我认知及自我管理能力，开阔眼界，扩大格局，激发职业意识，树立职业志向		
课程路线	长沙基地——湖南日报摩尔工厂——某中药集团——某家居集团——某科技集团——长沙基地		
课程资源	摩尔工厂为湖南日报以特定主题打造多维度、全景式的创新教育模式的研学园，并开发了摩尔创造师(印刷工)、架构师(编辑)、光影师(摄影师)、记录官(记者)、安全官(网络工程)五种新闻媒体行业的职业，并以职业设定路线让学生进行深度体验。让学生在活动中全流程参与体验亲近报社、了解新闻媒介、追寻媒体基因，探索有关于全媒体的未来。 中药研学场馆内有药品区、中医坐诊区、中医药博物馆和中医文化展厅，馆内详细介绍了中医药起源与发展、中医药资源与分布、中药材分类和道地药材、中药炮制与调理、国家级非遗保护目录——传统中药文化与湖湘中医药文化的历史渊源等。本课程中，学生通过对传承三百年的名企中医药文化研学，让学生感受该中药集团三百年坚守"药者当付全力，医者当问良心"的仁义仁德，让学生领略传统中医文化的源远流长和博大精深，对中医医师职业有憧憬，增强文化自信心，提升学习内驱力。 家居集团研学点是一家集研发、生产、销售于一体的大型家居企业，致力于为美好生活提供舒适、绿色、环保、智能的一体化居家空间解决方案。在这里学生将走进长沙本地企业，观摩工业化生产车间，参观企业文化和检测研发中心，更加直观地感受科学原理、现代技术在生活中的运用，并切身体会到工业制作的先进设计。 科技集团研学点在空调、能源利用管理、洁净空气科技、可建科技等方面各有建树。研学活动立足于工业创新和环境保护两个现实需求，研学内容都基于国内外工业创新和环境保护的前沿成果，在活动中引导学生通过利用所学知识解决现实社会中的真实问题，从而树立理想信念；同时学生可以充分理解学习的意义，提高学习的内在驱动力，在未来的学习过程中不断追寻理想。		
课程目标	价值体认	通过初步了解企业与职业的联系，建立职业生涯规划意识，正确认识自我，了解自我，树立正确的人生观、价值观与世界观	
	问题解决	通过参观讲解，了解长沙各行业代表企业及其体现的企业文化，学会查找收集资料，完成研学任务及相关要求	
	创意物化	选定其中一个研学点，以组为单位设计一份企业企划书	
	乐善生活	通过近距离接触名企，进行参观交流、分析讲解，激发学生对探索未来发展的积极性，培养学生分工合作，以及作为社会成员的责任意识	
课程重难点	培养学生自主、合作、探究的精神和实践能力；帮助学生提升自我认知及自我管理能力，开阔眼界，格局，激发职业意识，树立职业志向		
课程准备	(一)教师准备：研学任务单、平板电脑、多媒体电脑、评价印章及研学护照 (二)学生准备："长沙名企"相关资料收集、知识储备		

教学设计

课程环节	课程内容及设计意图	学生活动
行前准备课		
环节一：长沙标签	近几年长沙受人瞩目，被称为娱乐之都、网红城市、文化名城、伟人故里、最具幸福感城市。长沙这个一向以"娱乐、美食"占据大众视野的城市。长沙拥有77家上市企业，其数量排名全国省会城市第五。研学导师出示长沙产业结构图，引导学生说一说长沙的"标签"，在产业结构图中了解长沙的经济发展布局	学生思考长沙市有代表性的"标签"，说一说感受，并在老师的引导下初步了解长沙的经济发展布局
环节二：深入探究，企业对长沙经济的影响	研学导师介绍企业对经济的重要性，相机提出"长沙有哪些企业？""它们又是什么产业呢？"引导学生举例说一说自己所知道的长沙企业。并通过网络信息搜索企业所对应的产业。师生一同总结长沙经济发展趋势。从而引出研学主题"探名企风采"	学生了解企业对经济的影响，说一说自己知道的长沙企业，利用平板搜索该企业所从属的产业，明晰本次研学主题
环节三：介绍研学点，明确研学任务	1.选择市内具代表性的媒体行业、医疗企业、家居工厂、科技企业等作为研学点，研学导师向学生进行相应介绍，其目的是让学生熟悉研学场地并制定合理的研学线路。 2.讲解本课题的任务要求和活动规则、活动评价方式。其目的是让学生熟悉研学点，明确活动规则，带着任务和目的参与此次活动	学生了解本次研学的线路行程、各研学点的基本情况并明确研学任务与评价标准
环节四：活动策划	研学导师组织学生自主分成六到八人小组，以小组为单位，根据研学活动安排进行策划。研学老师可随机展示任意小组的活动计划书，并邀请小组代表分享设计思路，师生共同修改完善。研学导师重点引导学生针对"预计困难与解决办法"一项进行全班交流，学生群策群力的同时，研学导师适当进行方法指导。以此让学生有计划、有准备地开展后续研学活动，同时学会团结协作	学生以小组为单位进行讨论，制订活动计划，并派代表向大家汇报：本组选择的探究内容、可能找到的证据、现场讲解与记录的方法、组内人员分工职责、可能遇到的困难及对策。师生共同对汇报小组的活动计划提出意见和建议，之后各小组对活动计划进行修改完善
环节五：总结课程	研学导师对本节课的活动内容做出小结，布置学生课后可通过平板电脑继续查阅有关长沙企业相关资料，为后续活动做好充分准备，对活动保持持续的兴趣	学生总结梳理本节课的重要内容，为后续外出研学做好准备

续表

课程环节	课程内容及设计意图	学生活动
现场教学课(一)		
活动一： 浏览参观	摩尔工厂将媒体编辑部的人员进行以下分工：印刷工、编辑、摄影师、记者、网络工程师，并为不同职业的工作人员设计不同场馆。因此研学导师需提前带领学生进行场馆整体的参观，引导学生了解不同的职业特点并根据个人兴趣选择职业。参观过程中提醒学生注意聆听讲解、认真观察，标记下自己感兴趣的场景、物品的展位和名称，为下一步重点探究做好准备	学生跟随研学导师参观场馆，在参观中选择自己感兴趣的内容，根据兴趣选择职业
活动二： 职业解密	学生以小组为单位围绕已定的职业内容进行探究，并在职业对应场馆进行参观、体验，填写研学任务单。如选择记者的同学可以通过摩尔互动堡学习新闻撰写五要素、真假新闻辨别，从而了解记者的工作性质与内容	学生跟随专业导师参观，聆听讲解，做好学习记录，并完成任务单。遵守摩尔工厂的参观要求，有秩序地参观
活动三： 参观报纸 印刷厂	学生跟随专业导师走进中部最大规模的报纸印刷厂，近距离观摩报纸印刷机，探索一份党报从记者采写到排版印刷的过程，采访印务中心工作人员，了解报纸印务中心的工作内容和故事	学生跟随专业导师参观报纸印刷厂，认真聆听，与专业导师交流，继续收集相关资料
活动四： 总结活动	研学导师组织学生谈一谈记者、摄影、编辑、印刷工人在每个环节的职责与作用，引导学生认知社会、理解工作、懂得分享、学会合作，培养他们挑战困难的勇气和决心，树立职业目标和理想	学生分享本站点的研学收获，总结、积累对于传统媒体行业的认识
现场教学课(二)		
活动一： 历史寻踪	中药企业文化展厅，馆内详细介绍了中医药起源与发展、中医药资源与分布、中药材分类和道地药材、中药炮制与调理等中草药文化内容。研学导师带领学生参观九芝堂企业文化展厅，一同听专业导师介绍中药历史发展与企业文化。观看生产车间的直播视频，研学导师组织学生谈一谈现代制剂工艺流程和古代中药制剂工艺流程的区别	学生在参观中药文化展厅，集中聆听讲解，做好学习记录，每组负责收集信息的同学拍摄照片。观看直播视频，思考并讨论现代制剂工艺流程和古代中药制剂工艺流程的区别

续表

课程环节	课程内容及设计意图	学生活动
活动二：望闻问切知多少	望闻问切是中医专业用语，本活动先由专业导师介绍中医药整体概念，对阴阳五行和望闻问切进行详细讲解，学生听讲并完成任务单。专业导师介绍并同步演示中医的"望闻问切"基本方法，"望"指观气色；"闻"指听声息；"问"指询问症状；"切"指摸脉象。学生学习并尝试实操	学生集中听专业导师讲解，完成《"走近中医"实践活动任务单》。学习中医"望闻问切"并尝试实操
活动三：体验取药过程	1.中药主要来源于天然药及其加工品，包括植物药、动物药、矿物药及部分化学、生物制品类药物。专业导师带领学生们参观中药库、中药房，介绍中药的储存条件、常见中草药的性状、中药处方调配的注意事项 2.专业导师示范看配方、取药、称药、包药等工作，学生进行学习模仿。学习后小组领取不同的中医药方，学生以组为单位进行实操	1.学生参观中药库房，看一看中药实物，辨一辨不同的中药性状、认一认各中药药效，聆听讲解，了解中药使用注意事项 2.学生学习取药步骤并进行练习，每组派代表领取药方进行实操演示。每组负责收集信息的同学拍摄照片或视频，为研学活动汇报做准备
活动四：总结活动	中医承载着中国古代人民同疾病做斗争的经验和理论知识，学生结合本次学习谈一谈感想与收获。其目的是培养学生健康意识，支持中医的情怀，规划职业生涯，有愿意做中医大夫的意向，愿把中医药学传承发扬	学生发表活动感受，与研学导师一起对本节现场教学课进行总结
现场教学课（三）		
活动一：床垫背后的故事	专业导师播放"一个床垫背后的故事"视频，让学生了解企业发展历史与企业文化，感受塑造品牌、引领行业的闪光足迹	学生观看关于家居集团的影视资料，建立对该家居集团的初步印象
活动二：参观车间	研学导师提出"睡眠是健康之本，怎样才能拥有健康的睡眠呢？""晚上想睡得好，你会有什么要求？"两个问题，要求学生带着问题跟随专业导师参观生产车间，引导学生观察床垫内部结构，记录床垫制作步骤，聆听讲解了解其核心结构。其目的是通过参与工业产品的生产情景，引导学生感知工业产品的生产过程，体验劳动者的辛勤	学生参观生产车间观察床垫内部结构，记录床垫制作步骤，聆听讲解，了解其核心结构，观察记录，用文字方式或图画方式完成《"分解床垫"实践活动任务单》

续表

课程环节	课程内容及设计意图	学生活动
活动三：探秘原理	产品研发与检测中心分为物理、化学、力学、光学实验室，其主要是对床垫进行各项检验。学生在专业导师的带领下进行各项实验，并记录实验指标完成《"实验检测"实践活动任务单》，知晓什么是质量检测。激发学生对科学探究的兴趣，培养其合作意识和科学探究精神	学生跟随专业导师进行各项实验完成《"实验检测"实践活动任务单》；每组负责收集信息的同学拍摄照片或视频，为研学活动汇报做准备
活动四：对比材料	聚焦问题："床垫材质繁多，不同材料制作的床垫能给人带来不同的睡眠效果。为什么弹簧床垫能从这些材料中脱颖而出？"，研学导师引导学生观察对比市面上所售卖的床垫材料，找出特点与优势完成《"床垫材料对比"实践活动任务单》	学生对比不同材质的床垫，回答问题，完成《"床垫材料对比"实践活动任务单》
活动五：总结活动	检查研学任务单的完成情况，并加盖研学点过站印章，选出最优小组，并对下一节课作出相关的要求。其目的是让学生及时梳理该站点的研学收获，反思不足，总结经验教训	学生发表活动感受，与研学导师一起对本节现场教学课进行总结
现场教学课（四）		
活动一：参观科技园区	师生在专业导师的带领下参观企业展览馆，专业导师对该科技集团的企业文化、主导产品、环保理念、行业影响力等基本情况进行讲解	学生参观企业展览馆，聆听专业导师的讲解。每组负责收集信息的同学拍摄照片或视频，为研学活动汇报做准备
活动二：参观企业控制中心	研学导师组织学生前往"远程联网监控系统"控制中心，专业导师对全球售后服务系统进行讲解。讲解结束后，中心人员与学生互动交流，进一步加深学生了解智慧城市的未来发展方向	学生参观"远程联网监控系统"控制中心，聆听专业导师的讲解，了解其精准、及时、周到的售后服务。每组负责收集信息的同学拍摄照片或视频，为研学活动汇报做准备
活动三：走进未来建筑	1.研学导师带领学生走进小天城内部，专业导师主要讲述小天城的结构，引导学生探究小天城高层稳定的技术，思考"J57楼中城市是如何建成？""与普通摩天大楼相比有什么特点？"其目的是激发学生的学习动力，提高学生考察探究的能力，并在此过程中感受科技建筑的先进和便捷。2.专业导师带领学生参观芯板楼，提出问题"芯板楼用到的黑科技是什么？有何用处？"引导学生查看芯板的内部结构。其目的是让学生在这两栋建筑中，认识和了解科技建筑，感受未来科技建筑的魅力	1.学生通过专业导师的讲述了解其结构并达到顶层探究小天城高层稳定的原因，思考并回答研学导师提出的问题，感受科技建筑的先进和便捷。2.学生在专业导师的带领下参观芯板楼，探究芯板的内部结构，思考并回答研学导师提出的问题，感受工业智造的创新和实用

续表

课程环节	课程内容及设计意图	学生活动
活动四：总结评价	研学导师检查研学任务单的完成情况，并加盖研学点过站点印章，对学生在研学点的表现进行评价。引导学生对前期所有站点的研学所得进行全面梳理，为第二天的汇报展示进行充分准备	学生配合研学导师对该站点的活动进行总结，对前期研学所获知识进行全面梳理，准备次日汇报展示内容
汇报交流课		
环节一：任务导入	播放研学过程视频，引发学生对研学过程的美好回忆。研学导师联系行前准备课以及前两天的研学活动引出本节课的任务和要求：以小组为单位，整理研学收获信息，举办一场模拟求职招聘会。有利于学生对前期活动有一个简单的复盘，为后续活动理清方向	学生在研学导师的引导下对此次研学活动进行全面回顾，并再次熟悉活动的总任务
环节二：自主创作	研学导师介绍本次学生可以选择企业宣讲或者求职者身份，并对企业宣讲主要介绍与个人简历主要内容进行讲解。引导学生自主创作，有利于激发学生的创意，提高总结梳理和自我认知能力	学生以小组为单位自主创作汇报材料
环节三：展示交流	由企业招聘组对自己所选企业进行宣讲并展示企业宣传海报，四企业招聘组宣讲完毕后，用五分钟各自布置招聘展台，同时求职学生组根据对不同企业的兴趣完善个人简历。五分钟后，求职学生可选择感兴趣的企业到其展台前进行面试。每个求职面试者将有一到两分钟时间进行自我介绍，再阐述自己对该公司的认识，企业招聘组的面试官与其进行多对一的交流	学生分组上台进行汇报展示，并与研学导师一起结合评价标准对其他小组的作品进行点评
环节四：总结评价	研学导师指导学生交流本次研学过程中的收获、感受，总结经验、反思不足，共同探讨改进办法并总结发言。让学生学会总结收获、反思不足，深刻感受此次研学活动对自己的启发	学生以小组为单位按要求开展讨论，讨论完后各派代表用一句话进行总结性发言
研学拓展	1. 研学浅谈：名企的发展关键是什么？ 2. 时光邮局：写一封给十年后的自己的信	

● 课程评价

评价项目	评价标准	自评	互评	师评
信息处理能力	能在众多的信息中分辨需要的信息；归类所需要的信息资料			
创意策划能力	运用资料来证明观点；运用工具完成分配的任务			
设计制作能力	能运用信息技术制作汇报资料；将相关的资料用适当的形式呈现出来			
分享交流能力	参与讨论交流，表达自己的观点和想法；认真倾听同学的表达；遇到困难时能寻求帮助；有任务分工，有合作分工			

● 亮点分析

　　"对话行业标杆，放飞科技梦想"，研学导师带领学生走进长沙知名企业，结合企业的产业特点，就地取材开发了以职业体验为主的系列研学实践课程，开阔学生的视野，帮助学生提升自我认知及自我管理能力，激发职业意识，树立职业志向。

　　(1)重视学生实践体验。该教学案例以现场观摩和模拟实训为主要教学形式，让学生亲身体验企业生产过程，并在真实的情境中学习专业知识，掌握职业技能，从而实现"产教融合"。与传统的课堂教学相比，该课程具有互动性、体验性、针对性等特点，能有效激发学生学习兴趣和潜能。

　　(2)提升学生职业素养。现场教学课程中通过对企业的实地参观和专业导师的讲解，让学生在参与过程中，了解相关专业知识、熟悉相关职业要求，从而提高其职业素养，帮助其树立正确的人生观、价值观和世界观。

　　(3)培养学生创新能力。现场教学课程的教学内容往往来源于企业生产过程中实际问题的解决方案，让学生对其中包含的物理、生物、化学、信息技术等各学科知识进行探索，能够激发学生的创新思维。在具体实践中，学生通过观摩、体验和学习，直观地感受科学原理、现代技术在生活中的运用，提高创新能力。

现代科技发展类研学实践课程设计案例(二)

课程主题	智造改变生活	课程项目	学工业智造
适用年级	小学高年级	课程时长	三天
课程说明	科技是强国之基，工业是兴国之器，且科技的发展引发并且推动工业的革命。放眼长沙城区及周边，不仅有三一重工、中联重科、远大科技、中车株洲等具有代表性的工科企业和本土智能品牌，还有湖南省科技馆等公益性科普教育场所，为学生"学工业智造"研学主题活动的开展提供了丰富的课程资源。同时，围绕该主题开展研学教育实践活动，引导学生有目的地外出学习、考察、体验，有利于激发学生科学探究的兴趣和热爱科学的情感，对于培养他们的实践能力、创新精神、民族自豪感和历史使命感也具有重要意义。因此，秉承教育政策的要求和先进教育理念，结合地域资源，根据小学高年级学生的身心发展特点，长沙基地将科技、工业、生活以学生看得见、摸得着的形式进行连接，围绕主题，研发了以"学工业智造"之"智造改变生活""学工业智造"之"智造的力量"为主题的研学课程		
课程路线	长沙基地—湖南省科学技术馆—长沙创新设计产业园—某饮料公司—某重型机械工业城—长沙基地		
课程资源	湖南省科学技术馆一共分为三层，第一层有"制造天地""材料空间""信息港湾"三个主题，第二层有"能源世界""数理启迪""地球家园"和"太空探索"四个主题，第三层主要是"生命体验"主题。根据"科学原理—创新技术—智造力量"的认知深入原则，湖南省科学技术馆将作为本线路研学点中的首站。在这里，学生通过观察和体验科技馆的设施设备，探索生活中常见的"智造"背后的科学原理，感受科学技术的魅力所在。 中国长沙创新设计产业园于2016年开园，是长沙雨花经济开发区为推进创新驱动发展战略、助力长沙创建国家创新创意中心所推出的湖南首个创新设计集聚项目，是湖南首个大型研发设计服务产业聚集区。在这里，学生将立足原理谈创新，着重学习各种创新和设计的方法，感受创新和设计给生活带来的改变，增强创新意识，去探秘工业设计激活智造的"创新基因"，认识到工业设计是从科学走向产品期间不容错过的一环。 某饮料公司，是一家世界500强公司。在前两站的研学中，学生掌握了部分科学原理和创新设计方法。在这里，学生通过走进世界500强企业，观摩现代化生产车间，参观企业文化长廊和产品博物馆，更加直观地感受科学原理、创新设计、现代技术在生活中的运用，并切身体会到智造的无穷力量。 利用地域资源优势，在带领学生走进重型机械工业城参观、体验，拓宽学生视野的同时，重在使学生的心灵受到震撼、熏陶和感染，激发学生的民族自豪感和历史使命感，从而树立理想信念，立志奋发图强		

课程目标	价值体认	通过了解"工业"和"智造"的相关知识，感受现代科技的先进性，培养生活幸福感与民族自豪感；通过组建研学小组、参与研学活动，感受团队的力量
	问题解决	在研学导师的引导下，结合学校、家庭生活中常见的"智造"，以小组合作的方式，结合参观场馆、企业，利用文字记录、拍摄图片和视频等方式收集多种形式的资料，并完成对应研学任务单，尝试将科学原理与日常生活中的"智造"进行连接
	创意物化	以小组为单位精心整理研学所得，并将其制作成形式多样的汇报材料
	乐善生活	激发内心学习科学知识、进行科学探究的兴趣和参与本次主题研学活动的热情，培养合作意识和科学探究精神
课程重难点		通过参观考察、合作探究等活动方式，结合学校、家庭生活中常见的"智造"，了解目前"智造"行业与生活的紧密联系，完成研学任务单和研学汇报材料的制作，对研学所得进行汇报展示并学以致用
课程准备		(一)教师准备：研学任务单、"防蚊""磁悬浮列车""未来的生活"视频片段、多媒体电脑、平板电脑、评价印章及研学护照 (二)学生准备：收集"工业智造"的相关信息

● 教学设计

课程环节	课程内容及设计意图	学生活动
行前准备课		
环节一：主题初探	研学导师围绕研学主题"学工业智造"进行介绍，引导学生辨析其内涵，并思考：什么是工业？要求学生以组为单位进行讨论，其目的是让学生在了解学情的基础上简介工业的概念及分类。同时引导学生辨析"智造"与"制造"，明确"工业智造"的内涵	学生思考研学导师所提出的问题，积极与老师、同学相互交流。初步了解工业的概念
环节二：深入探究	研学导师首先播放"防蚊"小视频，引导学生联系实际感受科技产品对人们生活的改善；接下来播放"磁悬浮"小视频，引导学生在感受磁悬浮列车高速便捷的基础上，探秘其内在的科学原理，向下一环节过渡。其目的是引导学生关注生活中的科技产品，了解其背后的科学原理，探究运用科学原理进行科技创新的方法，明确本次主题研学活动的重点内容，帮助学生初步形成进行创新设计的基本方法与思路	学生观看视频了解视频故事背后的科学原理，探究运用科学原理进行科技创新的方法，明确本次主题研学活动的重点内容

续表

课程环节	课程内容及设计意图	学生活动
环节三： 明确任务	教师向学生介绍研学主题、线路行程及研学点的基本情况。教师向学生讲解本课题的任务要求和活动规则、活动评价方式。其目的是让学生熟悉研学点，明确活动规则，带着任务和目的参与此次活动	学生了解科技研学的线路行程、各研学点的基本情况，并明确研学任务与评价标准
环节四： 活动策划	学生以小组为单位进行讨论，制订活动计划，并派代表向大家汇报：本组选择的探究内容、可能找到的证据、现场讲解与记录的方法、组内人员分工职责、可能遇到的困难及对策。师生共同对汇报小组的活动计划提出意见和建议，之后各小组对活动计划进行修改完善。其目的是让学生有计划、有准备地参与此次活动，同时学会团结协作	学生以小组为单位进行讨论，制订活动计划，并派代表向大家汇报：本组选择的探究内容、可能找到的证据、现场讲解与记录的方法、组内人员分工职责、可能遇到的困难及对策。师生共同对汇报小组的活动计划提出意见和建议，之后各小组对活动计划进行修改完善
环节五： 总结课程	研学导师对本节课的活动内容做出小结，布置学生课后可通过平板电脑继续查阅有关工业相关资料，为后续活动做好充分准备，对活动保持持续的兴趣	学生总结梳理本节课的重要内容，收集与课程主题相关的资料，为后续外出研学做好准备
现场教学课(一)		
活动一： 概览参观	湖南省科学技术馆一共分三层，第一层有"制造天地""材料空间""信息港湾"三个主题，第二层有"能源世界""数理启迪""地球家园"和"太空探索"四个主题，第三层主要是"生命体验"主题。行为导师在参观前提出参观规则，研学导师带领学生集中聆听专业导师讲解，分层参观场馆。其目的是让学生了解场馆概况、进行整体感知	学生明确参观规则，跟随专业导师参观科学技术馆，在场馆布局图上对自己特别感兴趣的区域做上标记，为下一步重点探究做好准备
活动二： 探秘原理	研学导师组织学生以组为单位自由参观场馆，围绕《"学科学原理"实践活动任务单》进行集中探究，并对重点标记的区域进行参观、体验，填写研学任务单。如：抽取到基础题第四题的小组，可以通过科技馆二楼体验"钉床体验"项目探秘压强与受力面之间的关系，从而联想到宽书包带比窄书包带背起来更舒服的科学原理	学生以小组为单位在科技馆各场馆进行参观，集中聆听专业导师讲解，做好学习记录，并完成《"学科学原理"实践活动任务单》

续表

课程环节	课程内容及设计意图	学生活动
活动三：总结活动	行为导师召集学生集合，研学导师检查学生研学任务的完成情况，并对本节现场教学课进行简单小结。其目的是让学生对该研学站点的表现及时进行总结，思考后续研学活动中的改进方向，保持研学的热情	学生配合研学导师完成研学任务的检查与讨论，思考本站点研学的不足之处和后期改进的方向
现场教学课(二)		
活动一：活动准备	研学导师结合车载视频向学生简要介绍中国(长沙)创新设计产业园的基本情况及相关研学课程，再次明确该研学点的任务，引导学生有目的地进行参观、体验	学生再次熟悉活动任务，明确参观规则
活动二：参观场馆	研学导师组织学生分班依次参观创新设计博物馆，专业导师针对工业革命1.0~4.0的时代特征进行讲解，在场馆中展示各种"脑洞大开"的创新产品，如符合人体工程学，能科学护腰的"鱼骨椅"，以及利用涡轮增压技术设计的无叶风扇，还有"比亚迪"品牌的纯电动环保节能汽车等	学生认真听取讲解，收集资料完成《"研创新技术"实践活动任务单》。每组负责收集信息的同学拍摄照片或视频，为研学活动汇报做准备
活动三：创意大课堂	专业导师与学生面对面交流，组织进行创意大课堂的头脑风暴和答小记者问的互动交流，讲述创新设计与工业智造的关系以及国产设计崛起所带动的中国国际代工模式的变迁与产业升级，并带领学生系统梳理创新设计的方法	学生与专业导师交流谈论，了解工业发展的知识，学习创新设计的方法，继续完成《"研创新技术"实践活动任务单》
活动四：创意制作	研学导师组织学生分组体验制作"简易磁悬浮列车""电动牙刷""万向汽车"后，需引导学生运用之前学习的设计思路，基于手中作品所蕴含的科学原理进行作品的二次创作。不仅仅是让学生体验动手的快乐，更是打开创新的思路	学生以组为单位进行创意制作
活动五：总结活动	研学导师检查各组任务单完成情况，公布各组得分，并为过关的学生加盖过站印章。学生发表活动感受，师生共同对本节现场教学课进行总结。其目的是让学生对该研学站点的收获有一个全面的认识，并对后续研学保持热情	学生发表活动感受，与研学导师一起对本节现场教学课进行总结

续表

课程环节	课程内容及设计意图	学生活动
现场教学课（三）		
活动一： 任务导入	研学导师简要介绍企业的基本情况及相关研学课程，再次明确该研学点的任务，引导学生有目的地进行参观、体验。其目的是让学生明确活动任务与规则，同时对该站点的研学内容产生兴趣	学生熟悉本站点的情况与活动任务，明确参观规则
活动二： 参观可口可乐博物馆	研学导师带领学生参观场馆聆听讲解，专业导师从品牌吉祥物——北极熊开始走近品牌背后的发展史进行讲述，并对品牌拓展、瓶身创意、与时俱进的"无糖配方"，以及中粮可口可乐"我，我们，世界"为主题可持续发展理念等进行详细讲解，让学生在参观中感受世界500强企业的多元魅力	学生参观场馆，聆听讲解，详细了解该品牌的发展情况，结合中国民族企业的发展现状，明确科技强国、创新兴企的思想。每组负责收集信息的同学拍摄照片或视频，为研学活动汇报做准备
活动三： 参观现代化智能生产车间	研学导师带领学生认真观察产品的生产流程，探秘生产过程中的高科技。引导学生思考：饮料公司多方面、多角度的创新设计中，给你感受最深的是什么？为什么？	在水处理车间，学生通过参观去了解"反渗透"技术在原料处理中的妙用；在罐装车间，学生在全自动化的生产线上，看到吹瓶机、灌装机和打码机是如何无缝配合，感受每小时近 48000 瓶的罐装速度
活动四： 总结活动	研学导师对学生在整个活动中的表现做出简要总结和点评。其目的是让学生对该研学站点的收获有一个全面的认识	学生发表活动感受，与研学导师一起对本节现场教学课进行总结
现场教学课（四）		
活动一： 活动准备	研学导师介绍重工研学点"6S"管理模式：整理（SEIRI）、整顿（SEITON）、清扫（SEISO）、清洁（SEIKETSU）、素养（SHITSUKE）、安全（SAFETY），并结合学生在研学点的具体活动阐述其具体要求，引导学生"入乡随俗"，加强自我管理，争当言行得体的文明参观者	学生通过"6S"管理模式熟悉活动任务与参观要求

续表

课程环节	课程内容及设计意图	学生活动
活动二：参观展览馆	专业导师带领师生参观展览馆，对研学点的企业文化、主导产品、行业影响力等基本情况进行讲解，组织学生观看各种类型泵车及起重机等大型工程机械的同时，了解相关科学知识	学生聆听专业导师的讲解，完成《"'三一'知识知多少"实践活动任务单》。每组负责收集信息的同学拍摄照片或视频，为研学活动汇报做准备
活动三：体验三一速度	专业导师播放"挖机跳舞"视频，并讲解拼模活动流程及相关要求。研学导师组织学生动手体验工程机械手工拼模，比一比谁的速度快	学生集体观看视频，认真听讲拼模活动流程及相关要求，动手体验工程机械手工拼模
活动四：活动小结	研学导师组织学生回顾全天的研学活动，要求学生记录研学过程中感受最深的一件或几件事，表达自身的感受或感悟，引导学生以组为单位整理研学过程中获得的信息，制作汇报材料	学生对该站点的活动进行总结，并整理研学资料，制作汇报材料，为第二天的汇报活动做准备
汇报交流课		
环节一：任务导入	组织学生观看研学活动电子相册，并从"科学原理—创新技术—智造力量"三个层面对前一天的研学活动进行简要总结，引导学生理清逻辑顺序。引出本节课任务——制作本课题研学实践汇报展示材料。形式是五到八分钟微视频。其目的是让学生联系前期研学经历，为本节课的汇报交流做铺垫	学生在研学导师的引导下对此次研学活动进行全面回顾，并再次熟悉活动的总任务
环节二：自主创作	学生以组为单位自主创作汇报材料，研学导师进行巡堂，在必要的时候给予指导和帮助	学生以小组为单位自主创作汇报材料
环节三：展示交流	各小组进行汇报展示，师生依据评价体系评价各组学生在研学过程中的表现，评选"研学优胜小组"和最佳发言人、最佳提问者、最佳答辩者、最佳点评者。其目的是培养学生创作、展示等能力和团队协作的意识	学生分组上台进行汇报展示，并与研学导师一起结合评价标准对其他小组的作品进行点评
环节四：总结评价	研学导师指导学生交流本次研学过程中的收获、感受，总结经验、反思不足，共同探讨改进办法并总结发言	学生在研学导师的引导下交流研学过程中的体验和感悟，总结经验，反思不足
研学拓展	思考："科技兴国，人人有责"，请结合你的实际情况，说说你可以做些什么？	

课程评价

评价内容	评价标准			评价结果
科学	1.能在研学过程中获取相关科学知识,每答对一道基础题加10分; 2.能由眼前事物引发合理的感悟或联想,拓展题每答对一个方面加5分			基础题_____ 拓展题_____
创意	设计还只是雏形,思考欠成熟(5分)	设计有创意,有一定的实用价值(10分)	设计有创意、有实用价值,并能合理地进行介绍(15分)	_____分
合作	部分成员在安全、纪律、卫生等方面存在违纪行为(5分)	团队意识强,成员自觉遵守安全、纪律、卫生等各方面要求(10分)	团队凝聚力强,氛围融洽,能团结协作,圆满完成各项任务(15分)	_____分

亮点分析

"智造改变生活"主题课程以"智造"为核心,将科技、工业、生活以学生看得见、摸得着的形式进行连接,在实践活动中激发学生科学探究的兴趣和热爱科学的情感,培养他们的实践能力、创新精神、民族自豪感和历史使命感。

一是基于学科知识设计。通过知识之间的联系以项目式学习任务形式呈现,培养学生学科理解和综合运用能力;将学科知识以项目式学习任务形式呈现,通过学生对学习内容的理解、探究和创新来提升学生的科学素养。如在科技馆内,同学通过体验"钉床体验"项目,了解物理知识——压强与受力面之间的关系,探究宽书包带比窄书包带更舒适的科学原理。

二是基于解决问题设计。通过解决问题的方式学习,使学生对知识产生兴趣,引导学生不断地进行思考、研究、探究。如在创新设计产业园,学生体验制作"简易磁悬浮列车""电动牙刷""万向汽车",让学生在制作过程中学会思考问题的方法,并进行二次创作,从而获得创新精神和实践能力。以问题为导向、以实践为手段、以思维为核心、以项目为载体进行探究性学习,不仅能提升学生综合素质、促进全面发展,而且对培养学生解决问题的能力也有着重要意义。

三是基于核心素养设计。以"学"为本、以"研"为辅,以"核心素养培养"为目标,本课程不仅注重知识和技能的学习,更注重学生综合素质的培养和提高。学生在活动过程中深度参与实地考察、参观访问、探究体验、讲座讨论、汇报交流等丰富多彩的活动,不仅能拓宽学生视野,还能够发挥各自特长,培养其团队合作意识和科学探究精神。

第五节　时代社会变迁类研学实践课程的设计

时代社会变迁类研学实践课程旨在通过研学活动，让学生在宏观和微观上感受社会现象的变化和时代变迁，增强社会角色体验，培养学生的社会责任感，造就新时代力量。本类课程依托工业基地、农业基地、国防基地、科研院所等资源，选择适宜的场地来设计符合年龄特点的实践活动，体会并参与改革开放、现代化建设、生态工农业等课程内容，学会用发展的眼光看问题，感受国家兴盛、时代繁荣。

一、课程内容

时代社会变迁泛指任何社会现象的变迁，具有必然性、曲折性和前进性，包括社会整体结构、局部变化、社会关系等等，是社会的发展、进步、停滞、倒退等一切现象和过程的总和。新中国建立七十多年以来，祖国大地发生了翻天覆地的变化，整个湖湘地域也随着时代与社会的变迁日新月异。例如，湖南是"精准扶贫"首倡地和示范省，走进依托乡村振兴战略所发展的湘西十八洞村、益阳清溪村、岳阳金兴村等可以感受到社会主义政策的优越性；根植这片红色文化沃土，粟裕同志纪念馆、战神国防教育中心、长沙基地国防教育馆等无不在向世人展现中国国防力量的发展与强大。通过感受时代与社会变迁的历程，引导学生站在历史的角度，把握好当下生活，担负起责任与使命，创造更美好的未来。

(一) 国情教育类

早在民主革命时期，毛泽东就指出，认清中国国情，乃是认清一切革命问题的根据。引导学生关注国情教育类题材，能使学生了解中国政治、经济、自然、生态等方面的基本国情和中国特色社会主义建设成就，包括能体现基本国情和改革开放成就的美丽乡村、传统村落、特色小镇、大型知名企业、大型公共设施、重大工程等单位，能引导学生了解中国现当代发展的历史，形成正确的历史观，认识并解决现实问题，提高学生的自主探究能力。长沙基地研学实践课程"看山乡巨变"带领学生前往湘西，感受乡村振兴战略下的乡村变化与发展，发现乡村的美丽，感受村民的勤劳与智慧。在此过程中，引导学生对相关问题与课题进行自主探究，深入了解实际情况，辩证分析湘西当地发展的优势与制约因素，对当地村庄村民的思想观念、生产生活及村容村貌变化等方面进行实地访谈调研，逐步建立家乡认同感，更好地与家乡、祖国建立情感联系，同时促使学生产生自我学习的动力。

(二) 国防科工类

国防科技工业作为国家战略性产业，是国家安全和国防建设的脊梁，对于坚定学生的理想信念、培育学生的文化自信具有重要教育作用。国防科工类需依托国家安全教育基地、国防教育基地、海洋意识教育基地、科技馆、高等院校、科研院所、工程中心、实验室等机构，引导学生了解国防、科学、工业等领域的内容、设施和重大建设成果，从而增强学生的国防观念和爱国情怀，培养科学态度与科学精神，培育崇高的理想信念，传承中华民族自强不息、百折不挠的优秀品格。长沙基地研学实践课程"国防重器，科创湖湘"中，组织学生前往国防教育资源相对集中的怀化市，了解中华民族一百多年来争取民族独立的斗争史和社会主义现代化建设的伟大实践，学习军事理论基础知识和技能，深刻认识国防的重要性，感受 1949 年以来我国国防军事领域取得的巨大进步，从而让学生认识到只有国防力量、军事队伍、公民国防意识增强，才能保卫祖国，拥有世界话语权，进而激发并培养新时代少年的爱国之情。

二、设计要点

唯物辩证法认为无论是自然界、人类社会还是人的思维都是在不断地运动、变化和发展的，事物的发展具有普遍性和客观性，发展的事物是前进与上升的。时代社会变迁类研学实践课程贯穿了时间，延展了空间，它的课程涵盖面可小可大，小到与我们身边的生活息息相关，大到能联系到我们的国家与国际社会。在活动的开展上，需要注重真实的场景与氛围，引导学生通过自身的知识体系与能力探究变迁过程，注重学生的实地感受和情境感知，帮助学生提高对身边事物、社会生活、国家的深入理解和情感认同；在课程设计上，遵循回顾过去、把握当下、展望未来的逻辑线，注重让学生了解当代中国社会并学会用发展的眼光看待问题。

(一) 深度洞察，面向生活

教育从根本上起源于人类社会的生产生活，对生活世界的探索，实质上是对现实生活本质的深度洞察和理性阐释。每个人对事物都能形成他自己的独特洞察力，课程应着眼于生活实际的观察视角，把学生的理论知识学习和熟悉的生活层面相结合，从不同角度进行深度洞察，加强教育的生活性，在生活中感知教育。在"看山乡巨变"研学实践课程中，学生在十八洞村实地走访农户，聆听农户的脱贫故事，并自己动手体验苗绣，思考非遗文化苗绣对乡村振兴的推动作用，从当地生活感受十八洞村的变化，为撰写调研报告作铺垫，让学生从生活中发掘、思考、探究，最终将调研成果付诸真实生活。

（二）关注自我，面向社会

责任感作为一种道德情感，是一个人对国家、集体以及他人所承担的道德责任。社会不能脱离个人，而纯粹独立的个人也不能成为社会，能否树立强烈的社会责任感，不仅关系个体理想信念的实践，更与国家前途和民族命运息息相关。学生需要关注自我、进行自我创造，通过课程实践启发对自我、国家、社会的认识，与各个主体建立更深刻的联系，增强自身的社会责任感。例如在"看山乡巨变"课程，通过乡村调研，了解当地的发展、村民的生产生活，思考"我能为乡村提出什么建议""我能为社会发展作出什么贡献"等问题，加强自我与社会的联系，培养学生的社会责任感，树立个人理想信念。

（三）立足发展，面向世界

当今世界和中国都在发生着前所未有的变化，面对各种风险和挑战，青少年是祖国的希望，民族的未来，新时代少年应努力担当民族复兴重任。在课程开展中，学生实践体验，开放创新，应具备世界眼光与国际视野，立足中国发展，面向世界与未来。因此，在"国防重器，科创湖湘"研学实践课程中，长沙基地坚持当代性、开放性、国际性的课程价值导向，注重践行立足本土、面向世界的原则，设置树立理想信念、学习军事理论、提高军事素质、巩固国防知识的主线，重在培养国防意识，树立国防观念，让学生形成开放发展的眼光，在新时代做一个热爱家乡、兼具国家认同和文化自信的少年。

三、活动方式

研学实践课程场地不同，内容各有侧重，会影响课程活动方式的选择。时代社会变迁类课程旨在向学生展示变迁的过程，活动方式主要在于突出学生的主体地位，倡导自主、合作、探究的研学方式，培养学生的社会责任感和勇敢创新的品格。因此，在此类课程中，主要组织学生通过课题调研、互动体验、设计展示的活动方式展现与开展课程内容。

（一）实地调研

为了深入了解现状，进行实地调研是一种常见、普遍的研究方法与活动方式，由调研人员亲自搜集第一手资料，根据拟好的调研方案进行实地调研，收集问题和信息提供参考依据，并制定解决方案形成调研报告。例如在"看山乡巨变"研学实践课程中，长沙基地组织学生前往湘西州十八洞村、芙蓉镇等地。在研学实践过程中，学生在研学导师的引领下围绕课程主题，在涉及的场地进行有计划的观察和记录，参观考察当地独特的自然与历史人文景观，探究当地资源特色，以小组为单位，通过走访、问卷、观察等形式来思考乡村振兴的方向，系统收集资料，完成调研报告。

(二) 互动体验

为了贯彻教育部关于《中小学德育工作指南》的要求，实现活动育人的目的，能够让学生知行合一，研学实践课程应注重课程与学生的互动性。课程应注重与人、与物的互动，例如对村民进行走访调查、感受体验国防重器。课程应抛弃传统的课堂教学模式，让学生亲身体验，把握理论与实践应结合的原则，强化实践导向和体验教育。在"国防重器，科创湖湘"研学实践课程中，在怀化战神国防教育中心，研学导师组织学生开展沉浸式情景模拟体验"湘西会战"，学生根据角色进行扮演，亲身体验一系列国防军事设备，在实践活动中体验与国防的互动，深化学生对国防军事的认知。

(三) 设计展示

设计展示的活动方式注重激发研学实践教育课程中创意物化的意识形成和实践应用，帮助学生发挥学习主动性，提高深度思考和创新思维的能力，锻炼操作技能，同时对实践成果进行汇报展示，对活动成果进行交流改进，全面深化综合实践活动核心素养的培养。在"国防重器，科创湖湘"研学实践课程中，学生在长沙基地国防教育馆，在场馆参观和实战场景模拟体验结束之后，针对国防军事这一课题，小组合作制作活动计划书，同时准备汇报材料、创新汇报形式来展示成果。

时代社会变迁类研学实践课程设计案例(一)

课程主题	看山乡巨变		课程项目	悟乡村振兴
适用年级	高中学生		课程时长	三天
课程说明	习近平总书记在党的十九大中指出:"民族要复兴,乡村必振兴。"乡村振兴战略是打造中国经济的"压舱石",而湖南是"精准扶贫"首倡地和示范省,这里有"山乡巨变第一村"益阳清溪村,有闯出一条"外向型"农业发展之路的"菜篮子"基地桂东新坑村,还有推进全程机械化、智能化"智慧农业"的岳阳金兴村,更有美丽乡村变成"文旅产品"的湘西芙蓉镇……丰富的地域资源为学生"悟乡村振兴"研学主题实践活动的开展提供了有力保障。本课程带领学生走进湘西,通过村庄发展变迁对比研究,发现乡村之美、乡土智慧、非遗特色,建立家乡认同感,树立文化自信			
研学路线	长沙基地—湘西十八洞村—芙蓉镇—矮寨大桥—长沙基地			
课程资源	湖南湘西的十八洞村,曾经因耕地稀少、交通闭塞等因素,长期处于贫困状态。2013年,村民的人均可支配收入仅1668元。而现在的十八洞村成为人类减贫史上的"脱贫样板",实现了从一个贫穷落后山村到小康示范村的华丽蝶变。在这里,学生可以切身感受苗族文化,探索苗族传统古村落发生的翻天覆地的变化。 湖南湘西的芙蓉镇是中国唯一一瀑布穿镇而过、沿瀑布而建的吊脚楼群古镇,被誉为"挂在瀑布上的千年古镇"。随着电影《芙蓉镇》的播出,当地旅游业逐步兴起,2007年,原名王村的芙蓉镇正式更名,依托当地山水秀美的自然环境与浓厚的土家风情,打造特色文旅产业,全面辐射带动芙蓉镇产业兴旺、乡村振兴。在这里,学生用身心领悟这座古镇的魅力,探索文旅小镇发展的特色,助力乡村振兴。 矮寨大桥位于湖南省湘西州吉首市矮寨镇境内,工程为双层公路、观光通道两用桥梁,四车道高速公路特大桥。它极大地改善了湘渝两省市的交通现状,对两省市乃至中西部的对接具有极其重要的意义。矮寨大桥2012年3月通车运营,湘西从此进入了湖南四小时经济圈,长沙至重庆进入了八小时经济圈,矮寨奇观旅游区实现2020年旅游总收入4626万元,当地村民驶入乡村振兴"快车道"。在这里,学生能深刻感受到交通建设对于推进乡村振兴有着至关重要的作用和意义			
课程目标	价值体认	通过走访了解各个乡镇,感受新农村新面貌,培养生活幸福感与民族自豪感,强化对中国共产党的认识和感悟,培养中国特色社会主义共同理想和爱国之情;通过开展研学实践活动,感受团队的力量		
	问题解决	组建研学小组、参与活动策划、完成相关任务,体悟个人成长及职业选择与社会进步、国家发展和人类命运共同体的关系,增强根据自身兴趣特长进行生涯规划和职业选择的能力		
	创意物化	以小组为单位完成调研报告的撰写		
	乐善生活	学生对研学中所获得的知识与信息进行整理加工,形成自己对乡村振兴的思考和见解,培养热爱家乡、兼具国家认同和文化自信的时代新人		
课程重难点	在进行深入考察探究、收集丰富的第一手素材的基础上,小组合作撰写调研报告并进行分享剖析,深度思考乡村振兴的发展方向			
课程准备	(一)研学导师准备:《记住乡愁》纪录片视频资料、《十八洞村》影片资料、研学任务单、平板电脑、多媒体电脑、评价印章及研学护照 (二)学生准备:"乡村振兴"相关资料收集、知识储备			

教学设计

课程环节	课程内容及设计意图	学生活动
行前准备课		
环节一：聚焦"乡村振兴"	《记住乡愁》视频采用"一村一品、一村一策"的特色讲述，描绘出中国当代乡村的一幅幅大美画卷，是千万个中国乡村发展的缩影，用"小叙事"构建"大历史"，用个体命运的改变，反映新时代乡村的伟大变迁。研学导师组织学生带着两个问题观看视频，引导学生聚焦乡村振兴，直观感受乡村日新月异的变化，激发学生探究欲望的同时，引发学生对乡村振兴的深度思考	学生观看视频资料，思考"视频中展现的乡村有哪些变化？哪些举措改变了乡村"，并大胆表达自己的观点
环节二：明确研学任务	湘西地区是"精准扶贫"首倡地，近来，湘西土家族苗族自治州的无数村落从贫困到全面小康，其中最具有示范作用的十八洞村芙蓉镇、矮寨更是脱贫致富的先锋乡镇，靠着相关政策的扶持，靠着得天独厚的地貌风情，靠着四通八达的交通网络，靠着当地农民智慧与勤劳，开辟出一条属于自己的致富之路。研学导师引导学生结合课前了解到的各地州市在乡村振兴方面的实际情况，聚焦湘西地区，明确本次研学的任务要求，并熟悉活动内容	学生分组整理、汇报课前通过网络查找到的"乡村振兴"的相关资料，全班集中交流。在此基础上，明确研学任务，了解活动内容
环节三：活动策划	研学导师组织学生进行活动策划，引导学生有计划、有目的、有准备地参与此次活动，并强调团队合作的重要性	学生以小组为单位策划本次研学活动，明确人员分工，并在分享交流的基础上完善优化活动设计
环节四：总结课程提要求	研学导师对活动内容做出小结，加深学生的印象，且对即将开始研学活动的学生给予鼓励，提出研学出行的要求	学生为外出研学活动做好相应的准备
现场教学课（一）		
活动一：视频导入明任务	研学导师组织学生在十八洞村的会议厅观看《十八洞村》纪录片，了解十八洞村的前世今生，激发学生对十八洞村实地考察的欲望	学生观看纪录片，了解十八洞村的振兴故事
活动二：参观"精准脱贫之路"展厅	专业导师组织学生参观"'精准扶贫'首倡地——十八洞村精准脱贫之路"展厅，整体感知十八洞村实现振兴的历程，完成相关任务单。该展厅占地二百余平方米，围绕"精准扶贫"的主题，以近年来村民思想观念、生产生活及村容村貌变化为内容，分"总书记来到我们十八洞村""脱贫致富是干出来的"等四个篇章，以新老照片对比、地图标示、表格展示、视频滚动播放及驻村扶贫工作队与村民代表现场现身说法等形式，展示了近年来十八洞村精准扶贫取得的丰硕成果	学生以小组为单位，边聆听专业导师的讲解边参观展厅，完成相关任务单

课程环节	课程内容及设计意图	学生活动
活动三：寻访农户，聆听脱贫故事	十八洞村完成了从藏于深山的深度贫困苗乡到小康示范村的巨变，十八洞村的蝶变故事就是中国脱贫攻坚故事的缩影，如《黄桃金灿灿》《对联的故事》《头上剃字的人》《老支书的苗绣工厂》等故事都是寨中人的真实写照。学生走进故事主人公家中，细心聆听着他们脱贫的心路历程，感受着广袤的大地与奋进的人民，感受在一个一个人物身上，一个一个平凡而伟大的战斗者、劳动者身上那推动历史发展的伟力	学生实地走访当地村民，聆听村民的脱贫故事，感受时代的变迁、人们的奋斗精神
活动四："针功夫"助推乡村游	苗绣是苗族文化特有的艺术表现形式，具有悠久的历史底蕴和深厚的情感内涵。专业导师组织学生体验苗绣并展示分享自己的苗绣作品	学生在专业导师的带领下拿起针线，一针一线穿梭在绣布上，感受这古老技艺的魅力
活动五：总结活动	研学导师检查研学任务单的完成情况，加盖研学点过站印章，选出最优小组，并对下一堂课做出相关的要求	学生及时梳理该站点的研学收获，反思不足，争取在下一个站点的活动中予以改进
现场教学课（二）		
活动一：任务导入	研学导师引导学生了解该站点的活动内容，明确研学任务——整体参观芙蓉镇，充分了解芙蓉镇特色，并以小组合作的形式为芙蓉镇拍摄时长为一分钟的文旅宣传视频	学生了解研学活动内容，明确该站点的任务
活动二：游览芙蓉镇	专业导师带领学生漫步在芙蓉镇古街小巷，感受这里的风土人情，收集素材	学生以小组为单位参观芙蓉镇，拍摄收集文旅片所需要的素材
活动三：拍摄宣传片	文化旅游宣传片既可以用于宣传旅游景区，还可以作为城市文化品位的动态名片。学生根据宣传片拍摄的要求，融入自己的想法，以小组的方式拍摄并编辑宣传片	学生以小组为单位拍摄并制作好芙蓉镇的文旅宣传片
活动四：总结活动	研学导师组织学生在空旷的场地集合，分享各组拍摄的宣传片视频，并进行生生之间投票评分，评选优胜小组，加盖印章	学生派本组代表用平板电脑播放制作的文旅宣传片，并分享制作的思路
现场教学课（三）		
活动一：任务导入	研学导师引导学生了解该站点的活动内容，明确研学任务——重点参观矮寨大桥，了解大桥所处的地理位置，绘制交通枢纽图，并用其他材料制作出大桥模型	学生了解研学活动内容，明确该研学点的任务

课程环节	课程内容及设计意图	学生活动
活动二： 走近矮寨 大桥	1.专业导师带领学生在矮寨大桥上打卡留影，感受大桥的独特风光和精巧设计，聆听桥梁落成后，发达的交通给村民带来便利、带来致富希望的故事。 （如果研学过程中有机会遇上当地村民，可以通过交谈了解大桥的修建给当地居民生活带来的影响。）	学生在专业导师的带领下近距离参观矮寨大桥，聆听矮寨大桥的相关知识及故事
活动三： 绘制交通 枢纽图	研学导师引导学生查阅地图，合作绘制、大胆分享矮寨大桥的简易交通枢纽图，让学生感受发达的交通对振兴乡村的重要性	学生以小组为单位商讨、绘制简易交通枢纽图，并进行展示分享
活动四： 模型制作	研学导师组织学生借助纸板和泡沫板等制作材料，完成大桥模型的制作。通过在"桥面"上叠放砝码的形式，测算出各组模型最大受力值，受力值最高的小组评选为优胜小组。引导学生运用物理学科知识模拟建桥，激发学生进行科学探究的兴趣，体悟桥梁工程师的独具匠心	学生以小组为单位，合作完成制作模型，并进行受力测试
活动五： 点评总结	1.研学导师组织学生在空旷的场地集合，集中展示桥梁模型，并要求学生用学到的桥梁知识进行解说。 2.研学导师检查各小组任务单的完成情况，综合制作交通枢纽图、桥梁模型等多方面的情况，对学生在该研学点的整体表现进行总结评价并盖章	每组学生派代表展示本组制作的模型，并运用相关知识进行解说
汇报交流课		
环节一： 回顾导入， 明确任务	研学导师播放有关学生研学过程的视频或者照片合集，引导学生回顾整个研学过程；明确汇报任务，强调汇报要求。 研学活动总任务：学生以小组为单位，将这次研学实地考察获取的资料进行整理，撰写调研报告，上台进行汇报分享	学生观看研学视频，回顾研学中的点滴；明确汇报任务及相关要求
环节二： 方法引路， 撰写调研 报告	研学导师用调研报告的范文引路，引导学生学习、了解撰写调研报告的相关要求，并着手撰写调研报告，做好汇报准备	学生在研学导师的引导下，通过解析范文了解调研报告的基本要素和书写格式等要求；小组合作整理研学资料，撰写调研报告

课程环节	课程内容及设计意图	学生活动
环节三：汇报交流	研学导师引导学生明确汇报活动的评价标准，组织学生以组为单位进行研学成果的汇报展示，并进行师生、生生间的点评	各组在明确汇报评价标准的基础上派代表上台分享展示调研报告；并认真聆听，积极点评其他组的汇报
环节四：总结评价	研学导师引导学生进行总结反思，从"观察、理解、想象、表达、沟通、守规、负责、反思"八个方面对学生在研学活动中的表现进行总结和评价	学生总结自己在本次研学实践活动中的表现与收获，积累经验，反思不足
研学拓展	继续优化调研报告，并把此次研学实践活动的调研报告寄到相应地区的政府部门，为乡村振兴献计献策	

● 课程评价

评价指标		评价等级			评价结构	
		合格	良好	优秀	自我评价	组员评价
素养评价	协调沟通能力	愿意主动和他人沟通，并能配合团队成员工作	能主动且有效地与他人沟通，积极与团队成员合作	积极与他人分享自己的成果，能不断吸收他人的经验		
	信息素养	能通过观察、查阅、上网等手段获取想要的资料并处理简单信息	能通过观察、查阅、上网等手段获取想要的资料并处理复杂信息	能熟练通过观察、搜索等手段获取想要的资料并处理复杂信息，辅助完成调研报告并进行汇报		
	研究能力	能发现一些问题，尝试进行解决	能发现遇到的问题，并进行较为合理的解决	能发现关键问题，并运用科学方法解决		
	创新能力	在活动中尊重集体的看法并提出自己的意见	在活动中能提出一定的创造性想法	在活动中能提出有价值的创造性想法，并在汇报中展现		
	汇报展示作品评价	能发现问题，并对问题进行简要评析	能多角度、多维度地提出问题，并进行系统分析、研究和评价	能提出有研究价值的问题，将知识和技能用于评析和解决问题中，并具有现实的指导意义		

亮点分析

　　研学实践课程"看山乡巨变"带领学生深入湘西地区有名的脱贫乡村进行实地的考察与探究，让学生在行走中感受家乡美的同时，在宏观和微观上感受社会现象的变化和时代变迁，增强社会角色体验，培养学生的社会责任感，造就新时代力量。

　　(1)研学站点选取有特色。湖南是"精准扶贫"首倡地和示范省，而湘西地区又是脱贫致富的先锋区域，其中包括人类减贫史上有"脱贫样板"之称的十八洞村，以湘西民俗特色打造出的文化旅游小镇芙蓉镇，更是有一座云中天桥——让周边数十个苗寨从贫穷走向了富裕的矮寨大桥。通过对这些站点的考察，真切感受山乡的巨大变化，以及由此给当地经济、老百姓的生活带来的巨大改善。

　　(2)形式多元，启发性强。通过亲眼看、亲手做、亲耳听、亲口问的活动方式让学生不仅能身临其境地了解乡村振兴的典型代表的发展，探索乡村风土人情、研究乡村蜕变历史、记录乡村振兴发展，以及了解当代青年精英为乡村发展作出的创造性贡献，在达到"育人"的高度的同时，通过研学活动任务单启迪学生去挖掘乡村的经济价值、文化价值、政治价值、社会价值和生态价值，从而提升对乡村振兴的理解。

　　(3)联系实际，学以致用。在经过深入的研学实践活动主题调研后，研学导师鼓励学生们用笔墨将他们的思考记录下来，并根据研学中收集的信息和乡村当地的优势与特色撰写调研报告，为乡村振兴献计献策，培养了主人翁意识。

📖 时代社会变迁类研学实践课程设计案例(二)

课程主题	国防重器,科创湖湘	课程项目	强国防力量
适用年级	高中学生	课程时长	三天
课程说明	时代社会变迁类研学实践课程体现了一个国家和民族的时代精神内涵,中华民族历经风雨和变迁,在坎坷的发展道路上付出了高昂的代价,也取得了举世瞩目的成就。国无防不立,民无防不安,国防关系到国家和民族的生死存亡,它能保证我们国家的基本利益不受侵犯。每一个人作为国家利益的捍卫者,应巩固国防知识,强健自身体魄,本课程以国防军事为主要线索,探究国防军事建设的重要性,增强国防观念,培养新时代少年的爱国主义精神		
课程路线	长沙基地—中国人民抗日战争胜利受降纪念馆—粟裕同志纪念馆—战神国防教育实践中心—长沙基地国防教育馆		
课程资源	中国人民抗日战争胜利受降纪念馆,是中国人民接受侵华日军投降、举行受降仪式旧址。作为全国唯一一家系统展示中国人民抗日战争胜利受降这一重大历史事件的纪念性专题博物馆,建馆以来便自觉肩负起宣传抗战胜利受降的光辉历史、弘扬伟大的抗战精神、传承英雄的抗战文化的光荣使命。学生能重点了解芷江受降这一重大历史事件的背景、经过和影响,从中受到启发,激励他们树立理想信念。 湖南省会同县粟裕同志纪念馆是全国第一家全面展示粟裕生平业绩的专题性纪念馆。《共和国第一大将粟裕生平业绩陈列》以照片、资料、图表、字画、文献、视频、场景复原等形式,分六个部分生动地再现了粟裕同志光辉战斗的一生。学生在全方位游览纪念馆的同时能领略粟裕同志高超的指挥战略、崇高的军事指挥艺术和高尚的人格魅力,激励同学们为建设社会主义强国而奋斗。 怀化市战神国防教育实践中心位于中方县中方镇柑子园村,是经怀化市全民国防教育委员会批准筹建的国防教育实践基地,同时也是集红色研学旅游、学生军训、全民国防教育、党建活动、人防训练于一体的综合性实践体验营地。基地配置军事体验装备,设置特色军事体验课程,旨在为全社会营造关心国防、热爱国防、建设国防、保卫国防的良好氛围,打造成社会力量参与全民国防教育的示范性优质平台。学生通过模拟情景体验,同时进行帐篷搭建、学习野外急救,感受战士们不怕牺牲、敢于奉献的精神。 长沙基地国防教育馆建筑面积188平方米,场馆主要分为"序厅""安全形势""国防历史""强军兴军""技能体验"五个板块。通过讲述国防常识、战争过程和发展现状,并进行举例分析,以此启发学生的思考,意识到国防安全的重要性,并培养学生对国家大事和国际形势的分析能力,同时通过实物展示、模拟体验等方式,让学生潜移默化地接受国防教育,增强国防观念		
课程目标	价值体认	了解湖湘大地国防发展的相关知识,开阔视野,提升人文素养,坚定文化自信,培养民族自豪感与家国情怀,树立正确的人生观、价值观与世界观	
	问题解决	通过实践探究,学会查找资料,了解在中国国防力量发展历程中湖南的代表人物与典型成绩	
	创意物化	以小组为单位,策划本次研学活动,搜集汇报材料,制定切实可行的小组活动计划书	
	乐善生活	学习、了解国防知识,操练、体验军事技能,养成正确的情感态度价值观,培养居安思危、奋发进取、自强不息的民族精神	
课程重难点	通过实地考察、合作探究、素质训练等活动方式,深入了解国防建设的重要性与意义,完成研学任务单和小组活动计划书的制作汇报		
课程准备	(一)研学导师准备:研学任务单、《芷江受降》视频片段、《湘西会战》视频片段、《共和国第一大将粟裕生平业绩陈列》剪辑视频、多媒体电脑、平板电脑、评价印章及研学护照 (二)学生准备:国防知识相关资料收集、分成六到八人一组		

● **教学设计**

课程环节	课程内容及设计意图	学生活动
行前准备课		
环节一：观看视频引主题	研学导师在课程的开始给学生播放国防教育微视频《什么是国防》，通过视频的形式激发学生对国防的兴趣，引导学生了解国防的概念是什么？为什么要重视国防？视频结束后，研学导师引导学生从自身感受出发谈感想，从而引出研学主题"强国防力量"	学生安静地集中观看视频，视频结束后，与老师、同学一起交流讨论国防的概念与意义
环节二：结合主题谈发现	研学导师引导学生立足湖南省，通过网络搜索等方式列举十四个地州市的红色革命历史，并绘制简单的标记著名历史事件发生地的地图	各组将自己搜索的结果以画廊漫步的方式简单进行汇报
环节三：立足实际做策划	研学导师引导学生从分布集中、特色鲜明、便于实操等方面筛选出最适合开展该主题研学的一个地州市。怀化市的国防教育资源分布相对集中，且特色鲜明。而且，怀化市拥有怀化市中小学素质教育实践基地(华阳营地)，能为学生提供住宿，以此为中心前往各个研学点都比较便利。立足怀化市，以怀化基地为中转站，确定研学线路，并进行站点介绍，讲解本课题的任务要求和活动规则、活动评价方式。其目的是让学生熟悉研学点，明确活动规则，带着任务和目的参与此次活动	学生明确本次研学主题、线路、研学点等相关情况，熟悉活动规则、评价方式等
环节四：活动策划	研学导师组织学生以小组为单位进行活动策划，指导学生分组商议、填写活动计划书，以此让学生有计划、有准备地参与此次活动，同时学会团结协作	学生以小组为单位进行讨论，制订活动计划，并派代表向大家汇报：本组选择的探究内容、可能找到的证据、现场讲解与记录的方法、组内人员分工职责、可能遇到的困难及对策。师生共同对汇报小组的活动计划提出意见和建议，之后各小组对活动计划进行修改完善
环节五：总结课程提希望	研学导师对本节课的活动内容做出小结，加深学生的印象。同时，对即将开始研学活动的学生给予鼓励	学生认真总结梳理本节课的重要内容，为后续外出研学做好准备

课程环节	课程内容及设计意图	学生活动
现场教学课（一）		
活动一：任务导入	研学导师组织学生在空地集合，宣布研学任务及活动过程中的注意事项，以此确保学生有组织、有目的地参加研学活动	学生安静听取任务与注意事项，再次熟悉活动任务，明确要求
活动二：参观受降纪念坊，敬献花篮	研学导师带领学生参观受降纪念坊，由专业导师介绍受降纪念坊的建筑寓意，感受中国近代史上抵御外敌入侵取得完全胜利的成就。行为导师带领学生向受降纪念坊献花，并庄重地三鞠躬，深切感受中华民族抗战的艰辛和取得胜利的欢愉，以及和平的来之不易	学生通过聆听讲解，了解受降纪念坊这一标志性建筑的含义，举行献花仪式
活动三：参观场馆	专业导师带领学生参观中国人民抗日战争胜利受降纪念馆，引导学生继续探究发现芷江受降的历史背景、经过和影响	学生集中聆听专业导师的讲解，做好学习记录，并完成任务单
活动四：总结活动	研学导师检查研学任务单的完成情况，并加盖研学点过站印章，对学生在研学点产生的生成性问题进行现场答疑，同时针对这一堂课进行总结与评价，对下一堂课作出相关的要求	学生配合研学导师完成研学任务的检查与讨论，思考本站点研学的不足之处和后期改进的方向
现场教学课（二）		
活动一：任务导入	研学导师带领学生来到战神国防教育实践中心，发布"湘西会战"情景模拟体验的任务，引导学生亲身体验野外战场，学习各种野外生存技能	学生熟悉活动任务，在体验野外战场的同时思考任务单上的问题
活动二：情景模拟体验	研学导师带领学生来到"湘西会战"情景模拟体验区，由战神国防教育实践中心专业导师组织学生开展沉浸式情景模拟体验"湘西会战"。学生选择角色进行扮演，亲自使用相关军事设备，模拟体验"湘西会战"，深化对红色文化的认知，深刻感受"湘西会战"中，中国军民不怕牺牲、敢于奉献的精神	学生进行角色扮演，亲身体验08步兵战车、99A主战坦克、37毫米高射炮、60毫米迫击炮、80毫米火箭筒等相关军事设备，模拟体验"湘西会战"，并在体验结束后进行分享交流，针对扮演的角色谈一谈活动感受
活动三：体验长征	专业导师介绍基地内设计的"重走长征路"路线安排，并带领学生在一个个再现历史的微场景中穿梭，使红色资源活化为可看、可听、可读的精神食粮，引导学生在真实情境中感受革命先烈的伟大精神	学生追寻红色足迹，参与基地内的红色长征路线，体验通道转兵、遭遇强敌、学唱红歌、穿越雪山、军民生产、丛林穿越、巧炸碉堡、突破封锁等红色场景

课程环节	课程内容及设计意图	学生活动
活动四：野外生存	研学导师带领学生前往野外，体验过程中掌握相应的搭建技巧，促进团队合作能力，同时学习战士们在征途中紧急处理伤口的方法，感受当年红军战士在艰苦条件下与敌人顽强斗争的精神	学生亲身体验野外战场，学习野外生存技能，了解帐篷搭建的步骤，学习三种常见的包扎方法——巴扎手部包扎法、足部包扎法、三角巾头部包扎法
活动五：总结活动	研学导师检查各小组完成任务单的情况，为回答正确的小组成员盖章，并对学生在整个活动中的表现做出简要总结和点评。其目的是让学生对该研学站点的收获有一个全面的认识，并对后续研学保持热情	学生发表活动感受，与研学导师一起对本节现场教学课进行总结
现场教学课(三)		
活动一：任务导入	研学导师组织学生在粟裕同志纪念馆前广场集合，向学生简要介绍站点情况和参观须知，宣布研学任务，引导学生多角度地寻找反映粟裕的思想情操、丰功伟绩和历史贡献的事迹，探索粟裕军事思想形成发展的渊源。其目的是让学生明确活动任务与规则，同时对该站点的研学内容产生兴趣	学生再次熟悉活动任务，初步思考研学导师提出的问题
活动二：参观纪念馆	研学导师带领学生参观粟裕同志纪念馆，聆听专业导师讲解粟裕的戎马一生，引导学生对照任务单寻找答案。其目的是激发学生的学习动力，提高学生考察探究的能力，并在此过程中感受先辈们勇敢无畏的革命精神	学生跟随导师对纪念馆进行全面参观，了解粟裕的戎马一生，并思考粟裕善于打仗的原因，了解粟裕戎马生涯中的战争事迹
活动三：参观故居	研学导师带领学生来到粟裕同志故居，在粟裕同志故居聆听粟裕侄孙本人讲述粟裕同志戎马一生的故事，让学生在少年粟裕成长的真实环境中，思考他独特品格形成的原因	学生参观粟裕同志故居，聆听粟裕身边人讲解少年粟裕故事，边听边记录，寻找少年粟裕的优秀品质与具体行动相结合的表现与证据
活动四：聆听红色故事	研学导师组织学生前往研学教室，聆听专业导师讲述《少年粟裕》《一个赶考追梦人的自白》《粟裕的家风故事》《三枚弹片》《一套蓝灰色便服》这五个关于粟裕的故事，引导学生谈谈令自己感触最深的故事	学生聆听粟裕的故事，记录自己感触最深的一个故事，分享自身的感受和体会，学习粟裕同志身上所体现出的精神品格
活动五：总结活动	研学导师检查研学任务单的完成情况，并加盖研学点过站印章，对学生在研学点产生的问题进行现场答疑，对学生的表现给予评价和总结	学生总结自身在该研学点的收获和感受，并积极参与分享交流

课程环节	课程内容及设计意图	学生活动
现场教学课(四)		
活动一：任务导入	研学导师组织学生在空地集合，向学生简要介绍参观须知，宣布研学任务——重点了解我国国防的安全形势和近代屈辱史，了解我国国防力量的发展演变历程，体验学习飞机、汽车、坦克等军事技能装备如何操作使用。其目的是让学生明确活动任务与规则，同时对该站点的研学内容产生兴趣	学生熟悉研学任务，小组合作，积极思考研学任务中的问题
活动二：参观场馆	专业导师带领学生初步参观场馆，了解场馆基本内容，感受场馆的设计氛围，对场馆布局有整体感知，同时播放国防教育宣传视频，让学生在总体上对国防有一个初步的了解，为后面的活动做铺垫	学生参观长沙基地国防教育馆，观看国防教育宣传视频，了解我国国防建设的发展现状
活动三：观察模型	1.研学导师带领学生观看中国实体地形模型，引导学生了解我国地理位置及周边相邻国家，并讲解国防安全形势。 2.播放视频，引导学生了解近代历史大事件，从而认识到国防安全的重要性	学生观察中国地形模型，认真观看视频并完成任务单，了解国防安全形势和国防历史事件，体认国防安全的重要性
活动四：实战体验	研学导师引导学生进行分组，通过参观武装直升机、东风号实体模型、坦克实体模型，体验空军虚拟对抗、火箭军虚拟对抗、陆军虚拟对抗的场景，进行有序的模拟操作体验	学生在专业导师指导下进行模拟实战互动体验，认识国防武器装备，培养军事技能
活动五：总结拓展	1.研学导师检查研学任务单的完成情况，给予总结与评价，为第二天的研学汇报交流做好准备。 2.建议学生聆听国防教育讲座，观看爱国教育系列影片，学习英雄人物的先进事迹，加深对国防安全的了解	学生配合研学导师对该站点的活动进行总结，并思考如何在以后的学习生活中去了解国防安全知识
汇报交流课		
环节一：活动回顾	研学导师引导学生回顾本次的研学行程，引发学生对研学过程的美好回忆，邀请学生讲述研学行程中记忆深刻的点，引出本节课任务——制作本课题研学实践活动汇报展示材料，为汇报交流活动做准备	学生在研学导师的引导下对此次研学活动进行全面回顾，并再次熟悉汇报活动的总任务
环节二：准备汇报	研学导师介绍研学汇报展示活动的程序及相关要求，布置学生准备汇报材料	学生以小组为单位，共同探讨汇报的形式与内容

课程环节	课程内容及设计意图	学生活动
环节三：自主创作	研学导师引导学生以组为单位自主创作汇报材料，在学生需要的时候给予指导和帮助。该环节重在激发学生的自主创作能力和创新意识，提高学生的总结梳理和团队协作能力	学生以小组为单位，围绕任务自主创作汇报展示材料
环节四：展示交流	研学导师组织学生进行汇报展示，师生结合评价标准共同对各小组的汇报成果进行评价，选出最佳汇报小组，加盖印章。在此过程中培养学生汇报展示能力和团队协作意识	学生分组上台进行汇报展示，并与研学导师一起结合评价标准对其他小组的作品进行点评
环节五：总结评价	研学导师引导学生进行总结反思，鼓励学生在感受国防带给自身力量与启发的同时，主动宣传国防安全的重要性。最后，根据学生在行程中的表现与印章数量进行评优	学生总结自身在研学活动中的收获，反思不足，并大胆进行分享交流
研学拓展	1. 制作一个简短的视频宣传你学习到的国防知识。 2. 你还可以通过什么样的形式来宣传国防安全，让大家了解国防的重要性呢？好好想一想并积极行动起来吧	

● 课程评价

评价项目	评价等级			评价结果	
	合格	良好	优秀	小组评价	导师评价
任务完成度	能完成一到两个站点的研学活动任务，掌握任务单上的国防历史知识	能完成两到三个站点的研学活动任务，掌握任务单上的国防历史知识	能完成所有站点的研学活动任务，掌握任务单上的国防历史知识		
活动参与	能基本按要求参与研学活动，不能在集体中发挥自己的作用	能按要求完成研学活动，主动在集体中发挥自己的作用	能出色完成研学活动，在集体活动中起到示范带头作用		
团结协作	不能很好地配合团队参与活动，不服从组长安排，偶尔配合组员完成活动任务	能较好地配合团队参与活动，服从组长安排，能配合组员完成大部分任务	能很好地配合团队参与活动，服从组长安排(或担任组长工作)，能配合组员完成全部任务，并在此过程中起到很好的榜样作用		
汇报展示	能为小组的汇报展示提供少许素材，承担部分责任	能为小组的汇报展示提供大量素材，承担部分责任	能为小组的汇报展示提供大量素材，积极承担设计制作、展示交流的责任		

● 亮点分析

　　《国防教育法》在第三条中对国防教育的内容和目的作出了明确规定："国家通过开展国防教育，使公民增强国防观念，掌握基本的国防知识，学习必要的军事技能，激发爱国热情，自觉履行国防义务。"结合本案例的设计来看，做到了以下几点：

　　(1)能有效、高效地达成《国防教育法》对国防教育的要求。在活动过程中，注重学生国防知识的积累、军事技能的训练，在用史实引导学生体悟国防安全重要性的同时，号召学生参与到国防安全的宣传中来。这样既关注学生个人的发展，又积极发挥学生作为社会一分子的力量，鼓励学生共同致力于国防安全事业的发展。始于国防教育，又不止于国防教育。

　　(2)课程活动互动性强，学生参与度高。在研学实践课程中，通过设计实战体验、体验长征、野外生存等活动，让学生全员全身心地参与到体验与互动中来，深化了学生对国防军事的认知。

　　(3)重视课程育人价值和学生的情感体验。在该研学实践课程中，学生借助研学站点资源了解中华民族一百多年来争取民族独立的斗争史和社会主义现代化建设的伟大实践，学习军事理论知识和技能，感受国防军事的变迁过程，探究国防的重要性，从而深刻地认识到只有国防力量、军事队伍、公民国防意识的增强，才能保卫祖国、拥有世界话语权。至此，激发并培养新时代少年爱国之情的终极目标有效达成。

第六节 劳动教育实践类研学实践课程的设计

劳动教育实践类研学实践活动旨在以劳动教育课程内容为载体，用研学实践活动的组织形式，充分利用劳动实践场所，有机整合多方劳动教育课程资源，从现实生活的真实需求出发，有目的、有计划地组织学生参加日常生活劳动、生产劳动和服务性劳动，让学生在自主、合作、探究的基础上动手实践、出力流汗，接受锻炼、磨炼意志，培养学生正确的劳动教育观和良好的劳动品质。该类研学实践活动是落实劳动教育课程、实施劳动教育周的重要形式和有效途径。

一、劳动教育实践类研学实践课程内容

劳动教育实践类研学实践课程以劳动教育课程内容为抓手，遵循《义务教育劳动教育课程标准（2022 年版）》（以下简称《标准》）的基本理念与要求。《标准》指出："义务教育劳动课程以培养学生的核心素养为导向，围绕日常生活劳动、生产劳动和服务性劳动，以任务群为基本单元，构建内容结构。"

（一）日常生活劳动

日常生活劳动立足学生个人生活事务处理，涉及衣、食、住、行、用等方面，注重培养学生的生活能力和良好卫生习惯，树立自理、自立、自强意识。日常生活劳动包括清洁与卫生、整理与收纳、烹饪与营养、家用器具使用与维护四个任务群。

研学实践教育活动是由教育部门和学校有计划地组织安排，通过集体旅行、集中食宿方式开展的校外教育活动。集中食宿的组织方式使学生不得不摆脱对家长的过度依赖，从心理上、行动上都独立起来，旅途中需要统筹管理和收纳个人物品，自己铺床叠被、清洗衣袜，与同学间相互协调配合整理房间，必要时还会对同学实施帮助。在研学实践课程设计时，有时还可根据适宜的环境或主题课程需要安排烹饪课程。如在井冈山研学时，设置了"自做红军餐"课程，学生们在红军事迹的感召下，完成了生火做饭、洗菜、切菜、炒菜等一系列日常生活劳动，深深感受到了井冈山革命时期生活条件的艰辛，从而更加懂得珍惜今天来之不易的幸福生活，洗涤心灵的同时培养了动手能力和生存能力，提高了学生的综合素养。

（二）生产劳动

生产劳动是让学生在工农业生产过程中直接经历物质财富的创造过程，体验从简单劳动到复杂劳动、创造性劳动的发展过程，淬炼生产劳动技能，体会物质产品的来之不易，认识劳动与自然界的基本关系。生产劳动包括农业生产劳动、传统工艺制作、工业生产劳动、新技术体验与应用四个任务群。

苏霍姆林斯基说："人的内心里有一种根深蒂固的需要——总想感到自己是发现者、研究者、探寻者。"因此，聆听学生心底的呼唤、满足学生作为个体的自我实现需求更能促进学生自然健康地生长，作为教师，需要给予学生广阔的发现与探究的空间。神奇的大自然无疑是学生自由生长的最好课堂。沐浴在阳光雨露下，和动植物交朋友，感知万物成长的规律，体验农耕、种植、养殖等的乐趣，在劳作、探究、出汗中，培养热爱劳动的品质和坚持不懈的意志，对于学生的成长具有深远的意义。长沙基地充分发挥区位优势，利用周边的农场、茶庄、苗木花卉基地等农业劳动场所，合理开发劳动课程资源，自主研发劳动教育主题研学课程。如在"研生态农业"课程项目下的"禾下乘凉梦"主题课程中，研学导师带领学生在隆平稻作公园体验当季的农事劳动，如插秧、除草、收割、脱粒等；在龙洞园艺花卉谷基地，组织学生以小组为单位进行土壤沤肥和堆肥箱堆肥实践活动。学生在序列化、多样化的农业劳动实践过程中，感受现代农业技术，学会用辛勤劳动来美化生活。诸如此类，长沙基地将各类型生产劳动巧妙地融合在主题研学实践活动中，将劳动教育与研学实践有机结合，融道德培育、知识获取、方法习得、技能训练、习惯养成于一体，多维度地全面提升学生素养。

（三）服务性劳动

服务性劳动是让学生利用知识、技能等为他人和社会提供服务，从而获得劳动体验。在现代服务业劳动、公益劳动和志愿服务中认识社会，树立服务意识，体悟劳动中人与人、人与自然、人与社会的关系，强化社会责任感。服务性劳动包括现代服务业劳动、公益劳动与志愿服务两个任务群。

马卡连柯说："劳动最大的益处还在于道德和精神上的发展。"服务性劳动课程最能激发、反映学生在道德和精神层面上的"伟大"或者"渺小"，最能触动学生内心深处的"灵魂"，也最能直接地达成"以劳树德"的目的。因此，服务性劳动类研学实践课程要设置有目的、成系统的感化活动，以培养学生的社会服务意识、公共生活规范意识和乐于助人、无私奉献的人生观与价值观。在长沙基地"行乐善服务"课程项目下"勤劳善行，乐在途中"主题研学实践活动中，学生在参观雷锋纪念馆、接受雷锋精神洗礼的基础上，走进长沙龙洞园艺花卉谷基地，以小组的形式探索不同时节园艺工人分别需要完成什么样的工作，并因时制宜、因地制宜，在完成基本知识积累的基础上，利用园区满地堆积的枯枝落叶进行"土壤沤肥""堆肥箱堆肥"劳动实践，以提高天然肥料的有效利用率，帮助园林工人在植物生长旺盛的季节进行苗木养护。紧接着，学生在研学导师的带领下走进当地敬老院慰问老人们，进行义工活动，并与老人们进行才艺"PK"，在生动有趣的互动体验中为老人带去温暖与快乐。活动过后，研学导师组织学生复盘本次研学实践活动，畅谈参与活动的感受和发现，讨论雷锋精神在当代的价值和意义，引导学生自觉学习雷锋同志的优秀品质，将无私奉献的精神发扬光大。

二、劳动教育实践类研学实践课程设计要点

(一)聚焦真实问题，联系生活选题

《标准》在"劳动过程指导建议"中首先指出："情境创设要注重真实性。立足学生真实生活经历或体验，面向现实生活。一方面可从真实的劳动需求出发创设情境，另一方面也可从真实的问题出发，指导学生明确劳动任务。"因此，立足于学生的真实生活，挖掘真实的问题、真实的需求，带领学生开展解决真实问题、满足切实需求的劳动实践活动，才能激发学生全身心参与劳动的动机和坚持不懈战胜困难的内驱力，才能真正体验到参与劳动的成就感和幸福感，并激励学生投入后续的劳动实践中去。

(二)跨学科融合，项目化实施

生活中，劳动无处不在。然而，成体系、序列化的劳动实践更有利于全面提升学生的综合素养。因此，《标准》倡导以劳动周的形式开展劳动教育，在劳动周的内容设计方面提出"一是要注重劳动任务序列化。强调项目和任务循序渐进、相互关联、互为支撑"，因此项目化实施是前提。"二是要注重劳动任务综合化。劳动任务的确定，既要注重把劳动实践与其他课程学习有机结合起来，也要注重覆盖多个任务群，引导学生综合运用所学知识和技能解决实际问题。"由此可见，跨学科融合是科学设计劳动课程、有效进行劳动教育的基础。

(三)重视体验感悟，培育劳动精神

在《标准》中，将劳动课程要培养的核心素养(即劳动素养)表述为"劳动观念""劳动能力""劳动习惯和品质""劳动精神"四个方面，细品起来不难发现，如果以学科教学"知识与技能""过程与方法""情感态度价值观"三维目标来论的话，其中的"劳动观念""劳动品质""劳动精神"都属于"情感态度价值观"维度的目标，且占比相对更重。因此，进行劳动教育实践类研学实践课程设计时，我们要注重价值引领，重视劳动精神的培育，而这些都是建立在学生进行劳动体验、获得真实感悟的基础上，是在出力流汗、触动灵魂后自然发生的。

三、劳动教育实践类研学实践课程活动方式

(一)实操体验

真实而扎实的劳动操作体验是进行劳动教育最基本、最主要的活动方式,如蔬菜种植、苗木养护、金工木工、纸艺布艺等。只有真正参与劳动实践、经历完整的劳动实践过程,体验了其中的艰辛不易,品味到其中的酸甜苦辣,才能逐步形成劳动观念,才能养成良好的劳动习惯、锤炼劳动品质,才更懂得珍惜劳动果实,更懂得尊重与感恩普通劳动者,更愿意付出辛勤劳动,劳动素养的全面提升才能水到渠成。

(二)现场观摩

恩格斯说:"劳动创造了人本身。"这是从人类进化和发展的角度提出来的,并不意味着人生来就擅长进行劳动、乐于参与劳动。劳动并非生而知之,而是学而知之,人的劳动技能是在后天的成长过程中通过观摩学习、口耳相授等方式习得的。因此,在劳动教育研学实践过程中,学生规范正确的劳动操作离不开老师专业的示范引领,观摩学习是学生习得实践方法、掌握劳动技能最直接、最高效的方式。老师适时、适切的操作演示,能帮助学生快速掌握规范操作的劳动方法,避免因操作不当、工具使用不规范造成不必要的伤害。

(三)探究设计

《标准》在"课程理念"部分"倡导丰富多样的实践方式"时指出:"避免单一、机械的劳动技能训练,避免简单的劳动知识讲解,避免缺乏实践、过于泛化的考察探究,注重引导学生通过设计、制作、试验、淬炼、探究等方式获得丰富的劳动体验,习得劳动知识与技能,感悟和体认劳动价值,培育劳动精神。"由此可见,探究设计是劳动教育的重要内容,"探究"指向劳动过程本身,"设计"作用于最终的劳动成果,研学导师在设计劳动课程时,应根据劳动内容和学生的学情,预设有研究性的劳动成果,引导学生在劳动实践过程中进行合作探究、自主设计,手脑并用,最终实现学生的全面发展。

✍ 劳动教育实践类研学实践课程设计案例(一)

课程主题	禾下乘凉梦		课程项目	研生态农业
适用年级	初中学生		课程时长	三天
课程说明	2020年9月，教育部印发《教育系统"制止餐饮浪费　培养节约习惯"行动方案》中明确规定"组织学生走出课堂，走向田间地头和青少年社会实践基地等场所，广泛开展实践体验活动并形成制度，城市中小学生要在每个学段至少安排一次农业生产劳动"，意在"通过社会实践、劳动体验，让学生切身感受食物的来之不易，真正形成尊重劳动和爱惜食物的思想意识"。长沙基地周边有着丰富的农业劳动教育资源，袁隆平院士扎根长沙培育杂交水稻六十多年的事迹和精神，便是其中最宝贵的学习资源。本课程依托隆平水稻博物馆和隆平稻作公园，从时令特点和区域产业特色出发选择相应的农业劳动实践内容，组织学生进行农业生产劳动，引导学生通过亲身体验感受粮食之不易，从而学会珍惜；体认劳动创造美好生活，从而懂得尊重普通劳动者；感知农业发展的新技术，激发学生科技兴农、振兴乡村的责任感			
研学线路	长沙基地——隆平水稻博物馆——隆平稻作公园——长沙基地			
课程资源	隆平水稻博物馆，位于湖南省长沙市芙蓉区人民东路，占地面积约三十亩，是一座地方专题类博物馆，首批全国科教基地。主体建筑面积1.1万平方米，其中陈列区包括"中国水稻历史文化""水稻科技""袁隆平与杂交水稻"三个基本展厅和一个临时展厅，展陈面积约六千平方米。在这里，学生能通过观看实物、图片、多媒体场景等，了解中华民族悠久的农耕文明与稻作文化，及杂交水稻产生、发展的过程和影响等知识，为后续的考察探究、劳动实践做好铺垫。 隆平稻作公园位于长沙县路口镇明月村，被列为"种业创新永久性基地"。集中展示了来自长江中下游13个省份共575个优秀水稻品种，是长江中下游水稻品种集中亮相的比武擂台，其中就有实现袁隆平院士"禾下乘凉梦"的2.3米巨型水稻。在这里，依托优质水稻资源，学生可以体验丰富的水稻科普类课程、劳动教育类课程、动手实践类课程，从而达成劳动教育实践课程"以劳树德、以劳增智、以劳育美、以劳强体"的目标			
课程目标	价值体认	通过亲历农业劳动实践活动，体悟"劳动创造美好生活"，激发对自然、对农业的热爱之情，养成积极参与劳动、热爱生活的态度，在劳动实践中培养合作意识和探究精神；通过亲身体验农事劳动，感受劳动的艰辛，懂得珍惜劳动成果、尊重普通劳动者；初步感受到祖国近几十年农业科技的飞速发展，为中国农业的悠久历史与现代发展感到自豪，培养乡土情怀，激发科技兴农、振兴乡村的责任感和使命感		
	问题解决	围绕中国农业发展史上具有里程碑式意义的关键人物和典型事件——袁隆平院士成功培育杂交水稻，深入领悟一代农业科学家奉献、奋斗、创新、谦逊的精神品质；积累与水稻相关的科普知识，学习相关农事劳动和食品加工方法，掌握生活技能		
	创意物化	体验插秧、除草、收割、脱粒等农事劳动，设计制作大米衍生品，并同步完成研学任务单		
	乐善生活	亲近自然，用劳动让生活更美好，形成乐于参与农业生产劳动的自觉性；学习领悟袁隆平院士的伟大精神，从小树立远大志向，并为之不懈奋斗		
课程重难点	正确掌握插秧、除草、收割、脱粒等农事劳动和大米加工的方法，培养生活技能；体认"劳动创造美好生活"，感悟我国劳动人民的勤劳和智慧，培养积极投身劳动生产的自觉性			
课程准备	研学导师准备：中国农业发展史的相关视频，传统农业与现代农业的文字资料，两个研学站点的资源包，学生研学活动剪影，研学任务单，平板电脑，多媒体电脑，八大能力印章			

教学设计

课程环节	课程内容及设计意图	学生活动
行前准备课		
环节一：初探"农业"	中国是一个历史悠久的农业大国，而湖南是闻名天下的农业大省，素有"鱼米之乡"和"湖广熟，天下足"之美誉。研学导师引导学生聚焦农业，举例谈谈自己的生活与农业生产的联系，以此探查学情	学生放眼日常生活，联系生活中的人、事、物，谈谈自身对农业的了解
环节二：聚焦"水稻"	1. 在了解学情的基础上，展示图片，引导学生生动直观地理解农业的内涵及所包含的领域。 2. 播放视频，师生共同梳理中国农业发展史，了解湖南农业发展状况，带领学生初步感知我国农业发展的整体趋势。 3. 组织学生借助平板电脑里的资源包理清传统农业与现代农业的特点与区别，由此引入"研生态农业"主题研学活动。 4. 聚焦湖南乃至中国农业发展史上具有里程碑式意义的关键人物和典型事件——袁隆平院士成功培育杂交水稻，引导学生通过劳动教育研学实践活动探究事件发生的重大意义及其人物背后的伟大精神，明确课题——"禾下乘凉梦"。该环节，意在由表及里、环环相扣、层层深入地为学生后续开展农业主题研学实践活动做好知识铺垫	1. 学生借助展现种植业、林业、渔业、畜牧业、副业的有代表性的图片，初步理解农业的内涵。 2. 观看中国农业发展史的视频，记录关键信息，绘制中国农业发展史时间轴，从中了解中国农业发展史及湖南农业发展的状况。 3. 以小组为单位，自主学习平板电脑里的视频、文字资源，讨论、明晰传统农业与现代农业的特点与区别。 4. 讨论：纵观湖南乃至中国农业发展史，你觉得其中最伟大的人物、最重大的事件是什么？请说说理由
环节三：研学"农业"	1. 播放袁隆平院士的相关视频，引导学生了解课题的由来，激发学生参与本次研学实践活动的兴趣。 2. 明确本次进行劳动教育实践活动的研学站点、活动内容及研学任务，发放研学任务单。以终为始，引导研学实践活动有的放矢、高效开展	1. 观看视频，了解袁隆平院士的两个伟大梦想，及其为之奋斗一生的光辉事迹。 2. 分组查看平板电脑里的研学站点资源包，全面了解隆平水稻博物馆、隆平稻作公园的基本情况，明确研学任务及评价标准
环节四：活动策划	研学导师组织学生分组，进行活动策划，为顺利开展后续研学实践活动做好前期准备	学生自主分成八人小组，以小组为单位，根据研学活动安排和完成研学任务的需要商议分工，预计活动中将遇到的问题，并据此预设应对办法

课程环节	课程内容及设计意图	学生活动
现场教学课(一)		
活动一： 明确任务	通过视频资料引导学生简要了解隆平水稻博物馆，再次明确该研学点的活动内容，发放《探秘中国水稻发展史实践活动任务单》《"大米是怎样长成的"实践活动任务单》，并了解评价方式	学生观看隆平水稻博物馆的宣传片，对该研学点的活动内容及研学任务有一个整体的了解，并根据完成研学任务的需要组内商议分工
活动二： 稻米香万年	第一展厅《稻米香万年——中国水稻历史文化陈列》，该陈列根植于水稻的历史发展脉络，展示水稻起源、稻作文化发展、稻作民俗内涵等内容。专业导师组织学生参观，引导学生了解中华民族悠久的稻作文化，激发民族自豪感和自信心	学生聆听讲解，参观展厅，领会水稻的文化魅力和历史印记；收集资料，完成《探秘中国水稻发展史实践活动任务单》
活动三： 奇异的旅程	第二展厅《奇异的旅程——水稻的一生陈列》，该展用"爱丽丝梦游仙境"的奇幻手法，将观众带入一个巨大的"水稻梦境"，打造出全新奇幻的水稻科普体验。专业导师引导学生在积累科普知识的基础上，感受米饭的来之不易，从而学会珍惜	学生边参观边聆听讲解，联系已有的生物学知识，理解水稻从播种到产出的过程，感受其间的繁杂工序，以及农民为此付出的艰辛，同步完成《"大米是怎样长成的"实践活动任务单》
活动四： 梦想成真	第三展厅《梦想成真——袁隆平与杂交水稻陈列》，该展厅围绕"禾下乘凉梦""杂交水稻覆盖全球梦"两个梦想，以袁隆平与杂交水稻之间的联系为叙事脉络，让观众见证了一群在杂交水稻研究领域里孜孜不倦、勇攀高峰的中国农业科学家，展现了杂交水稻这一"世界性事业"的未来发展前景。专业导师边组织学生参观，边动情地讲解，激励学生学习农业科学家们奉献、奋斗、创新、谦逊的精神，激发其投身农业、振兴乡村的社会责任感和历史使命感	学生参观展厅，聆听以袁隆平院士为代表的众多农业科学家数十年如一日、躬耕于田间地头、致力于农业科学创新的感人事迹，感悟他们的科学精神和人格魅力
活动五： 评价总结	1.研学导师引导学生总结梳理本站研学中的所见所闻，分享交流新收获、新感悟。 2.研学导师检查学生完成任务单的情况，总结学生在研学活动过程中的表现，对表现优秀的小组和个人予以盖章奖励	学生完善该站点的学习笔记，将活动任务单填写完整；大胆与老师、同学分享研学活动中的所见所闻所感

课程环节	课程内容及设计意图	学生活动
现场教学课(二)		
活动一： 明确任务	通过视频资料向学生简要介绍隆平稻作公园，引导学生再次明确该研学点的活动内容、研学任务，发放《"水稻成长记"实践活动任务单》《"农事初体验"实践活动任务单》，强调研学过程中的安全注意事项	学生观看隆平稻作公园的宣传片，整体了解该研学点的活动内容及研学任务；组内商议分工，共同为研学总任务的汇报展示积累素材
活动二： 知识引路	专业导师为学生普及稻作知识，并结合农谚解读稻作科学原理，为后续观察探究活动做铺垫	学生在专业导师的引领下，充分调动生活经验，从生物学的角度理解水稻生长期中发芽、生根、分蘖、孕穗等不同阶段的生长特性
活动三： 观察水稻	专业导师带领学生来到种子展览区，通过观察、对比，区分不同品种的大米；走进田间，参观水稻植株，了解当前所处生长阶段及其生长特点、成长需求，培养科学严谨的探究精神和实事求是的科学态度	学生通过观察实物辨识不同品种的大米，观察记录不同生长阶段的水稻植株的特点，理解其形成原因，完成相应研学任务单
活动四： 体验劳作	专业导师组织学生体验当季的农事劳动，如插秧、除草、收割、脱粒等。通过边讲解边示范，引导学生掌握正确的劳动方法，体悟农业劳动的艰辛，感受米饭的来之不易，从而学会珍惜粮食	学生认真聆听专业导师的讲解，观看示范动作，学习并体验农事劳动。体验完成后，及时记录活动感悟，完成《"农事初体验"实践活动任务单》
活动五： 总结交流	1. 研学导师引导学生回顾在隆平稻作公园的研学实践活动，分享交流活动感悟。 2. 研学导师检查学生任务单的完成情况，结合学生在该站点研学过程中的良好表现，进行加盖印章奖励	1. 学生积极交流在隆平稻作公园研学的新收获、新感悟。 2. 以小组为单位，结合研学导师对本组活动情况的评价，反思不足，总结经验教训
现场教学课(三)		
活动一： 明确任务	研学导师引导学生回顾上一节课的内容，明确本节课的活动内容和任务，发放《"大米变形计"实践活动任务单》	学生了解本节课的活动内容及研学任务；组内商议分工，共同为研学总任务的汇报展示积累素材
活动二： 知识引路	专业导师组织学生了解大米的相关知识与营养价值，懂得其蕴含的营养价值可以保留到各种大米制品中，了解与大米相关的衍生品，为后续学习实践做好知识铺垫	学生聆听讲解，积极联系生活经验和已有知识，加深对所学知识的理解。了解大米的创新吃法，感受劳动人民的创意和智慧

课程环节	课程内容及设计意图	学生活动
活动三： 分组设计	专业导师引导学生在理解大米变形的原理和方法的基础上，分组进行创意设计，制定本组大米变形活动方案，为有序进行接下来的实践活动做好前期准备	学生了解大米变形的方法，以小组为单位，集中商议，制定大米两种衍生品的制作方案，同步完成《"大米变形计"实践活动任务单》
活动四： 大米变形	专业导师组织学生在确保安全、卫生的前提下，学习基本制作方法，分组制作大米衍生品，培养学生的动手能力，体认"劳动创造美好生活"	学生以小组为单位，在掌握大米加工基本方法的基础上，选用合适的工具、材料，分组制作大米衍生品
活动五： 分享交流	1. 研学导师组织学生分享各组制作的大米衍生品，交流在该站点研学的收获和感受。 2. 检查学生任务单的完成情况，结合学生在该站点研学过程中的良好表现，进行加盖印章奖励	学生分享、品尝大家辛苦制作的美食，交流活动感悟，积极为研学总任务的汇报展示收集丰富的第一手资料
汇报交流课		
环节一： 活动回顾	研学导师播放学生研学活动剪辑成的视频，引导学生回顾研学全过程，谈谈自己的新发现、新收获，或印象深刻的人和事……以此，营造情境，打开思路，引导学生有意识地总结研学活动	学生观看视频，跟随镜头在头脑中回放研学过程中共同经历的人和事，积极进行分享交流
环节二： 准备汇报	课件出示行前准备课上布置的研学总任务，研学导师介绍研学汇报展示活动的程序及相关要求，布置学生准备汇报材料，为汇报展示做准备	学生以小组为单位，对照评价标准，集思广益，商议汇报展示的内容和形式，并分工合作，积极筹备
环节三： 展示交流	1. 课件出示研学成果汇报展示的评价标准，学生分组上台展示，师生对照标准进行点评。汇报完毕后，评选最佳发言人、最佳点评者。 2. 研学导师组织学生就研学活动的全过程进行反思交流	学生依次上台进行汇报展示，台下的学生认真观看并进行客观公正的评价。在此基础上，学生在研学导师的引导下交流研学过程中的体验和感悟，总结经验，反思不足
环节四： 总结拓展	1. 研学导师充分肯定学生在整个研学活动中的积极表现和活动开展的意义，依据评价体系综合评价各组学生在研学过程中的情况，评选"研学优胜小组"和"研学优胜个人"，给予表彰奖励。 2. 鼓励学生传承袁隆平院士遗志，学好文化知识，担负起先辈们未竟的事业、未完成的梦想（"杂交水稻覆盖全球梦"），积极投身农业生产，致力于乡村振兴事业。 3. 拓展：粮食来之不易，你准备在往后的生活中怎样带动和影响身边的人，践行光盘行动，共同为"珍惜粮食，减少浪费"出力呢？说说你的想法，并在往后的生活中落实为具体行动吧！	

● **课程评价**

班级		姓名		评价结果	
理想目标	自评	互评	师评		
劳动态度积极	☺☺☺	☺☺☺	☺☺☺	( )个 ☺	
劳动技能掌握	☺☺☺	☺☺☺	☺☺☺		
劳动成果优秀	☺☺☺	☺☺☺	☺☺☺		
合作交流良好	☺☺☺	☺☺☺	☺☺☺		

注："达到"给予 ☺☺☺ 奖励，"欠佳"请记 ☺☺，"未达到"不计或给一个 ☺ 以示鼓励。

● **亮点分析**

"禾下乘凉梦"劳动教育研学课例，借助研学实践活动的开展，带领学生走出校园开展适切的劳动教育活动。该课例体现了以下两方面特点：

（1）选题典型有意义。基于课程项目"研生态农业"的内容要求，紧密联系学生的日常生活，充分利用长沙本地优质研学资源，紧扣"袁隆平院士成功培育杂交水稻"这一湖南乃至中国农业发展史上具有里程碑式意义的关键人物和典型事件，引导学生开展考察探究、生物研究等实践活动，巧妙地将劳动教育融入研学实践活动之中。选题典型，不论是研学实践活动的开展，还是劳动教育的实施，对于学生的成长都具有深远的意义。

（2）教学环节巧安排。该课例教学过程的实施始终遵循学生"知—情—意—行"的认知发展规律，以袁隆平院士"禾下乘凉"的梦想为主线，有序组织隆平水稻博物馆和隆平稻作公园的研学实践活动，引导学生在初步了解中国农业发展史、理解水稻生长规律的基础上，深入了解以袁隆平院士为代表的中国农业科学家们为实现"把中国人的饭碗牢牢端在自己手中"的愿望作出的不懈努力和卓越贡献。

劳动教育实践类研学实践课程设计案例(二)

课程主题	勤劳善行，乐在途中		课程项目	行乐善服务
适用年级	初中学生		课程时长	三天
课程说明	劳动教育是学生成长的必要途径，具有树德、增智、强体、育美的综合育人价值，党和国家高度重视劳动教育。新时代青少年除了在家庭，还应该在学校和社会中展现劳动美德与青春风采。本课程以服务性劳动为重点，结合生产、生活劳动，学习和传承雷锋精神，在自主劳动和帮助他人的劳动实践中强化学生对劳动精神的理解和认知，懂得感恩和回报，深化学生在公共生活中的助人和奉献精神，培养学生成长为德智体美劳全面发展的社会主义建设者和接班人，肩负起新时代青年应有的使命担当			
研学路线	长沙基地——湖南雷锋纪念馆——园艺花卉基地——长沙市岳麓区莲花镇敬老院——长沙基地			
课程资源	湖南雷锋纪念馆坐落在湖南省长沙市望城区雷锋镇，是中央、省、市三级爱国主义教育基地和全国颇具影响的精神文明建设阵地，是对人民群众，特别是青少年进行共产主义教育和革命传统教育的课堂。参观雷锋纪念馆，有助于加深学生对雷锋同志及其精神的了解，从而号召青少年学习雷锋精神，从自己做起，从身边的小事做起，学会关爱他人，乐于服务社会。 长沙(龙洞)园艺花卉谷基地是长沙市第四批中小学生研学实践创建基地，2021年被认定为长沙市劳动与实践教育基地。基地种植有苗木花卉，并设有多个研学区域，可在这里进行多种劳动教育和自然生态教育，建立与大自然的联结，从而思考人与自然、人与人、人与自我的关系，学会爱自然、爱他人、爱自己。 长沙市岳麓区莲花镇敬老院位于岳麓区莲花镇，是一家以收留社会孤老、关爱社会养老问题的社会机构。走进敬老院，做志愿服务，陪伴老人，让学生们体验养老敬老的真正含义，弘扬中华民族"敬老、爱老、助老"的传统美德			
课程目标	价值体认	学习雷锋同志忠诚担当的品格、服务人民的崇高宗旨、艰苦奋斗的优良作风和永不懈怠的进取精神；了解雷锋精神，在日常生产生活劳动和服务他人的劳动中学会付出和奉献，理解责任与担当，懂得善良和忠诚		
	问题解决	发扬螺丝钉精神，积极为完成本组的研学任务贡献自己的力量；在课程中学习生态环保、禁毒、交通等各方面知识，到生活中进行传播；学习雷锋乐于助人的品质，做公益劳动，帮助园农解决实际问题		
	创意物化	学习雷锋精神，热爱生活，在研学途中创造劳动的价值；完成研学任务单		
	乐善生活	对所获得的知识与信息进行整理加工，形成对生态保护、禁毒宣传、交通维护等相关文明建设的认识；在日常劳动和服务性劳动教育中培养学生的劳动意识，增强学生的劳动精神和社会责任感		
课程重难点	在生产和生活劳动中形成自主劳动意识，弘扬劳动精神；学习雷锋精神，在帮助他人和服务社会的过程中形成社会责任感和担当精神			
课程准备	(一)研学导师准备：研学任务单、《学习雷锋好榜样》歌词、《雷锋的故事》视频资料、平板电脑、多媒体电脑、评价印章及研学护照。 (二)学生准备：收集雷锋诗词、雷锋生平事迹等相关知识			

教学设计

课程环节	课程内容及设计意图	学生活动
行前准备课		
环节一：观看视频谈感想	伟大起源于平凡，每年3月5日，人们都会以各种形式纪念雷锋。雷锋作为一个普通士兵，是怎么成为全民榜样和模范的呢？雷锋精神在新时代又有着什么样的新内涵呢？研学导师组织学生观看《雷锋的故事》视频短片并联系生活交流感受，帮助学生加深对雷锋同志的认识、对雷锋精神形成初步理解，引出研学主题	学生观看视频，联系雷锋事迹及自己身边的学雷锋事件谈谈对雷锋精神的理解
环节二：结合主题谈发现	1. 研学导师引导学生分析雷锋生活的时代背景、社会风貌和活动情境，讨论雷锋能成长为全民榜样的原因。 2. "在成长的过程中，我们是否有帮助他人或者被帮助的经验呢？"在研学导师的带领下，学生结合自身经历交流感受，拓展对雷锋精神的认识。 3. "新时代雷锋精神是否还有存在的必要？"研学导师提问，引导学生分析新时代雷锋精神的新内涵、价值及弘扬途径，引导学生意识到崇尚劳动、热爱劳动的劳动精神是雷锋精神的鲜明特征，我们要在劳动中传承雷锋精神	学生以小组为单位讨论雷锋精神的形成背景和原因，分析新时代雷锋精神的新内涵、价值及弘扬途径
环节三：介绍站点讲任务	研学导师向学生介绍研学主题、线路行程及研学点的基本情况，讲解本课题的任务要求和活动规则、活动评价方式。其目的是让学生熟悉研学点，明确活动规则，带着任务和目的参与此次活动	学生明确研学路线，熟悉研学任务及评价标准，并完成分组分工的任务
环节四：制定计划，总结课程	1. 研学导师引导学生分组制订活动计划，梳理任务，做好相关准备，便于学生更好地开展研学实践活动。 2. 研学导师小结本节课的活动，对即将开始的研学活动给予鼓励	学生自主分组，以小组为单位集中讨论、制定计划，为顺利开展研学活动做准备
现场教学课(一)		
活动一：任务导入	研学导师带领学生前往雷锋生平陈列馆，召集学生在一楼雷锋雕像前集合，组织学生行中国少年先锋队队礼。在正式开始研学活动之前，教师宣布参观任务及要求，确保在参观过程中活动更有纪律性、目的性和方向性	学生熟悉该研学点的任务，明确参观规则

课程环节	课程内容及设计意图	学生活动
活动二：参观雷锋纪念馆	雷锋出生于20世纪40年代，他的精神不但影响着那个年代，还影响着我们的今天和未来。他是个普通的战士，没有惊天动地的英雄事迹，却是亿万人民学习的典范。研学导师引导学生从雷锋的成长故事和具体事迹中发现雷锋身上高尚的品格，认识和理解雷锋精神，并号召学生在生活中去实践	找出雷锋成长中的重要转折点、品格，填写研学任务单；收集体现雷锋精神的具体事例并记录
活动三：瞻仰雷锋塑像	徒步前往雷锋塑像广场，组织学生进行瞻仰、敬礼活动。在刚参观完雷锋纪念馆、学生对雷锋精神的内涵有了更直观、更深刻的了解之后，组织学生齐唱《学习雷锋好榜样》，跟以往任何一次演唱带给学生的情感体验都不一样，可以充分激发学生的情感共鸣	学生前往雷锋塑像广场，瞻仰塑像，齐唱歌曲《学习雷锋好榜样》
活动四：参观雷锋故居	雷锋故居，是雷锋同志的出生地，也是雷锋苦难童年的历史见证。雷锋在这里度过了十六年，直到1956年小学毕业后才离开。参观雷锋故居，实地感受雷锋艰苦的童年生活，感悟他在苦难环境中还能积极进取的精神	学生对照雷锋纪念馆提到的雷锋成长故事，进行情景式探索
活动五：总结活动	研学导师检查研学任务单的完成情况，加盖研学点过站印章，选出最优小组，对下一堂课作出相关的要求。以此让学生及时梳理该站点的研学收获，反思不足，争取在下一个站点的活动中予以改进	学生完善研学任务，思考本站点研学的不足之处和后期改进的方向
现场教学课(二)		
活动一：任务导入	研学导师简要介绍研学点——龙洞园艺花卉谷基地，明确参观要求，发放研学任务单，让学生带着目标进行学习和探究	学生以小组为单位熟悉研学任务和参观要求
活动二：参观基地	研学导师组织学生参观龙洞园艺花卉谷基地，进行植物知识科普。在这个过程中，引导学生以小组为单位探索园中不同时节园农分别需要完成什么样的工作，领悟植物生长规律和劳动人民工作的不易，教育学生爱护环境、珍惜劳动成果	学生参观龙洞园艺基地，熟悉园中植物的种类和不同植物的特性，完成《植物生长记录表》，探究园农的工作内容
活动三：制作有机肥	植物生长离不开肥沃的土壤，专业导师组织学生在学习相关知识的基础上，以小组为单位到试验田进行土壤沤肥和堆肥箱堆肥实践活动。学习植物养护知识的同时，感受劳动的快乐	学生了解并记录"土壤沤肥""堆肥箱堆肥"的基本步骤，学习评价标准；以小组为单位开展土壤沤肥和堆肥箱堆肥的实践活动，完成研学任务单

课程环节	课程内容及设计意图	学生活动
活动四：总结活动	1.专业导师、研学导师和学生分别参照评价标准，对劳动成果进行点评。 2.研学导师引导学生对该研学点的活动情况进行总结反思，结合研学任务单的完成情况，评选最优小组，并加盖研学点过站印章，对下一堂课作出相关的要求	学生积极点评其他组的沤肥、堆肥作品，梳理、交流该站点的研学收获，总结自己对比上一个研学点活动的进步之处，思考下一个研学站点还有哪些可以改进的地方
现场教学课(三)		
活动一：任务导入	研学导师就尊老敬老相关的问题引导学生交流，顺势引出研学点——长沙市岳麓区莲花镇敬老院，介绍研学点和研学活动；组织学生根据敬老院老人的现实需要自主设计任务清单。在这个过程中，让学生学习中华民族尊老、敬老、爱老的传统美德，弘扬雷锋精神，同时培养学生探究发现和识别的能力	学生联系生活实际，与老师、同学一起共同探讨尊老敬老的话题；以小组为单位，从敬老院老人的实际需要出发，商讨、设计任务清单
活动二：义工服务	研学导师组织学生向老人们进行慰问祝福，然后在工作人员带领下进行义工活动，完成任务清单。在生活上帮助、照顾老人的同时，培养学生的劳动意识和服务社会的品质	学生真诚地参与慰问祝福、义工活动，完成任务清单
活动三：活动互动	工作人员将老人集合起来，研学导师组织学生以小组为单位进行才艺表演，并与老人进行才艺"PK"，让老人和学生互动体验，为老人带去温暖与快乐。在活动中丰富老人的精神生活，帮助学生发现劳动助人的乐趣，培养尊老、爱老、助老的良好品德	学生小组为单位进行才艺表演和才艺"PK"，在活动中感受劳动助人的价值和快乐
活动四：总结拓展	研学导师引导学生进行总结反思，检查研学任务的完成情况，并加盖研学点过站印章，选出最优小组，对下一堂课提出相关要求	学生以小组为单位，及时梳理、总结该站点的研学收获，分享研学中的所感所想所获，商讨如何在汇报交流课中有充分的准备和更好的表现
汇报交流课		
环节一：任务导入	研学导师引导学生回顾研学全过程，谈谈自己的发现和收获，联系行前准备课以及前两天的研学活动引出本节课的任务和要求——以"我理解的雷锋精神"为主题准备汇报材料，并通过微视频、课件、演讲稿、表演等方式进行汇报展示。以此方式引导学生回顾研学过程，将雷锋精神进行扩展，充实在学生的实际生活中	学生回顾研学过程中的点点滴滴，总结并分享自己的发现和收获，明确研学汇报的内容及形式要求

课程环节	课程内容及设计意图	学生活动
环节二：材料制作	研学导师组织学生以小组为单位自主准备汇报材料，引导学生将研学过程中学习、了解到的内容转换成自己的知识，并与实际生活劳动相联系，激发学生的创意，提高学生的总结梳理和团队协作能力	学生以小组为单位设计、制作汇报材料
环节三：汇报交流	研学导师介绍研学成果展示环节的评价标准，各小组进行汇报展示，师生结合评价标准对各小组的汇报成果进行点评，评选优胜小组。在汇报交流和点评的过程中提高学生的表达能力和团队协作能力	学生分组进行汇报展示，与研学导师一起结合评价标准对其他小组的展示进行点评
环节四：总结评价	研学导师总结本次研学过程中学生各方面的表现及研学任务的完成情况，引导学生进行复盘，讨论雷锋精神在当代的价值和意义，联系生活中的实例分享收获和感受，交流该主题研学活动对自己的启发，号召学生到生活中去自觉践行雷锋精神，争当新时代的"活雷锋"	学生进行总结与反思，并体认雷锋精神在当代的价值和意义，明确后续努力的方向
研学拓展	1. 观看CCTV《雷锋》人物纪录片，学习雷锋的事迹和精神，深入感受雷锋精神的深刻含义。 2. 请为自己量身定做一份后续生活中学习雷锋、弘扬雷锋精神的计划书	

● 课程评价

评价项目	评价标准			评价结果		
	合格	良好	优秀	自评	组内互评	导师评价
任务完成	能自主完成每个站点三分之一的研学活动任务	能自主完成每个站点三分之二的研学活动任务	能自主完成每个站点全部的研学活动任务			
活动参与	能基本按要求参与研学活动，不能在集体中发挥自己的作用	能按要求完成研学活动，主动在集体中发挥自己的作用	能出色完成研学活动，在集体活动中起到示范带头作用			
汇报展示	能为小组的汇报展示提供少许素材，承担部分责任	能为小组的汇报展示提供大量素材，承担部分责任	能为小组的汇报展示提供大量素材，积极承担设计制作、展示交流的责任			

● 亮点分析

　　"勤劳善行，乐在途中"研学实践课程组织学生参观湖南雷锋纪念馆、考察园艺花卉基地、走进敬老院，以服务性劳动为重点，结合生产、生活劳动，学习和传承雷锋精神，在自主劳动和帮助他人的劳动活动中强化学生对劳动精神的理解和认知。

　　（1）注重思想引领。奉献精神永流传，参观雷锋纪念馆、走进敬老院是本教学案例的核心内容，在雷锋的成长故事和具体事迹中发现雷锋身上高尚的品格，认识和理解雷锋精神，心怀感恩之心，将弘扬奉献精神根植于学生心中，培养学生的服务意识。

　　（2）注重技能会应用。本案例注重学生的亲身体验，无论是劳动技能的学习，还是劳动实践，都要求学生参与到每一个环节中。如在龙洞园艺花卉基地，研学导师引导学生探索园中不同的时节园农分别需要完成什么样的工作，进行角色体验完成土壤沤肥和堆肥箱堆肥，感受他人的不易与艰辛，尊重劳动者，珍惜劳动成果。

　　（3）多方位协同促发展。本案例的活动范围不仅仅局限于基地和研学点，还与社区、敬老院多单位协同合作，为学生提供更多的实践平台，让每个学生在社会服务中都能各展所长，帮助学生发现劳动助人的乐趣，培养尊老、爱老、助老的良好品德。

第五章

聚焦知行合一的研学实践课程组织实施

　　知行合一是公认的教育准则和教学原则，研学实践课程的组织实施应聚焦知行合一，通过"游中学""研中学""学中用""做中学""探究学习""赏中学""悟中学"等学习方式，让学生在研学过程中围绕主题，将课程内容中需要突显的知识点、关键点、情感点通过参观访谈、设计制作、实验求真、志愿服务等途径得以实现，达到研学实践课程的育人目标。

探索未知的道路

是成长的必要经历

研学实践中每一次勇敢的探索、坚毅的前行

都意味着一场新的突破

让我们一起敢于拥抱变化，历经蜕变升华

敢于独树一帜，充分释放个性

敢于动手实践，放飞自我梦想

敢于发问知识，探索神秘未知……

第一节　研学实践课程实施的基本原则

研学实践课程的实施过程不仅是一个既定课程计划、活动方案的落实过程，而且更是一个教、学、行、研、创的综合性过程。在实施过程中，我们紧紧把握教育性、实践性、安全性、探究性、自主性原则，关注学生、注重安全，立足实践、合作探究，回归生活、开放多元，使研学实践课程达到最佳效果。

一、教育性原则

教育性原则是研学课程实施的第一项基本原则，只有把教育性原则放在首位，我们才能避免出现"只游不学"的现象。参与研学的学生正处在良好习惯养成、正确三观形成的最佳阶段，研学实践应时时、事事、处处都体现教育价值。长沙基地在研学课程实施中遵循学生成长规律和认知规律，以学生为主体，结合学生的身心特点、接受能力和实际需要，注重系统性、知识性、科学性和趣味性的课程实施，着力培养学生的社会责任感、创新精神和实践能力。我们在研学课程实施中也要求教师需要时刻关注自身的言行，注意言传身教，做学生的榜样。研学实践教育是在路上的课程，涉及食、住、行、游等一系列复杂活动，参与的学生群体也存在着知识基础、学习能力、智力水平以及思维方式的差异，因此我们在课程实施中充分关注学生，处理好统一要求与因材施教的关系，坚持集体教学和个别指导相结合的方式进行教学。教学既面向全体学生，提出统一的学习要求，促进他们在德、智、体、美、劳等方面全面发展，又针对学生的个别差异，采取多种不同的教学措施，使学生的才能和个性得到充分发展。

二、实践性原则

现代学习理论认为，从书本上学到的知识，其理解终归是浅层次的，要想真正掌握其中的深刻道理，必须亲自去做、去实践，要通过亲身实践来激活书本知识，完成从知识到能力和智慧的转化。开展研学实践的目的是给中小学生提供更多的实践机会，充分地促进学生知与行、动手与动脑、书本知识和生活经验的结合与统一。作为人才培养的创新模式，研学实践课程的实施要特别注重学生的实践性学习，避免仍是开展在学校中的以单一学科知识被动接受为基本方式的学习活动。长沙基地的研学实践课程超越学校和教材的局限，在活动时空上向自然环境、学生的生活领域和社会活动领域延伸，因地制宜，在教师的指导下，以问题为中心，在实际情境中认识与体验客观世界，在实践学习中亲近自然、了解社会、认识自我，并在学习过程中，提高发现问题、分析和解决问题的实践能力。

三、安全性原则

安全是研学实践课程实施的第一要务，若没有安全保障，一切就无从谈起。由于研学实践的课堂是校外集体活动，开放性非常强，且参与研学的学生人数多又都是未成年人，较容易发生意外情况。为了提高研学实践活动的安全性，在设计研学实践活动方案时就要充分考虑到每个环节的安全问题，要分工明确、责任到人、职责落实到位。同时，要制定好安全预案、突发事件处置预案等，确保活动过程中每个环节的安全性。《关于推进中小学生研学旅行的意见》中明确提出要建立安全责任体系，要制订科学有效的研学旅行安全保障方案，建立行之有效的安全责任落实、事故处理、责任界定及纠纷处理机制，实施分级备案制度，做到层层落实，责任到人。为此，长沙基地在研学实施过程中做好行前安全教育工作，制订安全手册，进行安全培训，对研学线路中可能发生的安全隐患、天气与交通、食品卫生、疾病预防、保险保障等都做好了详细的预案。

四、探究性原则

研学实践活动是基于学生的直接经验、密切联系学生自身生活和社会生活、体现对知识的综合运用的课程形态。这是一堂以学生的经验与活动为核心的实践性课程。因此，课程不只是特定知识的载体，还是师生共同学习和发现的过程。在这一过程中教师和学生共同探索研究对象，共同商讨研究方案，共同处理所遇问题。教学成为"协作学习"，教师和学生成为合作伙伴。"教师—活动—学生"构成了不可分割的有机整体，三者交织在一起。活动成为教师和学生共同关注的对象，师生的活动共同贯穿于整个研学实践课程的始终。研学实践课程中的教师和学生失去了可以"依附"和"照搬"的书本，失去了课程实施过程中的"指令性"规则，需要在实践中进行资源开发，并在探究活动中不断生成。这些无疑给教师和学生提出了一个崭新而又富有挑战性的课题。研学导师在研学实践课程实施中与学生共同确定研究课题，共同探索研究方法，共同实现课程目标。因此，基地的研学课程实施不仅是一系列活动开展的过程，更是一种探索、研究、创新的历程。

五、自主性原则

研学实践课程为学生提供了一个真实的实践环境，让学生通过亲身体验去发现问题、分析问题、解决情境中的真实问题，从而通过研学实践课程中习得的经验、知识、思维指导生活。研学实践课程弥补了传统教学中学生仅仅通过被动接受学习知识的方式，倡导通过学生独立分析、探索、实践、质疑、创造等方法来实现学习目标。在活动内容的选择组织上，基地以学生为核心，围绕学生的需要、动机和兴趣，让学生自己选择学习的目标、内容、方式、活动小组及指导教师，自己决定活动成果的呈现方式，真正变被动为主动，成为活动的主人。教师敢于放手、善于放手，像叶圣陶先生说的那样，不把学生当成"瓶子"，而是当成有生机的"种子"，为每一个学生的充分发展创造合适的条件，启发与引导学生自求自得，让学生亲身实践、亲历活动，基地教师只是从旁"扶携"，而绝不能代替学生选择，甚至包揽学生的工作。研学导师在研学实践课程实施的过程中主动隐藏其"权威"，扮演好研究伙伴的角色，为学生创设宽松、活泼、自由的探索氛围。

第二节 研学实践课程实施的具体策略

研学实践作为实践育人的一种新途径，拓展了实践活动实施的空间，丰富和发展了实践活动的内容和形式。为了引导学生在研学中深度学习，长沙基地在研学实践课程建构之初，便汲取了综合实践活动课程的经验，采取行前准备课、现场教学课、汇报交流课的形式，有步骤地整体实施，并分课型全程落实指导策略，让学生在有设计、无痕迹的引导下以小组合作的形式参与课程前期的知识储备、问题统整、线路设计、方案策划、团队组建；课程中期的实地考察、证据收集、分组探究；以及课程后期的分享交流、信息加工、任务拓展，让学生深度体验考察探究的全过程。

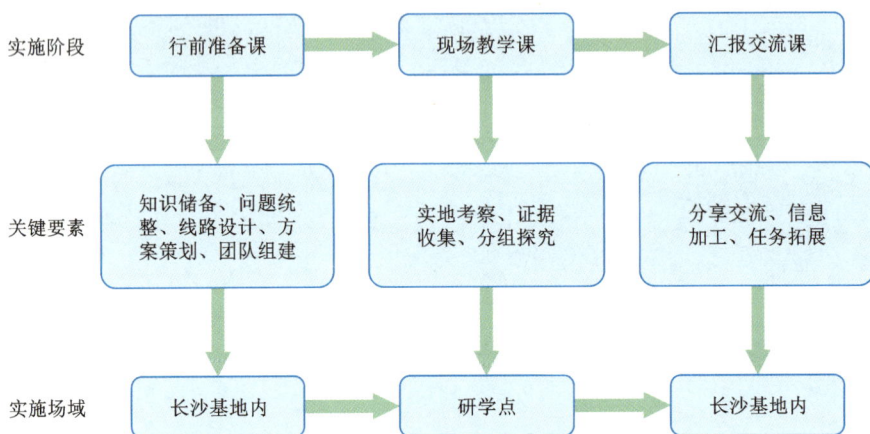

图5-1 长沙基地研学实践课程实施流程示意图

一、行前准备课实施策略

指导策略1：创设情境，整体感知引发兴趣点

教育中的情境概念最早始于美国著名教育家杜威，杜威最初从教育学角度阐述"情境"，促使"情境"教学理论的产生。并且强调"思维源自情境的直接经验"，且把情境当作教学法的关键影响要素。他认为教学情境是不同人和物之间、个体与他人之间的相互作用，而教学过程中情境是贯穿于人类认知和发展过程中不可或缺的要素，由此可见教学的重要性和情境的价值。

学生愿意融入的教学情境应当具有真实性、开放性、互动性、主体性等特点。合格的情境创设，应当吸引学生注意、引发学生情感共鸣，激发学生的好奇心与求知欲，提高学生参与活动的积极性。

以长沙基地"红色基因代代传"小学段研学实践课程为例，小学高年级正是由儿童期向青春期过渡的关键，针对该阶段个性发展的年龄特征，行前准备课以"社会现象辩论会"为切入点，以"探究雷锋同志成长足迹"为主题展开探究，寻找该年龄段学生与时代先锋少年之间的共鸣。研学导师组织学生围绕以"看见老人跌倒该不该扶""要不要参加志愿服务""是否主动帮扶后进生"等主题开展辩论会和讨论会，根据学生生成的讨论，充分挖掘和传承雷锋精神这一独特、深邃的教育资源，不断赋予雷锋精神以新的时代内涵。通过少年雷锋的榜样激励，学生们受感染、随着学、跟着走，为后续阶段学生关注雷锋同志精神品质的养成，顺利完成研学活动做好必要的知识铺垫。

指导策略2：循循善诱，预设问题确定研学点

捷克教育家夸美纽斯的《大教学论》中，极力主张教师树立温和慈爱的形象，运用循循善诱的方法，增进学生与教师的情感，通过言语、动作激发学生的求知欲。

承接创设情境后，"围绕这一主题咱们该去哪儿?"研学导师借机抛出问题，并带领学生进入行前准备课的第二阶段"活动策划"。

学生踊跃发言，研学导师及时用言语正向激励，并根据发言提炼关键词，即"紧扣主题""远近适宜""集体出行"等，学生借助研学资源汇总表或平板电脑资源包为外出研学做"攻略"，而导师借机"发福利"，有意识地从知识层面、技术层面、艺术层面、科学层面、情感层面等对研学点进行筛选。筛选完成后，研学导师简要介绍外出研学的地点。以韶山站研学实践课程为例，研学导师适时引导学生结合自己的年龄特点，从"家庭对毛泽东的影响"和"东山学校对毛泽东的影响"两个维度对课题"富有个性的农家孩子"展开思考和讨论，以使得学生在出发前对活动任务有初步认识。

指导策略3：连续提问，递进分解核心疑难点

教师的课堂提问可以作为有效而实用的课堂教学策略，是联系教师与学生思维活动的一架桥梁，被视为最有效的教学研究核心内容。德加默认为"问得好就教得好"。课堂的教学活动要以学生为主体，要求研学导师要从学生的实际水平出发，带着学生由生活走向课堂，寻找与研学实践课程的结合点、切入口，设置具体可感的生活化情景，提出引发学生思维碰撞的关键性问题，然后以问题为载体开展课堂讨论。

以长沙基地"数风流人物"初中段刘少奇故居站研学实践课程为例，师生对话中，研学导师提出环环相扣的问题串，将学生的思维不断引向深入。视频导入后，研学导师发问："'一群湖南人，半部近代史'是什么意思?"紧接着继续提问，"湖南籍的共产党先驱人物

有哪些?""为何近代湖南人才辈出?"最后问,"这个现象是巧合还是必然?"一连串的问题抛向学生,小组充分讨论,引发思考,产生共鸣,得出结论。最后研学导师揭示出答案——近代湖南人才辈出是必然的。这种递进式的提问,分解疑难点,学生更快走入本节课的核心问题,其学习的积极性被调动,其求知欲望被唤起,思维聚焦课程内容及任务,为有效开展教学活动打下基础。

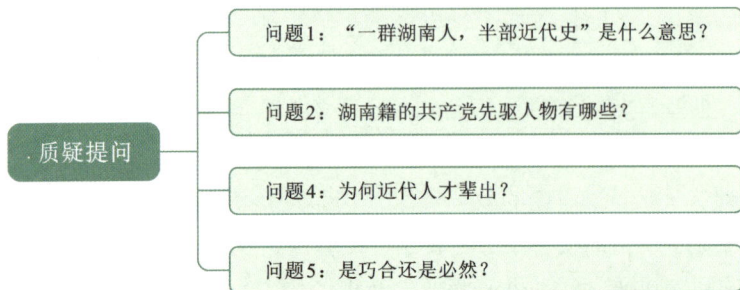

```
                  ┌─ 问题1:"一群湖南人,半部近代史"是什么意思?
                  │
                  ├─ 问题2:湖南籍的共产党先驱人物有哪些?
    质疑提问 ──────┤
                  ├─ 问题4:为何近代人才辈出?
                  │
                  └─ 问题5:是巧合还是必然?
```

图5-2 长沙基地"数风流人物"主题研学实践课程问题串

指导策略4:组织策划,分工明确人人展亮点

加纳德多元智能理论倡导积极的、平等的学生观,该理论认为每个学生都或多或少具有八种智力,只是其组合的方式和发挥的程度不同;每个学生都有自己的优势智力领域,人人拥有一片希望蓝天;每个学生都具有自己的智力特点、学习风格类型和发展特点;学校里不存在差生,学生的问题不是聪明与否的问题,而是究竟在哪些方面聪明和怎样聪明的问题。

小组策划环节前,研学导师可根据多元智能评价量表对观察组学生的优势智能进行评估,根据"组间同质、组内异质""优势智能互补"的原则,结合学生性别、智能优势、性格特点、学习能力等因素将学生分为若干研学小组,每组六到八人,组内自主选定一名学生为组长,负责组内组织协调工作。明确每个组员都有自己的项目任务,组员之间彼此帮助,形成了分工明确、相互协作的研学实验活动团队,确保研学活动能够顺利、有效开展。

小组策划环节,研学导师的关注点要落在组内的每一位学生身上。授课过程中,研学导师重点阐述研学过程中小组合作的重要性。每位小组成员都需要从小组互动中得到人际互动、团队协作、专业组织、项目管理等群体行为的支持。研学导师及时指导学生完成小组的组建,并完成小组活动计划书。在组织好"组长组织人员分工—组员认领研学任务"后,组内开始分工协作落实研学任务,形成互助、互学、互研、互管的研学共同体。

同时为了使学生在研学实践课程的各个环节都有集体归属感、集体荣誉感,形成良好的团队向心力,研学导师也会在评价层面有意识地做倾斜。研学导师明确提出"人人有事做,事事有人做"的小组活动理念,利用"负责""沟通"奖章进行调控,保证研学任务的顺利完成(表5-1)。

表 5-1 研学实践小组活动计划分工表

研学主题			
小组任务			
小组组长			
活动过程	序号	活动内容	人员分工
	1		
	2		
	3		
	4		
	5		
预计困难及解决办法			
预期研学成果展示方式			

二、现场教学课实施策略

指导策略 5：积极体验，引导记录信息关键点

近年来，体验式教学作为一种以学生能真正地理解知识、运用知识、培养学习能力为目标的教学模式，被教育者们广泛运用。"积极体验式"教学模式是以积极心理学为理论借鉴，以学生的积极发展为教学目标，以构建和谐师生关系为运行保障，以体验式教学模式为实践基础，以多元化评价为效果反馈的一种教学模式。

积极的课程体验贯穿整个现场教学课的全过程，包括以下三种：基于知识的认识性体验（熟悉研学环境、学习核心知识点、掌握基本技能与方法）、基于活动的探索性体验（自主探索过程，揭示科学原理，独立思考、抽象概括）、基于人际的情感性体验（内化、分享、复盘、反思、交流、运用）。

以长沙基地"寻伟人故里"初中段韶山站研学实践课程为例，首先是学生基于知识的认识性体验，通过考察韶山毛泽东故居与毛泽东纪念馆，从现场的文物与史料中发现毛泽东父亲、母亲的性格特点及其对少年毛泽东性格的影响，完成研学任务；其次是基于活动的探索性体验，学生将前往毛鉴公祠，围绕主席的个性特征，参与"祠堂论理"的沉浸式情景体验，在现场进行角色扮演，从艺术层面真实还原当时毛泽东论理的情景，探究他的个性形成原因，学习他不惧权威，敢于维护正义、敢于坚持真理的精神，这种环境与现场参

与，能真实地让学生感受到虽然毛泽东也曾是乡亲们眼中的叛逆少年，但他反对的是不公平与不公正；最后是基于人际的情感性体验，这个体验贯穿于研学活动的全过程，要求研学导师时刻关注学生动态，及时给予评价，并提醒学生：你在干什么？你应该干什么？你有什么想与同学和老师分享的？为了避免学生一味地"抄抄抄"，研学导师要引导各小组以关键词、思维导图或者利用平板电脑等多种方式记录信息的关键点。

指导策略6：深度思考，寻求问题解决突破点

深度教学是以知识的内在结构为基础，引导学生从表层知识的学习走向对知识深层意义的理解，最终导向学生学科素养发展的教学。深度教学主要在于引导学生深度学习，注重学生学习的沉浸性、丰富性以及层次性。教师应引导学生理解知识的深层内涵、积极主动地进行个性化的意义建构，在具体的情境之中迁移和运用知识，促进学生批判性、创造性思维的发展。

研学实践课程的实施过程中，研学导师要充分考虑学生的实际知识水平和需求，如小学阶段可偏重于情感性体验，建立初步的认知及培养兴趣；初中阶段偏重于探索性体验，锻炼解决问题的能力。

参观环节中，韶山研学站点的专业导师在带领学生参观南岸私塾后，引导学生从情感层面深入思考"为什么年仅十七岁的毛泽东在面临至关重要的人生选择时，他毫不犹豫放弃了当米店学徒、走个人经商发财之路，而是坚定地选择了继续到东山学校读书？"此时孩子们对伟人毛泽东的认识已经跳出了符号化认识，他们围绕"个性发展"这一线索自主地去寻找、去搜集、去探究心中的答案。当学生遇到了困难，导师则引导他们采用小组协商的方式解决问题，还可以现场求助，通过团队合作完成挑战后，获得问题线索。在离开韶山，前往东山书院前的诗词大会上，研学导师带领学生激情澎湃地诵读毛泽东当年离家时所写的《出乡关》："孩儿立志出乡关，学不成名誓不还。埋骨何须桑梓地，人生无处不青山。"那种跨越百年的精神碰撞将韶山站研学的仪式感推向高潮。

指导策略7：形成合力，多方联动协同指导

研学实践课程实施过程中，学生的表现既有可预期的，也有即时生成的；既有匹配于研学导师专业背景的，也有超乎研学导师专业能力的。在超出研学导师专业能力范围时，就需要专业技术人员提供支持，多方联动进行协同指导。

以长沙基地"览魅力古城"小学段长沙市博物馆站研学实践课程为例，研学导师、专业导师的合作教学贯穿始终。研学课程的导入为研学导师播放视频《国家宝藏》长沙窑片段后，向学生们展示长沙窑陶器的复刻品，并请同学们看看、摸摸、掂量一下，引发学生对这件作品的思考——"它上面的字是什么意思？""'长沙窑、大唐造，大唐造、长沙窑'是当时的广告词吗？""'釉上彩''釉下彩'各是什么意思？"，好奇心让原本"高大上"的文物"活"了起来，学生带着这些疑惑前往研学站点，寻找答案。

在长沙市博物馆的参观环节，学生独立自主地观察各种陶器，并将自己在参观过程中

产生的疑惑记录在学生手册，参观完毕后研学导师组织集合，由讲解员统一答疑解惑；实践环节，通过面对面与长沙窑技艺传承人的对话，近距离观看传承人的制作演示，欣赏具有专业难度的制陶手艺，动手制作陶艺作品，赞叹劳动匠人的聪明才智，感受长沙窑制作生活器具时将实用性与艺术性完美统一的高超技艺。在研学导师、专业导师共同授课之下，让同学们领会到将技艺承载着悠久的历史、传承着灿烂的文明。

回顾长沙市博物馆的研学实践课程，不同的教学环节有不同的专业导师作为授课者，其教学方法也是不同的。比如，博物馆专职讲解员主要教法为陈述、介绍；长沙窑技艺传承人则是示范、辅导；而研学导师则是引导学生表达、反思与探索，这种多方联动的协同指导，形成了研学课程实施中的教育合力。

指导策略8：注重实践，有效落实核心素养

核心素养对新时期基础教育改革产生了深远的影响，同时是新时代"教育应该培养什么样的人"的有力回答。在发展六大核心素养方面，"学会学习、健康生活"这两方面的品质，在每次研学实践中都能得到不同的发展品质，而"人文底蕴、科学精神、实践创新、责任担当"这四方面的品质，则因组织活动的性质、主题不同而有所侧重。

人文底蕴——以"湘江北去风华正茂""红色基因代代传""数风流人物"等为代表的红色研学实践课程为例，研学导师全程充分调动学生视听感官，潜移默化地引导学生感受红色文化，带领学生运用所学历史文化知识解读红色文化信息，使学生在切身感受中深刻理解红色文化内涵。研学导师通过将初中历史学科知识融入研学实践过程中，特别是在参观伟人故居、历史展馆环节，带领学生认识革命文物，听取革命故事，学习先烈事迹，让学生在研学活动中通过史料、文物、图片、多媒体资料等形式见证革命先烈为争取民族自由和解放所经历的峥嵘岁月，从中领悟红色文化内涵及幸福生活的来之不易，从而牢记历史，弘扬爱国主义精神，做积极践行社会主义核心价值观的有志青年。

例如在毛泽东同志故居、南岸私塾旧址这两个研学站点，研学导师发布任务后，指导学生结合特定历史时期的社会形势，观察少年毛泽东的生活环境、家庭环境，感受少年毛泽东的生活、学习、劳动经历，探究家庭对毛泽东性格的影响，对探究发现结果做现场讲解并拍摄记录（允许拍摄的地方要拍摄记录，不允许拍摄的地方找到证据即可，不做现场讲解和拍摄记录），收集能够支持自己观点的资料。待学生完成此任务后，指导学生及时将收集的证据资料整理加工，使学生在巩固历史知识的基础上深刻感知历史文化。

科学精神——以"学工业智造"为代表的工业研学实践课程为例，研学导师要引导学生了解随着时代的变迁、科技的飞速发展，作为新一代的中小学生，应形成科学观念，发展科学思维，内化科学精神。

例如湖南省科学技术馆研学站点，该场馆融汇了当代不同领域的多种科学技术，学生不仅能以文字、展板、图片的形式了解各项科学技术，更能够以参与者、体验者的身份，在真实的操作环境中，深入探究某一项或几项其感兴趣的科学原理，在学习科学知识的过程中，拓宽思维领域，培养科学精神。研学导师组织每个研学小组以抽签的方式，选取一个

生活中常见的科学问题进行探究，重在引导学生关注生活中的科学现象，了解其背后的科学原理，探究运用科学原理进行科技创新的方法，让学生意识到科学技术及科技创新在日常生活中以及社会发展中的重要作用，从而使其在切身实践中内化科学精神并随之产生创新意识，以此为学生在未来充分展现创新能力创造良好的前提条件。

湖南省科学技术馆研学实践课程探究发现任务单

基础题（每个组以抽签的方式选取一个问题进行探究）：

（1）冬天脱毛衣时，有时会看到电光，衣服也会发电吗？请在科技馆的一楼找到它的原理。

（2）我们到处可以看到感应门，快去科技馆的一楼找找与它类似的展品，并把它们的名字记下来吧。

（3）每周的升旗仪式上，旗手是运用什么装置把国旗升到旗杆顶端的呢？请在科技馆的一楼找到它，并记下它的名字。

（4）你觉得书包带是宽的背起来比较舒服，还是窄的背起来比较舒服？请你在科技馆的二楼找到它的原理。

（5）飞机为什么能飞上天呢？请你在"数理启迪"板块找到它的原理。

（6）赵州桥、卢沟桥等拱桥为什么坚固耐用？请你在"数理启迪"板块找到它的原理。

（7）洗衣机为什么能把衣服甩干呢？请你在"数理启迪"板块找到它的原理。

（8）人为什么会晕车？请你在科技馆中找到类似的现象，并找出其中的原因。

拓展题：

我看到科技馆的 _____，联想到了生活中的 _____。

实践创新——以"研生态农业"为代表的农业研学实践课程为例，实践活动的内容一方面应与学生的日常生活紧密相连，另一方面应结合学生所学知识，以此引导学生在实践所学知识的基础上体验生活。研学导师要想在研学实践过程中帮助学生提升创新能力，先要为学生提供充足的实践机会，使学生能够在实践中获取充足的经验，从而以此为基础提升自身的创新能力。

例如为了使学生能够有效习得与生物相关的知识，在惠众生态农庄研学站点"植物大探秘""土壤检测""插秧人机大比拼"等实践探究环节中，研学导师需要根据研学小组的任务完成情况，适时帮助学生扩大或缩小查找任务范围，指导学生如何对植物、土壤等进行观察，同时利用研学锦囊，提示学生运用所学生物、物理学科知识，结合农技专家的指导，细化土壤检测流程、水稻种植步骤，在切身实践的过程中了解教材领域以外的知识，使学生充分体验，在动手参与的过程中，丰富自身知识储备，在实践中获取知识并在运用知识的过程中激发创新能力。

责任担当——以"习非遗绝学"为代表的非遗研学实践课程为例，研学导师可为学生设置不同难度的实践活动，以此促使学生独立思考，从而使其在解决问题中强化自身思辨能力与责任意识。

例如在雨花非遗馆这个研学站点，研学导师以"揭秘非遗"为切入点，带领学生在安全范围内，进行一次"场馆冒险"的游戏。活动过程中设置层层关卡，学生需要通过小组合作与独立思考相结合，攻克难关。比如"雨花非遗馆大寻宝"游戏关卡，游戏规则为：以研学小组为单位参与游戏，游戏过程中有研学导师设置的四到五个关卡，关卡中设置可包括表演艺术、节庆仪式、自然和宇宙的知识和实验、传统手艺、口头表现形式等与非物质文化遗产相关的口头问题与实践制作环节。在游戏场景内，研学小组的每位成员都需要充分发挥各自的优势，比如在遇到与传统手艺制作相关的问题时，小组内部动手能力强的组员就主攻此关卡，发挥个人特长的同时，积极带领组内其他成员尝试破解问题，从而在组员相互帮助的基础上顺利攻克难关。再比如"非遗场馆我规划"游戏关卡，研学导师可以将部分选择权交给学生，鼓励小组按照本组意愿与能力，自行规划参观路线及学习项目。有的组内学生对"表演艺术"感兴趣，则其参观、学习的路线就可包含皮影戏、花鼓戏、六艺等表演性质项目；有的组内学生对"传统手艺"感兴趣，则其参观、学习的路线就可包含棕编、竹编、泥书、扎染等制作技艺性质项目。学生非遗馆寻宝及路线规划的过程是独立思考与深度体验的过程，也是进一步增强非遗文化传承使命感的过程。

三、汇报交流课实施策略

指导策略 9：检验知识，实践应用研学新知

检验知识的过程即检查前阶段习得的知识是否正确。在现场教学环节，研学导师给学生布置了与该主题相关的任务，学生通过在研学站点参与一系列情境任务，进行了证据收集和信息整理加工，在汇报交流课上，研学导师对学生的完成情况进行检验，对学生获得的知识及时进行检查和反馈。

以长沙基地"望湘江北去"初中段橘子洲头研学实践课程为例，教师带领学生参观毛泽东青年艺术雕像后，介绍雕像的相关情况，学生自主完成探究发现任务单。汇报交流课上，研学导师先引导同学们进行简单的组内交流，由组长主持，组内同学各抒己见，回顾、反思、完善研学任务单。讨论环节，研学导师鼓励组内孩子相互提问，"毛泽东青年艺术雕像的高度有什么特殊寓意？""雕像深邃的眼神是通过什么工艺营造的？"……这些问题让学生通过研学实践与思考来相互交流。"根据橘子洲的地形地貌和头与肩（胸）的比例，建32 米高是黄金高度，既能与环境协调，又能从四面八方看到，同时还有一层深意，即1925 年，毛泽东站在橘子洲头写下《沁园春·长沙》时，正好 32 岁。""雕塑全部采用花岗岩石材拼装，眼部也不例外，之所以有深邃的眼神，是通过把瞳孔部位挖空，依靠自然的投影关系营造深邃效果"……学生在独立思考、相互交流、相互评价的过程中深入理解，时时感受到自己是学习的主人，进一步深化了此次研学的感悟。

指导策略 10：多元呈现，深挖内涵多维创新

汇报交流环节，学生以小组为单位，围绕研学主题，设计、制作本主题研学实践活动

汇报材料，汇报形式可以是演示文稿、手抄报、微视频、现场表演等，且要能表现本组完整的研学过程和每位组员的参与及感受。此外，根据不同主题，不同的研学小组成员可有不同角度的思考，可以在同一个大的研学主题中从不同视角挖掘独特的内容进行汇报，达到汇报内容新颖，呈现方式多元的效果。

以长沙基地"赏湖湘文化"主题研学实践活动课程为例，2018年度实施对象为岳麓区及市直小学初二年级，约计两千八百余人次。汇报环节共六十班次参与，每班分为五至八个研学实践小组。都是以"赏湖湘文化"为主题，探究湖湘精神，但实施过程中有的研学小组对湖湘文化中的建筑文化感兴趣，有的研学小组对湖湘文化中的饮食文化感兴趣，有的研学小组对湖湘文化中的服饰文化感兴趣……在探究过程中各研学小组生成的小主题不同，实践探究中所取得的原始材料及收获进行加工整理的形式也不同，导致最终呈现的方式也不尽相同。

长沙基地2018年"赏湖湘文化"主题研学实践活动课程汇报交流成果统计表

选项	小计(篇/章/个……)	占比/%
演示文稿	103	33.8
手抄报展示	71	23.3
微视频	58	19
现场表演	33	10.9
论文日记	17	5.6
口头表达	14	4.5
实物展示	6	1.9
其他	3	1

指导策略11：延伸学习，触类旁通升华情感

研学实践课程的最终目的是将本次活动所获得的经验运用于日常生活。故拓展延伸是一种行之有效的，以教师为主导、学生为主体，注重课内内容的拓展和课外内容的链接的教学方式。它以发散学生思维及培养学生学以致用和综合能力为目的，是研学实践课程教学的重要组成部分。

如"习非遗绝学"小学段研学实践课程结束时，研学导师总结本次研学活动后，对学生提出新的要求——虽然本次活动告一段落，但是学习非遗技艺、传播非遗文化不会结束。在研学活动结束后，请同学们通过做一做、唱一唱等形式，继续深入了解非遗文化。

"习非遗绝学"主题拓展任务单

活动形式	活动内容	自由选择1~3项	活动开展照片粘贴处
演一演	表演艺术	☐京剧　☐皮影戏　☐苗族民歌 ☐秧歌　☐赛龙舟　☐太极拳 ☐花毯　☐其他，请补充＿＿＿＿	
摄一摄	社会实践、仪式、节庆活动	☐春节　☐端午节　☐盘王节 ☐大禹祭典　☐祭孔大典　☐妈祖信仰 ☐其他，请补充＿＿＿＿	
用一用	有关自然界的知识和实践	☐二十四节气　☐《黄帝内经》 ☐中医针灸　☐中药炮制技艺 ☐藏医药　☐珠算 ☐其他，请补充＿＿＿＿	
做一做	传统手工艺	☐扎染技艺　☐风筝制作技艺 ☐毛笔制作技艺　☐黑茶制作技艺 ☐制扇技艺 ☐其他，请补充＿＿＿＿	
说一说	口头传承的表现形式	☐白蛇传传说　☐孟姜女传说 ☐相声　☐老北京叫卖 ☐其他，请补充＿＿＿＿	

　　如"寻伟人故里"初中段研学实践课程结束时，研学导师就可让学生从伟人的情怀联系自身的成长，在引发共鸣、建立联系后再激励他们以毛泽东为榜样，立志为"国家富强、民族复兴、人民幸福"而"撸起袖子加油学"，扛起应有的社会责任和使命担当。同时继续引导学生思考"我们还应该向少年毛泽东学习什么精神品质，怎样学?"并在研学之后制定相关的实施计划，让研学所得回归生活，用于生活。

第三节　研学实践课程实施的关键角色

研学实践的组织实施需要成立研学共同体,各司其职,团结合作,尽最大的可能性,确保研学实践活动顺利开展,为学生的研学实践活动保驾护航。基地作为研学实践活动的组织执行方和枢纽,往上对接教育部门,寻求政策、资金支持;往下对接参培学校和学生,做好需求调研、行前动员和安全协议;往外对接研学实践基地,寻找最可靠的合作联盟,开发最合适的研学实践路线;往内培养研学教职员工,规划好研学实践课程,做好各种预案准备,制定研学实践的实施方案。

2022 年 6 月,人力资源和社会保障部对研学旅行指导师的定义为"策划、制订、实施研学旅行方案,组织、指导开展研学体验活动的人员"。并公布了其主要工作任务如下:收集研学受众需求和研学资源等信息;开发研学活动项目;编制研学活动方案和实施计划;解读研学活动方案,检查参与者准备情况;组织、协调、指导研学活动项目的开展,保障安全;收集、记录、分析、反馈相关信息,保障研学实践团队任务顺利完成。但在实际操作中,很难做到一个研学导师负责研学实践前、中、后的全过程。对此,长沙基地为了确保课程的专业化实施,在研学实践活动中创新设计并实施"三师"模式,即基地专职教师担任"研学导师",布置研学任务,实施研学课程,组织汇报交流;基地教官和学校教师担任"行为导师",规范研学礼仪,强调责任担当,保障研学安全;研学点讲解员或某个特定的课程讲授者担任"专业导师",讲授研学知识,解答研学疑问。如此三师一体,通力合作,做到了研学方向有把握、德育行为有监督、专业知识有支撑,全面提升研学品质。

01 研学导师
布置研学任务,
实施研学课程,
组织汇报交流

研学导师

三师一体
无缝对接

03 专业导师
讲授研学知识,
解答课程疑问

02 行为导师
规范研学礼仪,
强调责任担当,
保障研学安全

行为导师　专业导师

图 5-4　长沙基地"三师"合作模式架构图

一、研学导师

"研学导师"是科学运用课堂教学资源和社会研学资源，精准实现研学实践教育根本目的的教育工作者，不仅是学校教育与校外教育相融合的开拓者，更是高质量开展研学实践教育课程的实施者。基地将"研学导师"定义为在研学实践教育过程中为学生提供教育服务的导师，具体定位为：课程设计者、组织执行者、指导引领者和总结评价者。

(一)课程设计者

研学导师是研学目标的制定者和课程项目的设计者，能对青少年的研学线路进行合理的设计和开发，设计研学课程和教学方案，能将"责任担当、问题解决、创意物化、乐善生活"四维目标设计在研学实践教育课程方案中，并能融合在研学实践教育的行前、行中和行后各个阶段。能合理利用各种资源，设计的研学实践课程方案能体现出自主性、探究性、体验性、互动性、趣味性等特点。能贯彻综合实践活动课程标准和研学实践教育相关文件精神，开发课程资源，设计研学实践线路及其实践点的活动任务，撰写课程实施教案。

(二)组织执行者

研学导师是研学课程的组织执行者，根据课程主题和研学目标，组织带领学生参加研学教育实践活动全过程。在不同的研学场景中组织研学活动的开展，布置相应的研学任务；在学生需要帮助的时候对学生进行指导并参与学生的项目完成，进行研学实践活动的整体进程推进；与专业导师共同完成研学实践教学任务；管理学生的集体旅行、集体食宿、集体研学，教育、监督学生遵纪守法、注意安全，保证学生的食宿行安全。

(三)指导引领者

在研学实践教育课程中出现的问题往往没有标准答案，研学导师也不是答案的给予者。面对开放的任务，导师要引导学生用动手实践的方式解决问题，用积极的鼓励式教育激发学生主动学习、融合学科知识解决问题的动力。同时，在整个研学过程中进行安全教育和安全引领。

(四)总结评价者

研学导师是研学实践课程实施的引导者，在研学活动实施过程中全程给予学生课程指导，也是最了解学生掌握研学知识技能程度的人。在整个研学阶段，需要给予学生正确正向的评论，批阅学生研学实践作业，结合研学任务进行公正、客观、科学的评价。

二、行为导师

研学实践教育活动中，对学生的知识技能教育固然重要，学生的行为养成也十分重要。由基地教官和学校教师担任的"行为导师"会从寝室内务、行为规范、学习习惯等方面对学生进行指导教育，规范研学礼仪，强调责任担当，帮助其养成良好的学习生活习惯，提高学生的自我约束力与责任感，同时保障研学的安全。研学中的行为导师是研学活动的中坚力量，对学生的素质教育起着重要作用，是研学实践教育过程中的生活管理者、行为塑造者、安全保障者。

（一）行为塑造者

良好的行为习惯是引导学生未来的启明灯。在研学过程中，行为导师与学生同食同行同住，需要在研学过程中对学生在不同场景下的礼仪行为进行指导，培养学生的习惯养成和礼仪礼貌。主要有生活习惯和道德习惯。例如：生活习惯上，在参观博物馆等公众场合时，可以提示学生保持安静、不要乱跑，不要影响他人；在自然环境中野餐或活动时，可以提示学生注意收起垃圾、保护环境；在集体就餐时，揭示学生要注意餐桌礼仪等。道德习惯上，通过赠送感恩卡或小礼物等形式引导学生懂得对提供帮助的人、对父母、对老师表示感恩，通过分组合作的形式引导学生互帮互助、团结协作、珍惜友谊，在日常的活动过程中时刻引导学生去做到信守承诺、认真负责、文明礼貌、爱国守法等。

（二）生活管理者

生活管理是研学实践教育的重要组成部分，在集体旅行、食宿、研学的过程中，行为导师根据教学安排，对学生生活中的行为进行教育管理，包括整理宿舍、清洗衣物等。同时，给予学生准确、及时的建议与帮助，保证学生的食宿行顺利进行。

（三）安全保障者

研学实践教育是一种户外活动，其危险性比普通的户外活动更高，行为导师需要在研学过程中保障学生的人身安全，掌握一定的安全知识以及急救知识，理性处理突发事故。同时，根据课程安排，对学生进行素质拓展、体能训练教学，锻炼学生的身体素质。

三、专业导师

专业导师是在某些领域、区域具有专业知识、技术并可以从事研学实践教学的人员。基地专业导师主要分为以下三类：

(一) 专业讲解者

主要包括各种类型的博物馆、科技馆、主题展览、动物园、植物园、历史文化遗产、工业项目、科研场所的专职讲解员。

(二) 技艺传授者

专门或主要从事农业工作的从业人员，也可以是农业劳动者，具有相关技术和服务水平；以手工技能或其他技艺为业的人，包括陶工、织工、木工等，凭借手的行为创造物品的人员，也包括非遗传承人。

(三) 文化引领者

具有一定学识水平、能在相关领域表达思想、提出见解的人，可以举办讲座类课程教授的专业人员，如各行各类的文化名人。

专业导师需要根据研学实践课程安排，配合基地进行相应的教学设计。因为专业导师可能存在着对教学流程不熟悉的情况，所以基地会根据需要，对专业导师进行培训，让专业导师能够顺利地完成教学任务和指导学生完成研学任务。

"数风流人物"研学实践课程中的"三师"合作实施案例

课型	课题	教学过程	三师职责
行前准备课 ——长沙基地	不忘的记忆，永远的丰碑	1. 视频导入，了解相关知识 2. 介绍研学点，明确任务 3. 小组交流，策划活动 4. 总结评价，拓展延伸	**研学导师**：设计课程，组织授课，引导学生策划活动 **行为导师**：维持课堂纪律，组织学生完成课后拓展活动
现场教学课 ——刘少奇故居	寻访刘少奇故居	1. 瞻仰刘少奇铜像 2. 参观刘少奇同志纪念馆 3. 听红色故事会"主席故事永流传" 4. 寻访刘少奇故居	**研学导师**：组织引导现场教学活动 **行为导师**：组织学生集合排队，清点人员，培养学生的文明习惯，负责学生外出研学时的人身安全 **专业导师**：刘少奇故居专业讲解员带领学生参观刘少奇故居、纪念馆，并进行红色故事会的授课

续表

课型	课题	教学过程	三师职责
现场教学课 ——长沙市博物馆	中流击水 ——长沙魂	1. 参观市博物馆，观百年事件，感百年长沙 2. 场馆课程体验：原始人时期陶器的纹饰、陶器与汉代生活等主题课程 3. 朗诵青年救国团团歌 4. 浏阳河畔咏唱《浏阳河》	**研学导师**：组织引导现场教学活动 **行为导师**：组织学生集合排队，培养学生的文明习惯和民族自豪感，负责学生外出研学时的人身安全 **专业导师**：长沙市博物馆专业讲解员带领学生参观"中流击水"陈列馆，并进行场馆主题课程的授课
现场教学课 ——湖南省党史陈列馆	敢教日月换新天	1. 观党史事件，感百年湖南 2. 听红色故事，传革命精神	**研学导师**：组织引导现场教学活动 **行为导师**：组织学生集合排队，培养学生的文明习惯和责任担当意识，负责学生外出研学时的人身安全 **专业导师**：湖南省党史陈列馆专业讲解员带领学生参观陈列馆，并进行微党课《少年强则国强》的授课
汇报交流课 ——长沙基地	不忘的记忆，永远的丰碑	1. 回顾主题研学课程内容 2. 小组创作，汇报交流 3. 总结评价，拓展延伸	**研学导师**：设计课程组织授课，引导学生总结交流、汇报展示 **行为导师**：维持课堂纪律，组织学生完成课后拓展活动

第四节　研学实践课程实施的应用支架

支架教学模式是以建构主义教学理论为指导提出的一种新型的教学模式。在支架教学模式中，"支架"是喻指用来帮助学生解决问题及建构意义的概念框架。应用支架是学生完成研学实践课程挑战性任务的重要助力，在研学实践课程实施中运用支架，不仅可以将研学的主动性还给学生，还可以使学生们在支架的辅助下，顺利完成研学导师设计任务，获取任务素材，帮助学习者提升自主学习能力。

一、支架的类型

(一)学习任务单

学习任务单是学习支架的主要形式，它是研学导师依据学情，为达成学习目标而设计的学习活动的载体。它能激发全体学生的学习积极性，在达成学习目标的过程中，有效提高学习兴趣，掌握学习方法，引导养成学习习惯，是提升学习能力的重要媒介。

以长沙基地"览魅力古城"小学段长沙市博物馆站研学实践课程为例，研学导师寻根长沙地区出土的陶瓷，从原始时期的陶开始探究，再迈入楚汉时期，最终将目光聚焦在海上丝绸之路上的妙彩唐风。研学导师以"陶之源"—"陶之纹"—"陶之居"—"陶之售"—"陶之艺"学习任务单为线索展开，在时间和空间两个维度，带领学生走进长沙市博物馆，透过千年前世界级的畅销产品，探寻铜官窑的真正魅力。

以长沙基地"恰同学少年"初中段橘子洲头站研学实践课程为例，研学导师与学生共同凝望滔滔北去的湘水，体会青年时代的毛泽东曾在橘子洲头"问苍茫大地，谁主沉浮"的豪迈气概，感知一代伟人蓬勃朝气的少年时代，激发学生学习明志、奋发向上的热情。学生通过研学导师精心设计的学习任务单，重建伟人们青春时期的足迹，沉浸式感受和体悟。

“览魅力古城”主题研学实践活动课程系列学习任务单

陶器与汉代生活

第一站：汉代与长沙国

看完了小短片《定王台的故事》，请回答下面的小问题：

1. 长沙国在汉代时是指哪个地方？

2. 刘发当上长沙王之后，给母亲送去什么特产表达心意？

3. 认识了西汉的贾谊之后，请你填一填：

贾谊是西汉著名的政论家、_____。

他在公元前177年被贬为长沙王吴著的太傅，所以后世称他为_____。

第二站：古墓探秘

在这座墓中有大量的玉器、青铜器、漆器、金器等宝贝，墓的主人是西汉时期的一位诸侯王，由此可见他的身份十分尊贵。

1. 请根据表格中的提示，在展厅中找到其中的5件宝贝，并且在表格里记录下它们的特点：

序号	名称	品类	作用
1		金器	
2		玉器	
3		青铜器	
4		青铜器	
5		漆器	

2. 你最喜欢的是哪一件宝贝呢？为什么喜欢它？

我最喜欢的宝贝是：

我喜欢它的理由是：

3. 想一想：当时的人们为什么要把这些宝贝放在墓葬中呢？

"恰同学少年"主题研学实践活动课程系列学习任务单

任务点	任务单示例
毛泽东青年艺术雕像处	第一项：阅读简介，将打乱后的事件按照时间的先后顺序排列，标注出时间（如：C 1925年秋）。 A.毛泽东对这片布满他青春足迹的土地十分眷念，又曾八次重游。 B.橘子洲是毛泽东青少年时期在长沙最为喜爱的活动场所，他或独自驻足洲头，指点江山，或携来百侣同游，求索真理；或徜徉于橙黄橘绿之中，激扬文字，或遨游于波峰浪谷之间，激水中流。 C.毛泽东离开故乡韶山，去广州主持农民运动讲习所，途经长沙，重游橘子洲，心潮起伏，触景生情，写下脍炙人口的《沁园春·长沙》。 （　　　　　　　　）——（　　　　　　　　）——（　　　　　　　　） 第二项：请根据老师的介绍及雕像简介进行现场估算，填写下列数据。再猜一猜这些数据的意义所在。 　　　　毛泽东青年艺术雕像高（　　　　）米，长（　　　　）米，宽（　　　　）米。 意义：

续表

任务点	任务单示例
"指点江山"石碑处	左边的诗词是《沁园春·长沙》的内容,右边是白话译文,都已打乱了顺序,请按要求答题:1.连线——请根据自己的理解将诗词与译文用直线连起来,使得诗词和译文一一对应;2.排序——请对照橘子洲"指点江山"石碑上的诗词将左边的诗词按正确的顺序排列,并将序号写在括号内。 (　　)独立寒秋,湘江北去,橘子洲头。 同学们正值青春年少,风华正茂;大家志气满满,意气奔放。 (　　)鹰击长空,鱼翔浅底,万类霜天竞自由。 面对着无边无际的宇宙,(千万种思绪一齐涌上心头)我要问:这苍茫大地的盛衰兴废由谁来主宰呢? (　　)看万山红遍,层林尽染;漫江碧透,百舸争流。 在深秋一个秋高气爽的日子里,我独自站立在橘子洲头,望着湘江碧水缓缓北流。 (　　)怅寥廓,问苍茫大地,谁主沉浮? 评论国家大事,写出这些激扬的文章,把当时的那些军官看得如同粪土。 (　　)恰同学少年,风华正茂;书生意气,挥斥方遒。 还记得吗?那时我们在江水深急的地方游泳,那激起的浪花几乎挡住了快速开来的船。 (　　)携来百侣曾游,忆往昔峥嵘岁月稠。 看万千山峰全都变成了红色,一层层树林好像染过颜色一样,江水非常清透,一艘艘大船乘风破浪,争先恐后。 (　　)指点江山,激扬文字,粪土当年万户侯。 回想过去,我和我的同学,经常携手结伴来到这里游玩;在一起商讨国家大事,那无数不平凡的岁月至今还萦绕在我的心头。 (　　)曾记否,到中流击水,浪遏飞舟! 鹰在广阔的天空飞,鱼在清清的水里游,万物都在秋光中争着过自由自在的生活。

(二)思维导图

思维导图又名心智导图,是表达发散性思维的有效图形思维工具。它用一个中央关键词或想法以辐射线形式连接所有的代表字词、想法、任务或其他关联项目的图解方式。

以长沙基地"恰同学少年"初中段研学实践课程雷锋纪念馆站为例,为加深学生对雷锋同志及其精神的了解,号召青少年学习雷锋精神,研学导师组织学生对雷锋纪念馆进行集体概览性参观,寻找雷锋成长的重要转折点。

为检测参观效果,参观时研学导师提示学生在跟随讲解员参观时不要脱离队伍,注意聆听讲解、认真观察,标记下与任务有关的场景、景观、文物的展位和名称,作为下一步重点探究的对象,并完成雷锋成长的重要转折点的思维导图(图5-5)。

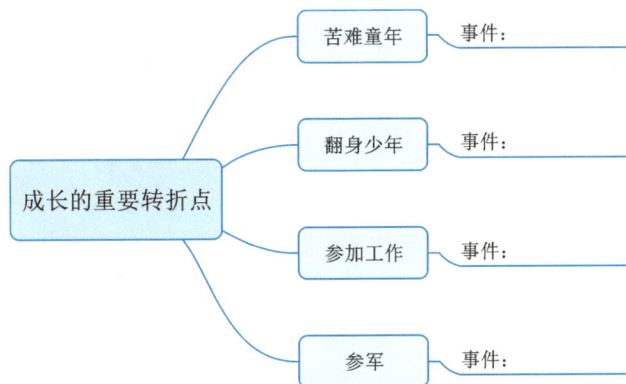

图5-5　"恰同学少年"主题研学实践活动课程思维导图

(三)资源包

教学资源包是为教学能够有效开展所提供的素材等各种可被利用的条件,通常包括教材、案例、影视、图片、课件等,也包括研学导师、教具、基础设施等,广义上也涉及教育政策等内容(图5-6)。

图5-6　研学主题图书

以长沙基地"恰同学少年"初中段湖南第一师范学院站研学实践课程为例，研学导师组织学生集合后，根据研学小组的实际情况，提供诗词的纸质或电子资料，共同朗诵或背诵毛泽东诗词《沁园春·长沙》，体会伟人的豪情壮志。

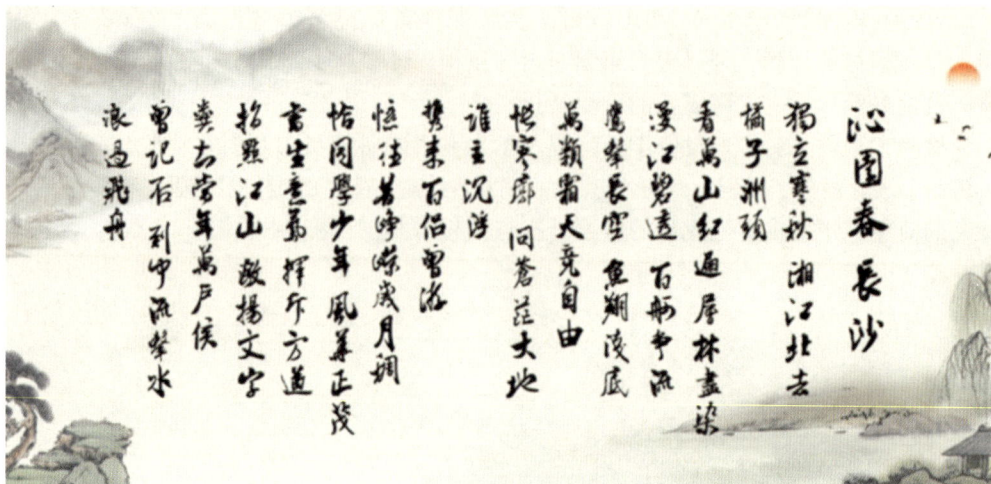

图5-7 《沁园春·长沙》

研学导师随即组织学生参加"学伟人风范"专题讲座，提示学生利用纸笔、多媒体设备进行观察记录，并完成学习任务单。

"学伟人风范"主题专题讲座内容

环节	活动	形式	内容	学习任务单
专题大讲座	学伟人风范	主题讲座	(1)胸怀大志，心忧天下 (2)刻苦攻读，修学储能 (3)强身健体，磨砺意志 (4)尊敬师长，结交益友	1.毛主席有哪些值得我们学习的习惯和品质？ 2.红色故事会中让你印象最深刻的是谁？为什么？
	红色故事会	讲座+影像资料	(1)一封托孤信 (2)永远的先生——徐特立	

讲座结束后，研学导师组织学生开展"声临其境"电视剧配音活动。根据影像资料片段（视频内容为电视剧《恰同学少年》中的"立志第一课"片段），选取视频中某些人物角色，让学生穿上剧中服装，为剧中人物配音。研学导师先播放视频片段，让学生了解相关人物角色。播放视频之后，导师在研学小组中每组挑选一到两名学生并分配角色，给学生十分钟时间熟悉人物角色及台词，利用平板电脑中的视频资料进行练习演绎，十分钟后登台进行配音体验。

（四）研学锦囊

研学锦囊即解决研学过程中可能会遇到的问题所需的方法、知识或经验，研学锦囊可以提升学生的学习效率。

以长沙基地"赏湖湘文化"初中段湖南省博物院站研学实践课程为例，学生以参与博物院"寻宝"为主要活动脉络，实地参观考察，通过观察、采访、查阅资料等方式收集与探究与内容相关的资料。研学导师指导学生分小组参与活动，进行通关比赛。活动分为"按图索骥""寻找湖南精神""寻找心目中的宝藏"三个关卡，第一关卡完成后找到老师盖章并获取锦囊，寻找第二关卡的线索，以此类推，最先通过第三关卡的小组为获胜小组。

"按图索骥"环节，第一道关卡围绕"长沙马王堆汉墓陈列"设置，学生以小组为单位，每个小组分得不同主题任务的学习任务单，研学小组需在博物馆内找到学习单上所注明的文物。任务发布后，研学导师根据任务完成情况，适时为研学小组提供图片式研学锦囊，给予提示。按照提示完成任务的小组立即回到研学导师所在的"安全岛"，研学导师核对完答案后交给小组下个关卡的"锦囊"。"任务驱动+竞赛游戏"，辅以锦囊，降低活动难度，提升学习效率，促使学生更主动、更深刻地了解文物知识，而非被动地听讲解员讲解。

"赏湖湘文化"主题研学实践活动课程图片式研学锦囊

任务	对应锦囊
学习任务单1： 找到以"动物"为主题的三件文物，并说出它的名字和用途	锦囊1 名称：渔翁背鱼像 用途：装饰
学习任务单2： 找到以"人"为主题的三件文物，并说出它的名字和用途	锦囊2 名称：人首兽身尊 用途：祭祀

续表

任务	对应锦囊
学习任务单 3： 找到以"神话"为主题的三个文物，并说出它的名字和你对它寓意的理解	锦囊 3 名称：T 形帛画 寓意："生生不息"的天生万物的自然理念和美好希冀
学习任务单 4： 找到以"音乐"为主题的三件文物，并说出它的名字和用途	锦囊 4 名称：象纹铜铙 用途：打击乐器
学习任务单 5： 找到以"酒"为主题的三件文物，并说出它的名字和用途	锦囊 5 名称：云纹漆钟 用途：酒器

（五）研学手册

《中小学综合实践课程指导纲要》明确指出："研学导师要指导学生做好活动过程的记录和活动资料的整理，并对活动过程和活动结果进行系统梳理和总结，促进学生自我反思与表达、同伴交流与对话。"这就要求研学实践活动必须有一个应用支架，来记录活动过程相关内容和资料。研学手册就是一个适当的应用支架，它是研学实践学习过程最直接、最具体的体现，既为学生开展研究性学习提供方向性的指导，又为学生提供了研学必要的基础性资料。对学生个体来说，还可以记录其成长足迹。

研学手册要为学生提供研学实践各个活动阶段所需的思维框架，呈现在研学手册里的就是"行前思""行中研""行后悟"这三个方面。具体来说，"行前思"包括基地介绍、研学点介绍、课程介绍、作息规范、活动流程、管理规定等；"行中研"包括项目策划表、课程记录表等；"行后悟"包括成果展示、活动评价、活动感悟等。总体来说，研学手册包含了学生从研学开始到研学结束的整个过程中的行为规范与课程记录、研学收获等(图5-8)。

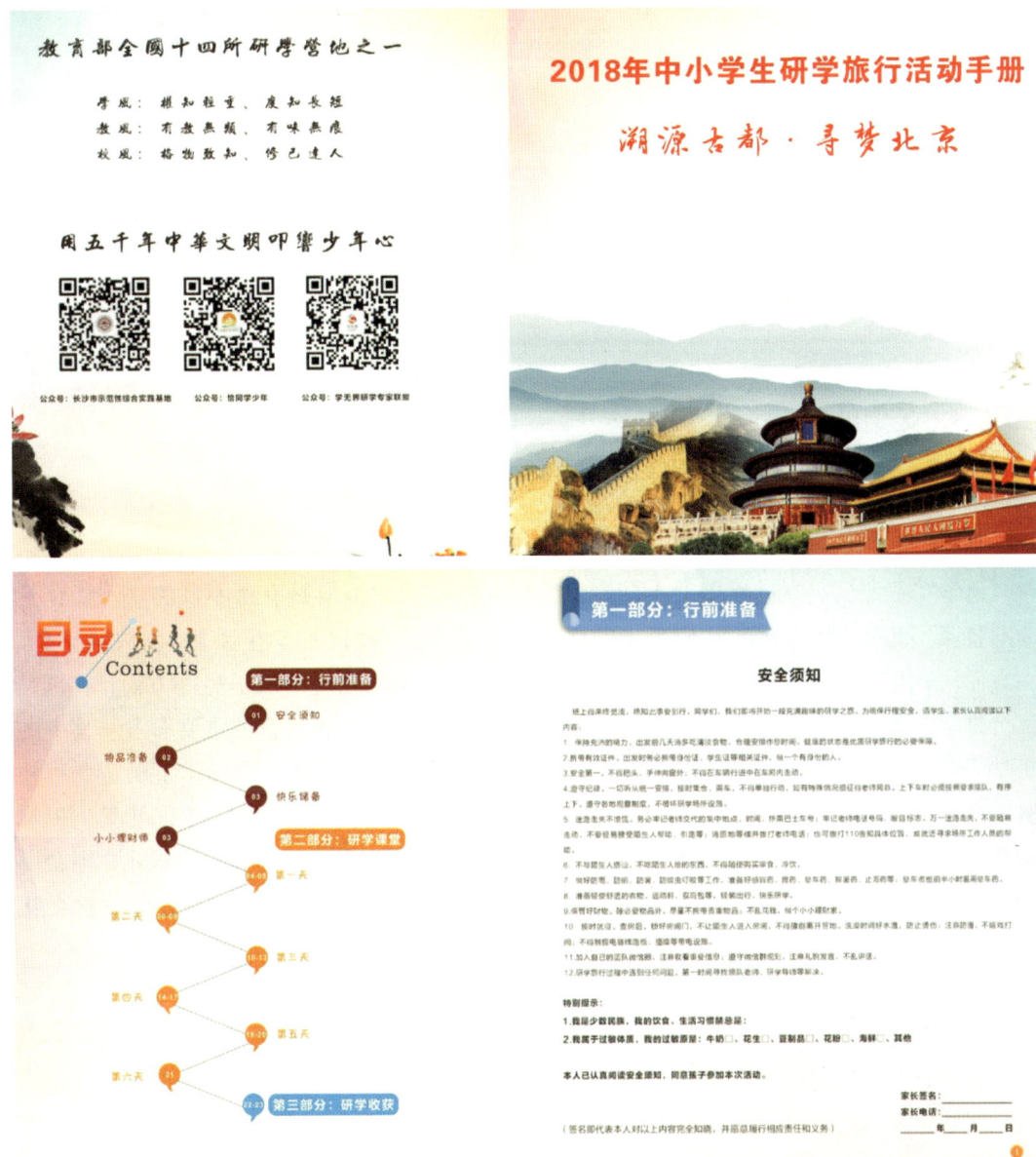

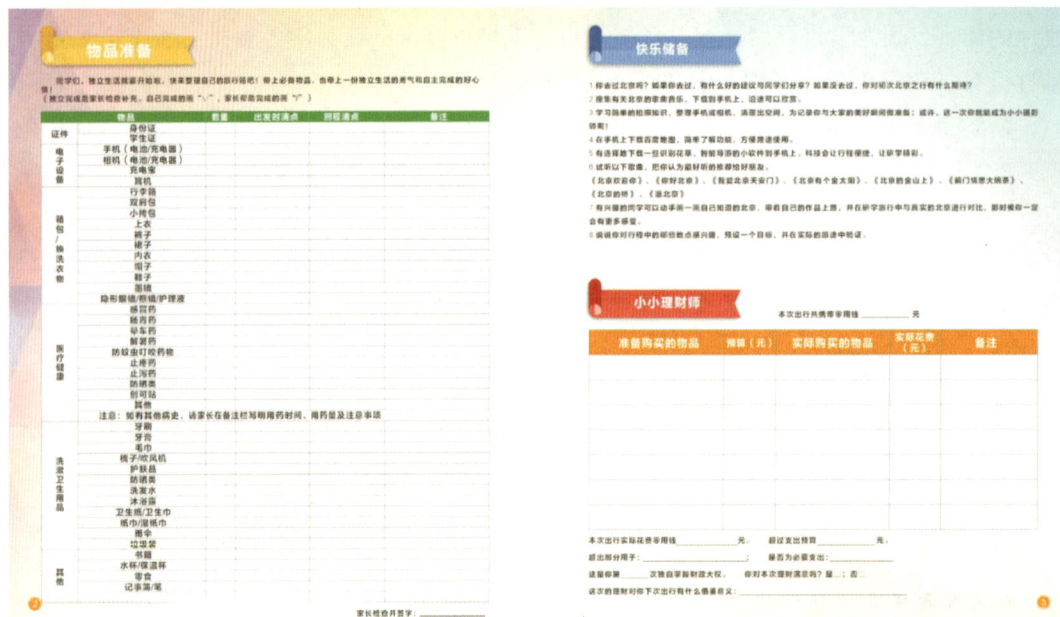

图 5-8　长沙基地 2018 年中小学生主题研学实践活动手册

二、支架的选择

(一) 适时性

研学实践课程实施过程中的不同阶段所构建的支架类型应是有所不同的。例如在行前准备课，研学导师会在前往研学点前将部分研学相关材料(如学生手册)发放给学生。一方面，学生手册包含本次研学实践活动的基本信息，具有导学作用；另一方面，它也是整个研学实践课程实施的行动指南，是学生实现自我管理、自我教育的重要参考。其中的研学活动行程、研学地图、研学点情况介绍、活动评价等板块都可以帮助学生了解课程梗概，知道自己在这门课程中要"学什么""怎么学"以及"如何评价"等内容，促使学生提前做好准备，引导学生渐渐步入学习状态；研学手册中明确的出行要求和安全提示，则会引导学生了解在不同的环境下，如何规范自己的行为，保障自身的安全，这也是学生社会化学习的重要方面。

(二) 适当性

研学导师所构建的这些支架应当与研学实践课程实施的当前活动的目的和任务相切合。例如在现场教学课，以"望湘江北去"初中段爱晚亭站研学实践课程为例，设计"寻找爱晚亭名字由来""欣赏爱晚亭建筑之美""我眼中的爱晚亭"等学习任务单支架。其中，

图 5-9　长沙基地 2022 年中小学生主题研学实践活动手册

"寻找爱晚亭名字由来"任务列举了部分中国传统审美意象，在课程实施过程中，首先，研学导师对意象进行解读，给学生提供古人给建筑取名的思考方向；其次，逆向设计教学流程，提供示范案例。例如，提供"欣赏爱晚亭建筑之美"任务，研学导师先给学生提供大量的包含中国古代建筑的学习范例，学生自主学习后教师再发布任务——欣赏爱晚亭建筑之美；最后，引导学生迁移性运用支架，培养高阶思维。例如，"我眼中的爱晚亭"任务指导学生利用平板电脑等多媒体设备，为爱晚亭拍摄明信片，并撰写宣传通告，使学生像摄影师、编辑一样去思考并解决问题，助力学生的实践探究。

"我眼中的爱晚亭"研学任务单

任务：以下每四幅图中只有一幅对应的是爱晚亭。请找到爱晚亭的图片并钩选出来，并且要在图片上圈出判定的依据	

檐角	 A	 B
	 C	 D
内景	 A	 B
	 C	 D

"欣赏爱晚亭的建筑之美"研学任务单

夏	冬

春	秋

四季的岳麓山各有一番风味，我们以景为画，赋笔成诗，从你最欣赏的角度拍摄一张明信片，并搭配适当的诗句或歌词，将这张明信片送给你想送的人，共赏这一番美景

我搭配的诗句或歌词：

我想赠予的人：

（三）适度性

研学导师要利用好构建的支架，让它完全服务于研学实践课程的展开，使其对学生一直充满吸引力和挑战性，才能更好地发挥支架的作用。例如在现场教学课，以"恰同学少年"初中段长沙市博物馆站研学实践课程为例，设计"长沙近代历史文化大事件"等学习任务单支架。研学导师指定"中流击水"陈列馆为任务开展地点，在学生分组探究、寻找任务单答案之前，根据学情，对"倡导经世""引领新政""辛亥首应""建党先声""秋收起义""团结御侮"六个与长沙有关的重大历史事件进行简要概述，事件的时间、地点、人物等不作详细阐述，给学生留足自主探究、合作发现的机会与挑战。适度提供帮助，提高了学生的学习自主性，使学习不再是一件需要老师"耳提面命"的事，学生能够在学习的过程中真正体会到乐趣。

三、支架的运用

长期的研学实践课程实施中发现，只有尊重学生主体地位，以生为本，以活动为主，突出体验实践，才能有效达成教学目标，但如果过分追求学生的主体性，忽略研学导师的

指引，活动的开展则会陷入盲从无序，滑向另一个极端。因此，在研学实践课程实施的过程中，要充分发挥支架方向性指导作用，使课程实施走向常态化。

"望湘江北去"主题研学实践课程行前准备课支架运用典型案例

一、教学准备

(一)研学导师准备:

1. 研学任务单:《探究发现1》《探究发现2》。

2. 教学资料:电视剧《少年毛泽东》(1992年版)、电视剧《东山学堂》视频片段、歌曲《浏阳河》音频、毛主席相关录音、槟榔一包。

3. 教学设备:多媒体电脑、平板电脑。

4. 评价印章及研学护照。

(二)学生准备:

1. 收集毛泽东的相关信息。

2. 自由组合成八人小组。

二、教学过程

(一)竞猜激趣(15分钟)

1. 歌曲竞猜

研学导师播放歌曲《浏阳河》，请学生猜这是哪个地方的民歌？歌中提到了哪位人物？歌曲表达了什么意思？

2. 声音竞猜

研学导师播放毛泽东在天安门城楼宣布中华人民共和国成立的录音，请学生猜讲话人是谁？什么时间？在哪里讲话？讲的什么？用的是哪里的方言？

3. 诗词竞猜

研学导师展示毛泽东少年所作诗词，请学生猜作者、写作时期、写作地点。

【资料链接】《吟天井》——天井四四方，周围是高墙。清清见卵石，小鱼圈中央。只喝井里水，永远养不长。

《赠父诗》——孩儿立志出乡关，学不成名誓不还。埋骨何须桑梓地，人生无处不青山。

《咏蛙》——独坐池塘如虎踞，绿荫树下养精神。春来我不先开口，哪个虫儿敢作声。

4. 实物竞猜

(1)研学导师出示事先准备好的湖南特色物品——槟榔，请学生竞猜:这是什么？产自哪里？让学生说说自己对这些事物的认识。

(2)研学导师相机讲述和槟榔有关的小故事。(如:毛泽东嚼槟榔)

【资料链接】毛宇居是毛泽东幼年塾师，也是他的堂兄。1952年冬，毛宇居第二次到北京。当时，韶山小学要扩建，他受家乡委托，专程进京找毛泽东，请他给学校题写校名。这一次，毛宇居给堂弟带了几样湘潭土特产，其中有三湘人爱吃的槟榔。毛泽东一见槟榔，格外高兴，他拿起一枚槟榔就吃，被保健医生劝阻。毛泽东笑着说："过去呷了几十年，从没检验过，冇得关系，冇得关系！"他的湖南"土话"逗得众人哈哈大笑。

研学导师请学生猜毛泽东讲的"冇得关系"是什么意思？他为什么这么说？

研学导师继续请学生猜毛宇居给毛泽东带的另外几样湘潭土特产是什么？（学生答题完毕，研学导师展示答案实物：湖南红辣椒、湘潭酱油）。猜对的学生课后可获得奖品。

(二)知识准备(15分钟)

研学导师播放电视剧《少年毛泽东》《东山学堂》视频片段，让学生初步了解毛泽东少年时期的时代背景、社会风貌、生活环境、活动情境，建立初步印象，为后续学习活动做好必要的知识铺垫。

(三)明确任务(35分钟)

1.研学导师向学生介绍研学主题、线路行程及研学点的基本情况。

2.研学导师引导学生结合自己的年龄特点，从"好习惯成就好人生"和"少年励志出东山"两个维度对课题"热爱学习的农家少年"展开思考和讨论。

【指导建议】"少年励志出东山"任务单可以从毛泽东在东山学堂的求学经历入手，引导学生了解并记录毛泽东的"东山故事"，从少年毛泽东将远大志向与具体行动相结合的表现中选择自己感兴趣的探究内容。

探究发现1　好习惯成就好人生

毛泽东的好习惯			
少年时期	证据	晚年时期	证据

探究发现2　毛泽东怎样将远大志向与具体行动相结合

表现	证据

3.研学导师向学生讲解本课题的任务要求和活动规则、活动评价。

(1)任务要求：小组合作，在现场教学点寻找探究内容的证据，对证据作现场讲解并用平板电脑拍摄成短视频记录下来。每个小组完成一份任务单、证据以及小组成员的现场讲解的微视频、手抄报或PPT。返回营地后，以小组为单位，整理当天研学活动当中收集记录的资料，结合其他途径收集的资料，制作一个微视频(手抄报、PPT)作为本课题的研学成果。

【指导建议】证据可以是人、景、物、事、数字等。如毛泽东的读书习惯，证据可以是少年毛泽东在故居和私塾读书的房间、桌凳、读过的书、夜里读书时点过的油灯等。

(2)活动规则：研学导师向学生讲解研学活动的"闯关"规则——在各教学点有老师检查学生的学习任务单完成情况，任务完成即"闯关"成功的小组，才能进入下一环节的活动；"闯关"不成功的小组需要继续努力，直至"闯关"成功。

研学导师向学生讲解本线路各景点的参观规定，要求学生遵守景点参观规定，做到文明参观，并要求学生在参观毛泽东故居时不能拍照、摄像，不能携带水及瓶装饮料，提醒学生在参观时要注意观察、注意记录。

(3)活动评价：研学导师向学生讲解将从"观察、理解、想象、表达、沟通、守规、负责、反思"八个方面对学生在研学活动中的关键能力表现进行评价。评价方式包括："景点印章"——学生在一个景点完成学习任务并达到要求，由研学导师在其《研学护照》上加盖这个景点的标志性印章；"能力印章"——研学导师对活动中关键能力表现突出的学生现场加盖相应的"能力印章"，学生得到的两种印章数目可作为评选优秀研学营员的依据。

(四)活动策划(10分钟)

1.研学导师指导学生以小组为单位进行讨论，制订活动计划。

(1)学生依据任务要求明确活动流程，讨论确定组内分工，用平板电脑或手机拍摄记录每个成员的角色和任务。

(2)学生使用平板电脑或手机网络查阅韶山毛泽东故居、南岸私塾、毛泽东遗物馆、东山书院的资料，进一步了解少年毛泽东及现场教学点。

(3)学生根据对毛泽东的了解，围绕"好习惯成就好人生"和"少年励志出东山"进行探讨分析，生成自己感兴趣的探究内容，预测可能找到的证据，构思解说词，并进行现场讲解、记录的模拟演练。

（4）学生预测可能遇到的困难并讨论出应对办法。

2.研学导师请一些小组派代表汇报：本组选择的探究内容、可能找到的证据、现场讲解与记录的方法、组内人员分工职责、可能遇到的困难及对策。研学导师和学生对汇报小组的活动计划提出意见和建议。

3.各小组对活动计划进行修改完善。

（五）总结评价（10分钟）

本节行前准备课通过讲述少年毛泽东的有关故事，用趣味问答等方式让同学们初步了解毛泽东少年时期的生活环境、社会背景和时代特点，引导同学们对毛泽东在东山书院的求学经历产生兴趣，从而确定研学活动主题"热爱学习的农家少年"，激发我们想进一步探究少年毛泽东的特别之处。所有的前期了解和准备，都是为了让第二天的研学更顺利，也为了让同学们体验到真正的深度研学需要前期认真准备、中期积极参与、后期总结交流，经历完整的研学实践课程。

（六）拓展延伸（5分钟）

学生课后自主学习平板电脑中的课程资源包，并使用平板电脑继续查阅有关少年毛泽东在韶山、东山学校的资料，观看视频资料，了解少年毛泽东更多的生活经历和学习情况。

实践发现，广大中小学生对参与"望湘江北去"主题研学实践课程充满热情。但由于这个年龄段的孩子在气质性格等方面的原因，他们在活动中往往会呈现急躁、冲动、不安定的特征，严重影响了活动实施效果。故在教学过程伊始，研学导师适时采取激趣导入，给出歌曲音频、声音音频、诗词文稿、实物展示等模像直观作为合适学习支架，提醒学生渐渐步入学习状态，思考本次活动的主题是什么、可能去往哪些研学点等问题，从而培养其勤于思考的良好习惯；在明确任务环节，出示完探究发现任务单，学生讨论后，研学导师根据学情，适度引导学生拆分任务单，理解任务设计的底层逻辑，提示学生可以从毛泽东的饮食习惯、衣着习惯、读书习惯、思考习惯、做事习惯、讲话习惯、锻炼身体习惯、诗词创作习惯等入手，自主选择自己感兴趣的探究内容，让支架完全服务于研学实践课程的展开；课程评价环节，研学导师适当展示评价标准（pass奖章、八大能力章），重点引导学生共同分析"观察、理解、想象、表达、沟通、守规、负责、反思"八个行为准则是如何获得，使学生明白只要展示关键能力，就能获得奖章。

第六章

以学生为本的研学实践课程评价与管理

　　著名教育学家罗杰斯提出"以学生为本"的人本主义教育理念，注重启发学习者的经验和创造潜能，引导其结合认知和经验，肯定自我，进而实现自我成长。对此，长沙基地把"以学生为本"作为核心，把学生的发展作为评价和管理的根本和落脚点，在原有的传统课程评价和管理机制上进行优化与调整，规范化落实研学课程评价和管理，从而明晰研学实践课程对学生成长的推进作用。

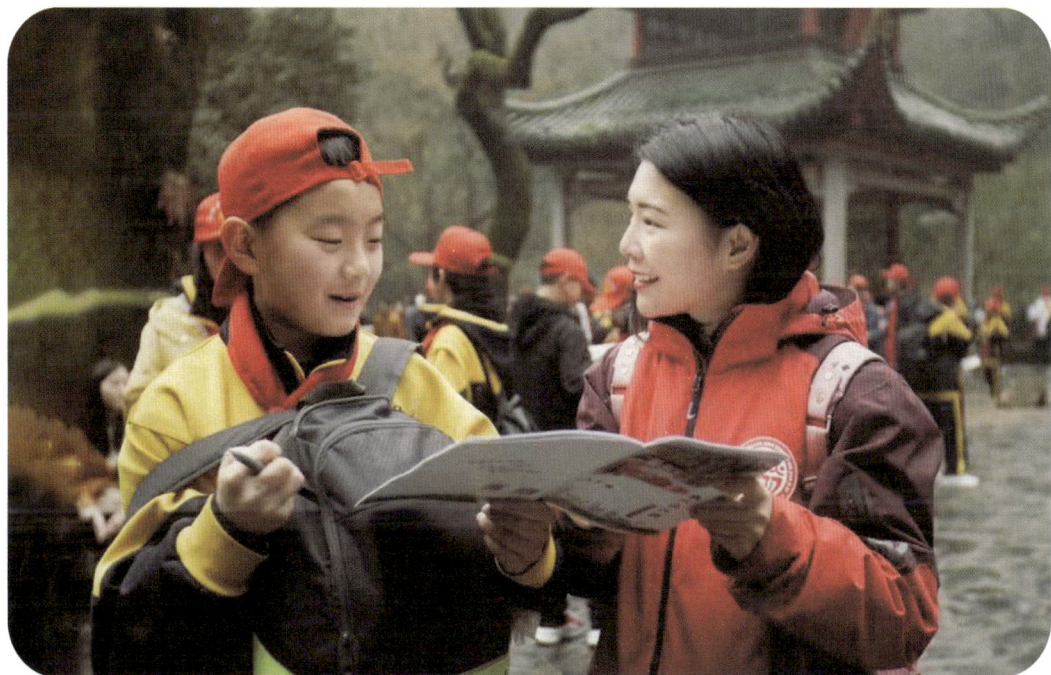

一段小小的研学路

一条年少学子的朝圣路

也是一代伟人精神的传承路

小小的花骨朵伴着寒风冷雨、带着欢声笑语

终将在祖国的大好河山盛开

今日所绽开的不只是成长的色彩

还有学子们继承自先辈精神的芬芳

第一节　研学实践课程评价的意义与原则

课程评价是指在一定教育价值观的指导下，依据确立的教育目标，通过使用一定的技术和方法，对所实施的各种教育活动、教育过程和教育结果进行科学判定的过程。评价是研学实践课程中的"指挥棒"，指挥着研学课程前进的方向，具有导向、诊断、反馈、调控等功能。在研学实践课程中，只有将活动与评价相结合，才能优化研学课程实施的质量，真正提升学生的综合素养。评价原则是教育评价规律的反映，对研学实践课程的评价具有普遍的指导意义。科学的研学实践课程评价原则，将为后续的研学实践课程评价工作指明正确的道路和方向。

一、研学实践课程评价的意义

研学实践课程评价不同于学校里的传统学科课程评价，其不仅对研学知识和技能的掌握进行考查，更侧重于对学生意志品质、创新精神、实践能力以及参与态度和行为习惯等综合素质的考查。课程设置上以价值体认、责任担当、问题解决、创意物化等为目标，评价过程具有综合性、情境性、跨学科性、内隐性等特点，需要将量化评价与质性评价相结合。研学课程的性质决定了课程评价方式具有多样性，需对学生进行综合考察，强化过程性评价，健全综合评价。只有让评价准确、客观、全面地反映学生在研学实践课程中的全过程表现，才能促进学生不断地成长与发展。具体来看，科学、有效的研学实践课程评价有以下几点意义：

(一) 评价促进学生自主发展

评价的目的是促进发展。真实、有效的评价能让学生及时获得学习过程的反馈，从而利用反馈信息来了解自己，知道自己表现如何，距离自己的目标还有多远的距离，进而实现调整和发展。相比于终结性评价，研学实践课程更应注重过程性和发展性评价，应力求让学生在每一次交流中都能得到发展，在每一项活动中都能获得成长。研学导师要对学生进行深入的分析和研究，用心去感悟他们的思想，了解他们在研学活动中的独特体验，而不只是简单给个分数或等级，应引导学生扬长避短，才能真正促进学生自我完善与发展。

(二)评价帮助导师改进教学

通过对学生研学实践过程中的观察、记录、分析，能帮助研学导师了解学生独特的个性，知晓学生的长处，把握学生的成长规律，不断激发学生的发展潜能。评价能发挥导向、鉴定、诊断、调控和改进的作用，研学导师可以根据评价结果了解课程实施效果，不断调整、改进自己的教学，从而使自己的教学方法更有针对性，使研学课程的实施更高效，以达到最好的活动效果。

(三)评价推动基地课程发展

评价不仅强化了判断、预测、选择和导向的功能，而且延伸出分析、指导、改进、提升等功能，能变"经验"为数据，使研学基地可以掌控全局，把握全体学生的实践情况；监测动态，了解学生发展情况；防控风险，对学生产生的学习问题等进行有效处理；检验效果，了解研学课程的实施对学生发展产生的影响；改进课程建设，设置有助于学生身心发展、帮助学生德、智、体、美、劳全面发展的课程体系。因此，基地可以选择线上与线下评价相结合的评价方式，以更好地掌握、分析研学课程评价的数据。

二、研学实践课程评价的原则

研学实践课程重在激发对党、对国家、对人民的热爱之情，引导学生主动适应社会，促进书本知识和生活经验的深度融合。根据研学实践课程的特点，同时，为进一步强化研学实践课程评价的精准性、规范性和客观性，我们在落实推进课程评价的过程中需要遵循以下原则。

(一)激励性原则

研学实践课程评价应该重在发现和肯定学生身上所蕴藏的潜能，所表现出来的闪光点，鼓励学生每一步的想象、创造和实践，让学生通过评价认知自己的强项和潜能，激励和维持学生在探究过程中的积极性、主动性和创造性，促进学生反思和持续发展。研学实践重在学生的参与体验，因此对学生的评价不能以"好""差"等褒贬色彩强烈的词汇进行评价，应该以描述性的语言对学生的研学实践的态度、完成情况进行说明。同时，研学实践过程中的评价也要以激励为主，采用鼓励性话语，激励学生不断突破自我，努力进取。

(二)开放性原则

依据研学内容的广泛性和现实问题情境的开放性，要求研学导师的教学思想是开放的，不固定在某一种思想或理论上，要博采众长，也不能设置唯一正确的答案，要兼顾学生达成研学目标的一般情况和在某一方面的特别表现；研学评价是开放的，顾及学生的个别差异进行评价，同时，评价维度设定不仅限于对学习内容的掌握，还要对学生整体综合素质的提高，以及实践精神、创新精神的培养等多方面进行考虑。

(三) 发展性原则

研学实践课程是面向全体学生的教育活动，重在激发学生的潜能，促进学生更好发展。发展性评价原则是建立在学生研学表现以及研学发展方向基础上的：一方面，就研学过程中学生的表现进行针对性的评价，就其个人发展成果作出评价；另一方面，则通过结合学生在研学过程中的发展方向作出明晰，并且就其发展方向过程中存在的不足作出提炼，为后续的发展提供精准的切入点。对此，为进一步强化研学评价的发展性原则，研学导师需要在评价指标创设的基础上有效地就研学内容对学生发展的推进作用做出精准化提炼，从而实现评价的实效性应用，彰显以学生为本的评价作用。

第二节 研学实践课程评价的内容与方法

为使研学实践课程评价的设计更具有可操作性，就要对课程评价的内容进行清晰的划定，并结合课程目标和特定的评价内容，进一步构建研学实践课程评价的指标体系。同时，任何评价的有效实施，都需要落实到具体的评价方法和评价工具的研究上来。不同的评价方法，可能得到截然不同的评价结果，可见科学选择评价方法的重要性。对研学实践评价内容和方法的探索实践，是推进研学实践评价体系的建立，促进研学实践课程评价的重要内容。

一、研学实践课程评价的内容

从课程的角度来看，研学实践课程可以划分为课程方案设计、课程实施、课程评价等环节，这些环节存在于研学实践行前、行中、行后各个不同阶段。根据研学实践各阶段内容的不同，从课程各环节的角度，针对不同的评价主体，应该有多元化的评价内容。研学实践课程评价的内容可以包括：课程目标评价、课程设计评价、课程实施评价、课程效果评价、课程价值评价。

（一）研学课程目标评价

以教育部等十一部门共同出台的《关于推进中小学生研学旅行的意见》文件精神为核心，地方学校以及研学导师需要在实践过程中就学生的成长需求与兴趣结构为核心，对研学实践课程目标作出创设，有效地就其目标指标的创设与落实作出精准化的评价。其中，就研学实践课程目标的落实推进而言，长沙基地主要就课程目标评价指标作出划分，其主要通过课程目标的可行性、适宜性、全面性、适配性等方面创设相关指标（表6-1）。

表6-1 研学课程目标评价指标

评价维度	项目	评价指标
课程目标	目标可行性	课程目标是否可达成
	目标适宜性	课程目标是否体现基地文化
	目标全面性	课程目标是否涵盖综合素质
	目标适配性	课程目标是否符合学生认知水平，是否适应身心发展需要

结合"以学生为本"的评价理念，其进一步就研学实践课程目标作出了评价，有效地借助研学实践课程的目标指标进行剖析与调整，提高研学实践课程探究开展的实效性。

（二）研学课程设计评价

研学课程设计内容是影响学生成长的重要元素之一，因此在研学实践课程开展的过程中，研学导师需要进一步就课程设计内容作出评价，全面为后续研学课程内容调整提供充分的支持与推动。对此，我们切实就研学课程的设计与内容作出评价，就研学设计内容的针对性、丰富性以及连贯性作出提炼与探究，一方面，对课程设计内容对学生是否具有针对性，是否符合学生的成长规律作出评价；另一方面则从研学实践内容的多种形式出发，培养学生多方面的能力；此外，通过考虑课程设计内容的紧密性以及衔接性，对课程环节是否环环相扣、循序渐进作出评价。因此，我们对研学课程设计评价内容见表6-2。

表6-2 研学课程设计评价指标

研学课程设计评价	主要评价内容	评价指标
研学课程针对性	研学课程是否符合学生成长	1. 研学活动的内容是否充分利用本地资源 2. 研学活动的内容是否符合学生年龄特征
研学课程丰富性	研学课程内容是否丰富多样	1. 是否具备访谈型活动 2. 是否具备体验型活动 3. 是否具备参观型活动 4. 是否具备操作型活动
研学课程连贯性	研学课程内容是否循序渐进	1. 学生对研学内容的认知环节内容创设情况 2. 学生对研学内容的个人实践环节内容创设情况 3. 学生对研学内容的集体实践环节内容创设情况 4. 学生对研学内容的梳理分享环节内容创设情况

通过结合课程设计的评价与探究，其进一步就课程内容的针对性、丰富性以及连贯性作出了全面的分析，从而有效地以学生在课程内的表现与进步为核心，为研学实践课程的后续优化提供充分的现实依据。

（三）研学课程实施评价

作为以学生为核心的研学评价体系，其核心环节在于就研学过程中教师的实践组织能力以及学生的实践探究表现作出评价。因此，作为本次研学实践课程评价的核心环节，需要将评价内容分成两大板块：一方面，对教师的组织与实践引导对学生成长的推动影响作出评价；另一方面则通过对学生在研学实践课程中的表现进行观察与记录，有效地就其多方面的核心素养元素作出提炼与分析，继而就研学实践课程实施作出全面的评价。

1.研学导师指导评价

就研学导师在研学实践过程中对学生的推进与引领作用作出分析与评价，我们需要尝试就研学导师的指导内容与过程作出评价指标的创设见表6-3。

表6-3　研学课程实施导师指导评价指标

评价维度	项目	评价指标
导师指导	活动有序组织	1.活动组织的系统性 2.活动类型的多样性 3.活动实施的安全性
	方法运用得当	1.示范性指导的清晰性 2.讲授性指导的趣味性 3.体验性指导的充分性 4.探究性指导的适切性
	师生积极互动	1.师生互动的合理性 2.师生互动的有效性
	问题机智处理	1.问题处理的客观性 2.问题解决的灵活性
	评价规范及时	1.评价实施的科学性 2.策略调整的针对性

通过就导师在研学实践课程落实开展过程中的表现以及指导方式作出评价，能够有效地帮助导师在评价结果中明晰自身的不足，从而为导师调整自身的研学指导模式作出全面的优化，实现课程评价的反馈作用。

2.学生实践表现评价

学生的实践表现是研学实践评价环节过程中核心的组成部分，其对于本次研学的成效有着直接的影响。因此，在本阶段研学导师需要进一步就学生在研学实践过程中的表现做出全方位的观察与探究，现以学生的发展为核心创设相关评价指标见表6-4。

通过结合学生的成长需求以及研学活动开展的预期目标，其进一步就学生在研学过程中的表现作出相对应的评价，继而有效地为研学实践课程的评价环节落实推进作出精准的优化与调整。

表6-4　研学课程实施学生表现评价指标

评价维度	项目	评价指标
学生表现	参与规范	1. 遵守考勤纪律 2. 遵守交通纪律 3. 遵守活动纪律 4. 遵守卫生纪律
	参与主动	1. 活动参与态度 2. 问题意识养成 3. 操作实践能力
	团队合作	1. 团队领导能力 2. 团队沟通能力 3. 团队协作能力

（四）研学课程效果评价

课程效果评价是研学实践课程实施评价的结果要素。课程的结果要素是为了获得更多的有效信息，这些信息主要包括两个方面：一是关于个体的评价，如对教师和学生的评价；二是关于课程的评价，如对课程内容广度和深度的评价。"形成性评价"和"终结性评价"是课程评价的两大类，具有不同的决定价值，前者强调如何提高课程的决定，后者强调是否继续使用课程的决定。课程效果评价主要关注课程教育的学习效果，如教师在研学过程中的引导成果以及学生在研学过程中的具体进步。

1. 导师指导效果评价

课程效果评价需要就研学导师在指导过程中的效果作出评价，有效地帮助研学导师明晰自身的不足与优势，为其后续的研学指导做出调整。对此，我们针对研学的落实效果创设相关评价指标见表6-5。

通过以导师的指导方法、指导成效以及课程的开展成效三方面作为核心，对研学导师在研学实践课程中的教学成果作出评价，从而实现"以结果为导向"的评价分析模式，帮助研学导师调整后续的研学指导工作。

表6-5　导师指导效果评价指标

导师指导效果评价	主要评价内容	评价指标
研学课程全面性	研学课程的全面落实情况	1. 完成预期的课程内容 2. 在原有方案基础上作出延伸
	研学课程的多元推进情况	1. 促使学生在不同层面了解预期知识

续表6-5

导师指导效果评价	主要评价内容	评价指标
指导方式多元性	研学导师指导态度	1.全程投入研学工作中 2.提供高效性的创新方法
	研学导师指导模式	1.实践性指导 2.参观性指导 3.访谈性指导 4.延伸性指导
指导结果实效性	指导对拓展学生认知的作用	1.以学生为本进行导学推进 2.巩固学生成长 3.拓展学生认知

2.学生研学效果评价

学生在研学活动中的进步是本次评价环节中最重要的核心内容之一。对此,现结合学生的年龄特征,进一步从"学生眼界—学生能力—学生认知"三方面对研学成果评价环节作出精准评价(表6-6)。

表6-6　学生研学效果评价指标

学生效果评价维度	主要评价内容	评价指标
学生眼界拓展	学生对研学活动主题的认知	能够清晰表达研学活动的主题内容
		能够在研学活动的交流过程中实现进阶认知
		能够借助活动主题内容补充课堂内容与知识
	学生对文化的探究意识	对本土文化形成初步认知
		对本土文化产生探究意识
学生能力提升	学生的信息组织能力	提高接受新知识的能力
		信息收集与处理能力有所提升
		对信息内容具有一定的批判思维
	学生的探究能力	在活动过程中,对身边的事物表示好奇
		逐步对研学过程中的各种事物产生探究意识
		能够对感兴趣的事物深入了解
	学生的交流与表达能力	通过团队协作深化对研学主体的探究
		对探究内容作出梳理后进行表达

续表6-6

学生效果评价维度	主要评价内容	评价指标
学生认知变化	个人认知变化	明晰自身不足,增强探究意识
	团队协作精神	在探究过程中充分发挥团队合作精神
	个人创新精神	探究过程中出现创新性的想法

结合三方面的评价内容,进一步深化了评价对学生的推动程度,有效地反映了研学实践课程对学生进步的推进作用,为后续研学活动调整提供了一定的方向。

(五)研学课程价值评价

结合研学实践课程的落实与推进,其需要就课程落实的整体价值作出综合性的评价,从而就研学课程的实践环节价值、生活能力价值以及团队素养价值等方面作出推进与落实。一方面,通过就课程整体的实践环节价值落实,就研学实践课程的文化实践价值、科学实践价值以及素养实践价值作出推进,从而实现"以践促学"的教育模式,引导学生通过研学实践课程落实有效地提高自身的核心素养;另一方面,则通过对研学实践课程对学生生活能力发展的价值作出观察与评价,就学生的信息吸收与处理、探究与思考以及生活教育成果等进步作出探究观察,就研学实践课程落实对学生的生活能力发展推进作出量化;此外,通过结合团队素养价值的评价,就学生的交际能力、担当能力以及创新能力等方面成果作出提炼,继而就研学实践课程的整体价值作出全面性的评价(表6-7)。

表6-7 研学课程价值评价指标

课程整体价值评价	主要评价内容	评价指标
课程实践环节价值	文化实践价值	对于本土传统文化有一定的了解
		掌握研学过程中文化探究的能力
		对绘画、摄影、诗词等元素产生兴趣
	科学实践价值	明确研学探究的思路
		遇到问题能够自主开动脑筋解决问题
		对于研学过程中的事物有自己的看法
	素养实践价值	认真探究本土文化
		具有一定的逻辑思维能力与表达能力
		敢于探究研学过程中高难度的问题

续表6-7

课程整体价值评价	主要评价内容	评价指标
课程生活能力价值	信息吸收与处理	对于外界信息有着一定的处理能力
		就探究过程中的信息具有吸收能力
		对外界信息具有内化与运用能力
	探究与思考	培养学生对新生事物的探究意识
		对探究成果具有反思能力，明晰自身不足
	生活教育成果	在探究过程中培养良好的抗压能力
		对个人的物品以及搜集的物品妥善保管
		研学过程中提升对生活的热爱
课程团队素养价值	交际能力	能够与同学们日常有效沟通
		听从小组长的安排，配合完成小组任务
		产生意见分歧能主动沟通
	担当能力	遵守规则与安排
		探究过程负责认真
		敢于承担错误
	创新能力	具有一定的创新能力
		能够将研学探究内容与生活结合
		较强的发现能力与处理能力

通过对研学实践课程的整体价值进行评价，能够有效地明晰研学课程对学生成长的推动作用。其中，通过对文化实践价值评价，能进一步就学生在研学实践过程中的认知与探索能力的推进作用进行量化；通过针对生活能力价值的评价，能进一步就学生在研学实践过程中的感知和内化能力的推进作用进行量化；通过针对团队素养价值的评价，能进一步就学生在研学实践过程中的交际沟通和创新能力的推进作用进行量化。

二、研学实践课程评价的方式

研学实践课程评价相较于学科课程评价更为综合、复杂，更应突出评价对学生的发展价值，充分肯定学生活动方式和问题解决策略的多样性，鼓励学生自我评价与同伴间的合作交流和经验分享。长沙基地作为全国首批中小学研学实践教育营地，十分注重评价对学生的发展带来的影响。为了突出评价对学生的发展所具有的价值，近年来，在开展丰富多彩的研学活动的同时，长沙基地经过一系列探索，总结出一套切实有效的评价体系，通过采取"三三四制"的评价方式对研学课程进行评价，即让评价关注学生的"三度"、贯穿课程的"三阶段"、以导师、学生、同伴、基地为"四维度",使长沙基地研学课程实施取得了良好的效果。

(一)关注学生的"三度"

1.自主学习的程度

自主学习是指学生在研学导师引导下,自己确定学习目标,选择学习方法,监控学习过程,评价学习结果的一种能动的、创造性的学习方式。学生研学的程度如何,具体要看研学过程的自由度、能动度和创新度。

自由度即看学生的研学目标、方法、进度以及对结果的评价多大程度上由自己决定;能动度是看学生的研学是积极主动的,还是消极被动的;创新度就是看研学中学生是否有创新。一般来说,研学实践课程中学生是容易创新的,但不是每个学生都能有创新。

2.合作学习的效度

合作学习是指学生确立共同的研学目标,采用小组或团队合作的方式进行的学习活动。它以组内异质、组间同质的分组原则建立的学习小组为基本形式,通过系统利用教学动态因素之间的互动,促进学生学习。

小组合作学习效度如何,主要看小组的研究方向是否科学、分组是否合理、是否互赖互动。研究方向科学,即所研究的方向是否符合探究性、开放性、重要性这三个标准。合理的分组一般以组间同质、组内异质为原则,人数不能过多,以四至六人为宜,每人都应有明确的分工。互赖强调每个小组成员的努力都是小组成功所需要的和不可取代的,他们为达到目标都有自己独特的贡献,小组的成功是每个人共同努力的成果;互动强调的是面对面的交流、帮助、支持。

3.探究学习的深度

从本质上说,探究学习是一种发现学习,具有深刻的问题性、广泛的参与性、丰富的实践性与开放性。它要求在研学过程中,以问题为载体,创设一种科学研究的情境。

探究学习的深度如何,主要看学生有无问题意识和问题能力;问题的数量是否多,质量是否高。研学过程中,学生提出的问题越多越好,说明导师善于启发;学生提出的问题越深刻,说明学生的探究越有深度。

(二)贯穿课程的"三阶段"

长沙基地研学实践评价划分为行前准备阶段、现场教学阶段、汇报交流阶段进行分阶评价。

1.行前准备阶段

行前准备阶段主要是研学主题确定与分解,研学路线策划,组织学生对研学实践目的地的资源和文化以及相关研学任务的了解阶段，需要重点考虑信息提供的多样性和趣味性的问题，以调动学生在有限的时间内真正了解资源地的知识、特点和文化内涵，对研学路线进行筛选或设计，并针对研学任务完成组内人员分工。

教师指导评价要点：主要围绕指导方式和内容进行评价，要求评价内容综合化，评价方式多样化。

学生学习评价要点：了解研学主题，熟悉研学线路，知悉本次研学的体验要点；明确自身需要探究的重点问题和相关任务。

学生学习的评价方式：可以对学生的听课状态、发言的状态、小组合作讨论以及学习任务规划等方面进行评价，并盖相应的能力印章。

2.现场教学阶段

现场教学阶段主要是以学生为主体开展多种研学探究活动，在活动中体验，在活动中建构，在活动中育人。

教师指导评价要点：活动主题、形式与研学点课程资源和环境的契合，活动内容指向目标的达成，活动方式有趣；能够动态观察学生状态，适时运用评价印章进行指导与评价，确保现场研学问题的解决。

学生学习评价要点：小组合作，多感官观察、感知情境；识别和辨析情境中的多种信息；理解情境中的各种信息及关系，提出问题，并筛选探索、解决问题的相关信息。

学生学习的评价方式：结合"研学点印章"——学生在一个研学点完成学习任务并达到要求，由教师在其研学护照上加盖这个点的过站印章；"能力印章"——教师对活动中八大关键能力表现突出的学生现场加盖相应的"能力印章"，及时对学生的体验状态、参与程度、是否提出有价值的问题、任务单完成情况、组内合作分工任务的落实等进行评价。

3.汇报交流阶段

汇报交流阶段主要是学生对体验进行整理，形成经验，建构概念、观点的阶段，学生要对研学实践活动进行回顾、梳理和反思，使研学实践活动的价值深化提升，将课内外两个课堂贯通。包括两个部分：对经验本身进行概括与提升、对学习过程与结果进行评价。

教师指导评价要点：用适当的形式激活学生的体验；组织不同经验的深度交流；诊断并指导学生完善自己的经验；构建学习过程与结果的评价标准；对不同价值观做出归纳和总结，适切指导学生的评价。

学生学习评价要点：以小组合作的形式完成对信息的梳理，形成观点和作品；分享本组的观点和作品，吸纳他人观点和作品，完善自己的经验；依据标准对自己和他人做出适切评价；对评价标准能够提出个人见解。

学生学习的评价方式：采用评价印章，通过学生的作品完成、交流表达、参与程度和对标准修改完善的重要贡献度进行评价。学生得到的评价印章数目加上学生一日常规龙虎榜的得分数可作为评选优秀研学营员的依据。

(三)以导师、学生、同伴、基地为"四维度"

长沙基地围绕"培养勇担当、善探究、能创新、乐生活的行知少年"的育人目标，围绕教师指导性评价、学生自主性评价、同伴互助性评价、基地总结性评价四个维度实施"四维一体"的评价方式。

1.教师指导性评价

教师的指导性评价主要涵盖项目实施的全过程，以学科内容、能力表现、项目过程三方面内容为核心，通过表现性评价、总结性评价、即时性评价等方式，了解学生在研学项目过程中对知识与技能的掌握情况，学生批判思维、协作能力、有效沟通、项目管理等能力发展情况等。在具体实施上，根据每个研学主题设计针对性的评价量表，对学生的基本知识与技能进行评价。

长沙基地的研学导师和行为导师在研学实践课程评价上围绕认知能力、合作能力、创新能力与职业能力四个方面，从"观察、理解、想象、表达、沟通、守规、负责、反思"八个方面，以能力印章的形式对学生三阶段的表现进行综合评价(表6-8)。

表6-8　八大能力印章评价

评价的印章包括"八大能力印章""景点特色印章"及"研学实践PASS章"。

景点特色印章

评价依据：学生是否能按照导师提出的要求完成相应的研学任务，能顺利完成的，由导师在其《研学地图》上加盖这个景点的标志性印章。

培养能力：学生解决问题的能力，合作的能力及创造能力。

八大能力印章

评价依据：学生在活动过程中体现出来的关键能力，可结合学生自评、同伴互评，根据实际表现现场加盖相应的"能力印章"。

培养能力：学生的认知、表达、想象、合作能力，自我评价和相互评价的能力。

研学实践PASS章

评价依据："闯关"游戏贯穿整个研学活动。在各教学点有老师检查学生的学习任务完成情况，任务完成即"闯关"成功的小组加盖"PASS"章，才能进入下一环节的活动；"闯关"不成功的小组需要继续努力，直至"闯关"成功，以此激励学生积极完成研学任务，达到研学目的。

学生得到的印章总数可作为评选优秀研学营员的依据。

2.学生自主性评价

自主评价又叫内部评价，即以自身作为评价主体，依据一定的评价标准而进行的自主评价。学生自主评价是引导学生深入反思自我的重要环节，也是在整个研学活动中尊重学生的差异性、发展性、真实性的重要内容。自主评价注重发挥学生能动性，引导学生进行实践观念、实践技巧、实践过程、实践成果的多元内容反思，以及对个人、对同伴、对社会关系的认知，通过这样多层次、多角度的反思，逐步引导学生进行自我认知、自身价值的建构，真正促进学生的全面发展。学生自主评价是引导学生深入反思自我的重要方式，其目的是促使评价对象全面认识自我(表6-9)。

表6-9　学生自主评价量表

自评项目	优秀	良好	一般	待改进	等级
参与态度	非常积极主动地参与，对本主题的学习活动持相当正面的态度	积极参与到活动中，对本主题学习活动持正面态度	能较多地参与本主题的学习活动，持有较正面的态度	不愿意参与此次学习活动，持有负面态度	
小组互动	总是倾听、分享或支持小组其他同学，与小组同学有良好的互动	经常倾听、分享或支持小组的其他同学	偶尔倾听、分享或支持小组中的其他同学	很少倾听、分享或支持小组中的其他同学	
小组合作	在小组讨论实践中总是能提出有用的想法或意见，对小组活动很有贡献	在小组讨论实践中经常会提出有用的想法或意见，对小组活动有较大贡献	在小组讨论实践中偶尔会提出有用的想法或意见	在小组讨论实践中很少会提出有用的想法或意见，甚至会拒绝参与	
时间管理	能一直对项目活动保持专注力，并能管理好自己的时间，保质保量地按时完成学习任务活动	大部分时间对项目活动保持专注力，并能管理好自己的时间，能在规定时间内按要求完成学习任务活动	能对项目活动持有专注力，虽然有时会耽误一些实践，但能按要求完成学习活动	很少对项目活动有专注力，没有时间观念，不能按要求完成学习任务活动	

续表6-9

自评项目	优秀	良好	一般	待改进	等级
项目准备	每次外出实践活动都会带上需要的资料，做好充分的准备，可以随时进入学习状态	基本上记得带上外出实践活动所需的资料，做好充分的准备，能随时进入学习状态	偶尔记得带上外出实践活动所需的资料，很少提前做好充分的准备，不能快速进入学习状态	经常忘记带上外出实践活动所需的资料，没能提前做好充分的准备	

总结：

(1)我觉得我在以下方面还需改进；

(2)相比以前的研学实践，我觉得在哪些地方已经有改进，哪些还没有？

3.同伴互助性评价

同伴互助评价是指组内各成员之间、组与组之间互相对研学过程中同伴的学习、合作、探究方法等方面进行评价，是一个相互学习和相互提高的过程。通过互评促进学生之间的相互学习，培养学生集体荣誉感、责任感。评价的内容可以涵盖整个项目过程的知识技能的掌握、学习态度、学习能力、合作协作水平、领导与沟通能力等(表6-10)。

表 6-10　同伴互助评价量表

组员姓名	总评价	评价项目						
		1.积极参与，主动学习和实践	2.提出了一些有意义、有价值的观点、创意或事实等	3.能有效使用各种资源对小组的研究或问题提供帮助	4.会认真、深入地思考小组劳动主题	5.能帮助小组科学规划、解决问题	6.整体表现	7.其他

4.基地总结性评价

基地总结性评价是指学生对本次研学实践成果进行展示，由基地研学导师、行为导师等给出的评价。学生个人及小组学习成果的展示，也是小组合作精神的体现。根据不同研学项目的不同成果，对作品本身、作品完成过程、作品展示过程中呈现出来的认知、技能、情感等各方面进行客观的评价。评价的方式可以是多样的，不局限于量表评价。在具体实施上，可以根据每个主题设计针对性的评价量表，对学生进行基本知识与技能的综合性评价。在长沙基地研学实践课程总结性评价中，设置了小组合作评价量表、汇报展示评价量表、总结性评价量表等，让评价发挥出最好的作用，指引学生的发展方向（表 6-11 ~ 表 6-13）。

表 6-11　小组合作评价量表

评价项目	优秀	良好	待提高	评分（1~10）
小组规则指定与遵守	*我们在团队协作上进行了很详细的讨论 *我们自觉遵守集体讨论、决策、解决问题的规则 *我们能自己采取行动来解决小组遇到的问题	*我们小组讨论了如何协作，但讨论不够详细 *当小组约定没有被遵守时，我们会及时发现，但需要老师帮忙才能解决问题	*我们没有讨论如何进行小组协作 *我们没有遵守集体讨论、决策和解决冲突的规则 *我们会出现团队合作失衡的现象，需要老师干预团队协作	
组织工作	*我们建立了详细的任务清单，能将小组任务合理分配给成员 *我们能利用好时间，跟进目标完成进展，在规定时间内完成小组学习任务	*我们创建了任务清单，并有效分配，但未能严格执行 *我们通常能利用好时间，也有浪费时间，虽能完成小组学习任务，但并不总是很有条理	*我们没有建立任务清单就开始各自学习实践，成员都是随机自发分配任务 *我们没有时间表，也没有跟进小组任务完成情况	
小组合作	*我们一直从一个团队的角度思考各自的学习任务，小组成员各自的任务也在团队中得到了很好的反馈和优化	*我们各自单独完成学习项目的大部分任务，并能有效整合	*我们没能有效地整合，只是各个成员自己的任务简单的汇总	

表6-12 汇报展示评价量表

评价项目	优秀	良好	待提高	评分(1~10)
观点与信息解释	*展示信息、观点、论点等做到清楚、简洁、有逻辑，论点支撑性强，观看者很容易理解 *能选择符合展示目的或目标任务的信息、观点、风格	*展示信息、观点、论点等不能总是做到清楚、简洁或有逻辑，观看者不能很好理解 *选择的信息、观点、风格可能较符合展示目的或目标任务	*展示信息、观点、论点等不够清楚、简洁或有逻辑，论点支撑性不强 *选择的信息、观点、风格可能不符合展示目的或目标任务	
组织	*展示内容全部符合要求 *展示时总体时间把控很好，没有任何部分花太多或太少时间	*展示内容几乎符合要求 *展示时总体时间把控得当，但在某一个话题或环节花费太多或太少时间	展示内容没有符合要求 展示时没有很好利用时间，整个展示或其中的一部分太短或太长	
眼神与肢体语言	*展示时大部分时间会与观看者保持眼神接触和交流 *使用了自然的手势、动作和其他肢体语言 *整个展示过程泰然自若、信心十足	*展示时没有进行眼神交流 *使用了一些肢体语言，但不是很自然 *比较镇静与自信应对	*展示时眼睛不看观看者 *没有使用手势、动作或任何肢体语言 *展示时不够镇静和自信	
声音	*说话很清晰，语速均匀，会根据内容变化有起伏 *声音洪亮，每个观看者都能听到，且会使用语调和节奏让观看者保持兴趣 *采用了符合内容情境和表达意图的讲解方式，让观看者易于理解	*在大部分时间说话清楚、有逻辑 *声音洪亮，大部分观看者能听到，但语调没有起伏 *会使用一定的符合内容情境和表达意图的讲解方式	*展示时说话声音有点模糊，语速过快或过慢 *说话时经常使用口头禅等，让观看者有点难理解 *没有采用符合内容情境或表达意图的讲解方式	
团队参与	*所有成员参与展示的时间大致相同，且都能代表团队回答问题	*所有成员都参与了展示，但参与程度不一	*展示时不是所有的团队成员都参与，只有一两位成员发言	

表 6-13　总结性评价量表

评价项目	具体指标	优秀	良好	待提高
勇担当	**小学**：能处理研学实践中的基本事务，初步培养自理能力，自主精神，有积极参与研学实践意愿。 **初中**：在研学实践中，增强服务意识，养成独立生活习惯。初步形成对自我、自然、生活负责的态度和公德意识。 **高中**：关注自然与社会发展，能持续参与研学实践，关注实践中存在的问题，增强社会责任感和法治意识。理解并践行社会公德			
善探究	**小学**：在教师的引导下，结合学校、家庭生活中的现象，发现并提出自己感兴趣的问题。能将问题转化为研究课题，体验过程与方法，提出自己的想法，形成初步解释。 **初中**：在研学实践中，深入思考并提出有价值的问题，学会运用科学方法开展研究，主动运用所学知识理解并解决问题。 **高中**：对研学中感兴趣的领域开展广泛的实践探索，提出具有一定新意和深度的问题，综合运用知识分析问题，增强解决实际问题的能力			
能创新	**小学**：通过实践，初步掌握手工设计与制作的基本技能；学会运用信息技术，设计并制作有一定创意的数字作品。运用常见、简单的信息技术解决实际问题，服务于学习和生活。 **初中**：运用一定的操作技能解决生活中的问题，将一定的想法或创意付诸实践，发展实践创新意识和审美意识，提高创新能力。通过信息技术的学习实践，提高解决问题的能力。 **高中**：熟练掌握多种操作技能，综合运用技能解决生活中的复杂问题。形成在实践操作中学习的意识，提高综合解决问题的能力			
乐生活	**小学**：积极参与活动，获得有积极意义的价值体验。理解并遵守公共空间的基本行为规范，初步形成集体思想、组织观念，养成良好生活习惯。 **初中**：亲历自然、社会实践，加深有积极意义的价值体验，形成国家认同。能主动分享体验和感受，形成积极的实践观念和态度。 **高中**：具备社会交往能力，理解国家、民族之间的文化差异，强化对中国共产党的认识和感悟，具有中国特色社会主义共同理想和国际视野			

研学课程实践中开展的一切教育活动，都以学生发展为中心；一切评价，都要指向学生的终生发展。我们在研学过程中传授的知识，教授的方法，培养的能力以及传递的价值观，都应为学生的终生发展服务。

"三三四制"的评价方式可以使研学课程评价更为综合、多元、客观，能够促进学生进一步发展，提高学生的综合素质，能够监督、反馈研学课程的实施，使研学课程进一步优化。

第三节　研学实践课程的立体化资源管理

　　研学是真正意义上的行走教育，凡在生活之中、天地之内一切能运用于研学实践活动，能有助于学生"了解国情、热爱祖国、开阔眼界、增长知识"的各种条件和素材，都可被称为研学课程资源。长沙基地自 2016 年开展研学实践活动以来，根据研学实践课程育人目标，充分结合域情、校情、生情，广泛利用现有的具备承接中小学生开展研学实践教育能力的爱国主义教育基地、国防教育基地、优秀传统文化教育基地、文物保护单位、科技馆、博物馆、自然景区、美丽乡村、特色小镇、科普教育基地、科技创新基地、示范性农业基地、科研院所、知名企业等资源单位进行合作，逐步探索出一套特色鲜明、布局合理、资源共享的立体化资源管理模式。

一、研学课程资源的分类管理

　　《基础教育课程改革纲要（试行）》中将"课程资源"分为校内课程资源、校外课程资源和信息化课程资源三类，并明确指出："积极开发并合理利用校内外各种课程资源，学校应充分发挥图书馆、实验室、专门教室及各类教学设施和实践基地的作用；广泛利用校外的图书馆、博物馆、展览馆、科技馆、工厂、农村、部队和科研院所等各种社会资源以及丰富的自然资源；积极利用并开发信息化课程资源。"研学实践课程作为综合实践课程的一部分，具有开放性、多元性、复杂性和真实性等特点，在课程资源的管理上与基础教育常规课程有许多相似之处，但更加侧重于校外课程资源和信息化课程资源的双向积累和建设。

（一）研学课程资源的基本分类

　　长沙基地地处全国最美乡镇——长沙市岳麓区莲花镇，有得天独厚的农业自然资源。长沙是湖南省省会城市，全国"两型社会"综合配套改革试验区、中国重要的粮食生产基地，长江中游城市群和长江经济带重要的节点城市，是有三千年文化积淀的首批国家历史文化名城，"经世致用、兼收并蓄"的湖湘文化在流淌着红色血液的山水洲城里水乳交融，生生不息。长沙基地经过持续不断的探索考察，深挖资源内涵，逐步构建了以长沙基地为核心，分别按照红色革命传统、现代科技发展、祖国美好河山、时代社会变迁、传统历史文化、劳动实践教育为主要类别的六大研学课程资源圈。

1. 构建"基地+1 小时红色革命教育圈"

长沙基地地处长沙西南角，距离韶山毛泽东同志故居和纪念馆四十六公里，宁乡花明楼刘少奇故里二十一公里，雷锋纪念馆和湖南省党史陈列馆仅十八公里，到位于长沙市内的湖南省第一师范旧址、橘子洲景区等红色革命教育场所的车程均在一小时以内，这些都是长沙基地红色革命教育圈中得天独厚的研学资源。

毛泽东故居韶山

刘少奇故居花明楼

彭德怀故居

岳麓书院

基地+1 小时
红色革命教育圈

橘子洲头、贾谊故居、岳麓山等人文生态景观区是
孩子们走近长沙、了解长沙的好窗口；毛泽东故居
韶山、刘少奇故居花明楼、彭德怀故居乌石镇等伟
人故里是学生进行红色爱国主义研学的好阵地。

岳麓山

橘子洲头

贾谊故居

杨开慧故居

黄兴墓

爱晚亭

图 6-1　基地+1 小时红色革命教育圈

2. 构建"基地+多领域现代工业科技圈"

长沙基地与国家级首批高新技术产业开发区"高新区麓谷科技园"和国家级经济技术开发区"长沙经济技术开发区"相邻，园区内的中联重科股份有限公司、三一重工股份有限公司、袁隆平农业高科技股份有限公司、比亚迪汽车有限公司等现代工业企业，都具有开展研学实践教育活动的条件和优势，成为长沙基地现代工业科技圈的重要组成部分。

3.构建"基地+多样化美好河山风景圈"

在 2023 年《长沙市总体城市设计》中，长沙未来的特色风貌定位为"山水洲城、湖湘韵味、时尚都会"。湖南人的母亲河湘江从长沙市区穿城而过，串联出风光绮丽、山水迷人的长沙景色。放眼湖南省内，大好秀丽河山更是比比皆是：八百里洞庭、国家级森林公园张家界、南岳衡山、最美小镇凤凰、神农谷森林公园、崀山风景区等，都是长沙基地课程中包含的多样化美好河山风景圈资源。

4.构建"基地+多形态时代社会变迁圈"

长沙作为湖南省省会城市，见证了经济高速发展带来的社会时代变迁，在长沙地区涌现出各类形态的社会资源，比如长沙县、望城区等地有许多体现基本国情和改革开放成就的美丽乡村、传统村落、特色小镇，以及展示工业建设变化、乡村振兴发展的展示馆、大型企业等资源，都是多形态时代社会变迁圈中的研学资源。

5.构建"基地+三千年优秀传统文化圈"

长沙是首批国家历史文化名城，三千年的优秀传统文化资源俯拾皆是：人杰地灵的岳麓山、波光曼妙的橘子洲，湖南省博物馆、湖南雨花非遗馆，靖港古镇、新华联铜官文化园，湘楚大地文脉延绵，优秀传统文化圈名副其实。

6.构建"基地+3 公里农业生态研学圈"

长沙基地所处的岳麓区莲花镇是全国最美乡镇之一，有着丰富的农业生态资源：圣峰果业有限公司、龙洞园艺花卉谷、南洲湖农业生态休闲山庄、鹏润生态馆、望山耕读文化研学基地等都为区域内的农业场所，因此依托莲花镇农业特色区位优势打造的三公里农业生态研学圈独具特色。

除了长沙地区的研学资源，放眼至湖南省，2020 年湖南文旅厅公布"锦绣潇湘"五大板块研学旅行主题，其中长株潭板块主题"时尚都市·历史文化"、大湘西板块主题"魅力湘西·世界遗产"、环洞庭湖板块主题"天下洞庭·湿地生态"、大湘南板块主题"诗意湘南·寻根祈福"和雪峰山板块主题"神韵雪峰·户外休闲"，每个板块主题都是对区域资源特色的提炼，也是区域研学发展主题方向。面对如此丰富多样的研学资源，长沙基地逐步分析其中可被利用、被整合为研学所需要的富有特色的课程资源，把资源中有教育意义的内容挖掘出来，从而打破时空壁垒，构建起一张彰显湖南地域特色的研学资源网络。

（二）研学课程资源库的建设与管理

随着现代信息技术和多媒体技术在教育领域的广泛运用，各类资源的获得变得方便和迅速。怎样在获取资源的同时让资源实现价值最大化的利用？长沙基地经多年实践发现，通过建设研学课程资源库的方式能加强对课程资源的管理及利用。

研学实践课程的建构是一个从无到有的过程，是不断丰富和完善各种课程素材和资源的过程。研学实践课程资源库的建设，不仅是对资源本身的积累和管理，还包括每一次研学实践活动从组织到实施结束整个过程中的各种经验。既指可见的物化资源，比如研学资源的文字情况介绍、管理制度、配套设施说明、安全措施等，还包括反映具体情况的其他资料，比如宣传视频、现场拍摄的照片等多媒体材料。加强对研学课程资源库的建设，可以为研学课程设计和实施提供资源支持，为研学课程体系建设创造良好的资源基础。

"规范、全面、清晰"是建设研学课程资源库的原则，长沙基地结合资源范围和内容，通过建立研学资源网络资源库、形成研学课程标准化文本和积累研学成果资源包这三种方式，对研学课程资源进行全面梳理和管理。

1.建立研学资源网络资源库

长沙基地利用自身的微信公众号平台和长沙市中小学人人通云平台，按照研学站点资源、线路和课程资源、教学研究成果资源等不同呈现板块进行分类和整理，分享各类研学线路和课程资源。随着 5G 时代到来，依托互联网促进资源共享，通过"线上"媒介作为储存和传播展示研学课程资源已成为常规教学的基本组成部分。在长沙基地微信公众号平台上，可以清晰地看到"实践活动""云课堂""多彩教研"等主题栏目，每个栏目都以时间为序呈现不同的课程资源。以"云课堂"为例，立足基地课程体系中的生活实践、科学探究、主题教育、素质拓展、红色思政五大领域，分年段设计线上课程，并依托微信公众平台一方面面向全国中小学生进行推送，另一方面作为课程资源进行储存积累，促进构建完整的教育生态环境，实现教育、体验、效果三者之间的平衡。如"'辣'就是湖南"线上研学课程，通过疫情期间超市里"一椒难求"的现实困境，引申出自古以来辣椒在湖南地域的霸主地位，用问题探究的形式带领学生一步步挖掘湖南人与辣椒之间的内在渊源和关联。通过内在的课程逻辑，设置不同的情境与活动形式，让课程成为学生自主选择的需要，即便身在"云端"，也能够在有节奏的活动设计中感受课程的互动与学习的快乐。

2.形成研学课程标准化文本

在教育活动中，规范化、标准化的课程文本是评价这一教育活动是否课程化的重要指标之一。因此，将研学实践教育课程的课程目标、课程计划、课程实施方案、评价标准等系列内容形成有效的标准化文本，是推动研学课程实施规范化的必然途径。

由于研学实践课程具有活动性、开放性和生成性等特点，不同于普通学科课程，既没有国家课程标准，也没有学业质量标准，其设计与实施都具有较大的开放性。长沙基地依据《中小学综合实践活动课程指导纲要》，以发展学生关键能力为基础，培养学生发展核心素养为目标，逐步形成了具有长沙基地特色的研学实践课程设计方案标准化文本，主要包括课程主题、课程项目、适用年级、课程时长、课程说明、研学线路、课程资源、课程目标、课程重难点、课程准备、课程设计、课程评价等。

3.积累研学成果资源包

研学成果资源包是对研学课程实施的效果进行总结评估、反馈复盘的最佳载体。不断地累积研学成果，不但为学生参与研学实践活动提供丰富的交流分享素材，同时还能为研学课程设计与开发提供参考资源，使研学课程设计与开发有丰富的前期积淀。

研学成果资源包既包括为学生提供的各类学习资源，如研学资源点的情况介绍、网站资源、参考书目、图文信息等，还包括研学实施过程中生成的各项资源，如学生的研学笔记、专家讲稿、研学导师方法指导、学生动手制作的作品、研学过程中交流讨论的问题等，以及在研学活动结束后形成的各类研学成果，如学生制作用于汇报交流的PPT、视频、调查报告、总结、手抄报、图画等。

长沙地区红色革命教育资源的分类管理

在长沙地区丰富多样的研学资源中，以最能体现地域特色和彰显地域精神风貌，且最具有代表性的"红色革命教育资源"为例：长沙作为中国近代革命的摇篮和重要发源地，被誉为"伟人故里、革命摇篮、红色圣地"，红色流淌在山水洲城的血脉里。目前，长沙市共有九十五处红色旅游资源，其中伟人足迹二十六处，名人故居二十三处，工农革命热土二十六处，革命烈士纪念地二十处。2022年湖南省委、省政府《关于实施强省会战略支持长沙市高质量发展的若干意见》(以下简称《意见》)明确把"文旅名城工程"纳入"强省会"战

图6-2 长沙地区红色革命教育资源分布图

略十大重点工程,长沙市委、市政府印发的《关于贯彻落实强省会战略的行动方案(2022—2026年)》明确要求推进文旅名城专项行动,要实施红色景点保护工程。将红色资源转化为研学资源,用好用活资源并传承弘扬红色文化,长沙基地通过创新整合不同类型的红色资源,实现资源管理的立体呈现。

一是合理规划资源分类。按照不同地区、不同时期将红色资源进行分类。既可以根据芙蓉区、天心区、岳麓区、开福区、雨花区、望城区、浏阳、宁乡等长沙辖内将红色资源进行分类,也可以按照从新民主主义革命时期、社会主义革命和建设时期、改革开放和社会主义现代化建设新时期、中国特色社会主义新时代等党的历程不同时期将红色资源进行划分。

二是拓展整合资源内容。大多数红色资源并不是孤立存在的,而是与其他景区、景点紧密联系。如岳麓山景区有许多红色伟人"毛泽东"元素,毛泽东曾在岳麓山锻炼体魄、磨炼意志,与蔡和森等人在爱晚亭读书探讨等。同时,岳麓山山体本身也是一个地点集中、规模大、保存好的抗日战争纪念地。通过"空间+时间""人物+事件"等拓展整合方式,实现红色主题鲜明、多种资源共融的立体呈现。

(三)研学课程资源的动态管理

伴随着研学实践课程资源领域的不断拓展和内容的日益丰富,可利用的资源总量越积越多,我们也发现资源出现了良莠不齐的现象。比如近两年由长沙市教育局联合长沙市发展和改革委员会、长沙市文化旅游广电局共同遴选的近百家研学基地(营地),其中以绿色生态农业为主要资源特色的研学基地(营地)占比高达30%,而这些基地(营地)的资源属性、软硬件条件、配套设施、优势特点各不相同,且相差甚远。再以长沙基地劳动教育研学课程资源为例,在前期考察资源库中,既有小而精的单一资源站点,又有大而全的整合资源站点。如何才能做到根据课程实施所需合理调动所需资源?长沙基地通过监督检查,定期评估,维护升级,资源更新等多种形式、多重手段相结合的动态管理模式,以此确保课程资源的丰富性、创新性和完整性。

1. 监督检查

长沙基地作为研学教育实践活动的主要组织方和实施方,需要第一时间掌握课程资源的情况及变化,一方面,通过签订《研学实践活动委托协议》《安全责任状》等协议文件,从法律层面上对课程资源的使用提出具体要求。比如,在《研学实践活动委托协议》中对委托方提出"负责提供活动组织方所需的图片、文字素材、宣传资料等基本资源,协助配合活动组织方完成所属线路课程的设计、研发和教学"的明确要求;另一方面,通过定期组织管理人员到有委托合作关系的研学点开展课程资源的检查,从而达到确保研学实践教育活动有序开展的目的。开展研学实践教育活动从来都不是单方面的事情,牵涉到组织方、承办方、委托方(即课程资源提供方)、参与方等诸多相关者,只有组织方负起监督检查的主要责任,才能掌控好整个研学实践教育活动实施过程所关联的方方面面。

2.定期评估

自研学课程资源被纳入长沙基地资源库后，长沙基地定期关注资源点的各项情况，对资源开发、课程实施、配套设施、人员安排、安全风险等具体情况进行详细了解和评估，随时掌握其变化。比如针对农业劳动研学资源，长沙基地以学期为单位，在研学期内每半个月对开展合作的农业劳动研学资源进行现场评估考察，重点对农业户外大棚、专业教室、大型停车场、洗手间、野炊场地等配套设施的修缮维护情况进行了解，以及对新建授课场地，学生活动途经的河池、弯道等危险区域进行安全风险研判和评估。

3.维护升级

有部分研学课程资源本身非常容易受到硬件条件的限制，比如博物馆、科技馆、纪念馆、教育馆等场馆类研学课程资源，要求配合课程实施的硬件资源需要不断地跟随时代的发展变化而及时进行技术升级。比如长沙基地秉承"为学生打造一座自由成长乐园"的理念，分别建设了交通安全教育馆、科技馆、防震减灾馆、法制禁毒馆、国防馆、消防安全馆、人防馆、生命救护馆等不同教育主题的研学场馆，供前来基地开展实践活动的学生进行学习和体验。在场馆建成的最初几年里，场馆内丰富多样的体验性设施设备、现代化的场景互动模式、充满情景感的生活化场景空间，让场馆类研学课程深受学生的喜爱，寓教于乐、在玩中学、在互动中体验的教学形式让学生对场馆课程念念不忘。但正因为场馆课程运用了大量的信息化技术手段，使用安装了高成本的定制化互动体验性设施设备，导致场馆内硬件设备的维护修缮成本很高，且需要专项专人维护管理，场馆内一旦有硬件受损，便会影响整个课程的实施和效果。而对于主题场馆内通过电子设备呈现和展示的政策法规、主题标语等，还需要不断地跟随时代的发展变化及时进行更新和升级。

4.资源更新

随着经济社会的不断发展，新一轮科技革命和产业变革催生了大量新产业、新业态、新模式，给人类生产生活带来翻天覆地的变化。处于新时代，面对新变化，长沙基地意识到要紧跟时代脚步需要将研学课程资源进行迭代更新。因此，及时关注学生发展和需求，注重研学课程资源内容与形式的迭代更新，是长沙基地做好课程资源动态管理的内容之一。

比如，"寻伟人故里"研学线路是长沙基地2018年9月开发的初中阶段精品研学线路之一，其中在韶山毛泽东同志纪念馆内的诗词大会课程为90分钟的"诗和远方"。随着长沙基地接待能力的不断提升，从2019年开始，逐步有省外高中阶段研学团队前来体验"寻伟人故里"线路课程。面对研学对象的变化，长沙基地与课程委托方——韶山毛泽东同志纪念馆，根据高中学生的学情在初中版诗词大会课程的基础上，共同合作开发出更加适合高中阶段学生的"做好人生职业规划"课程项目。课程一经推出，深受学生们的喜爱。又如，"研生态农业"是长沙基地于2018年3月开发的适用于小学高年级阶段的研学线路之一，选取了宁乡市"湘都生态农业园"和莲花镇"爱格花卉设施园"两处研学课程资源作为课程实施委托方。2019 年，随着现代化农业技术的不断发展和变化，为满足学生对信息技术支持下农业生产相关知识的了解和学习，长沙基地将传统的"研生态农业"线路迭代更新为现代化的"研生态农业"线路，重新选取了拥有无人机播种技术等利用现代科学技术手段开展农业生产的湖南惠众农业园作为课程实施委托方。

5. 动态存储

长沙基地从 2017 年开展研学实践教育活动至今，收集、整理的各类研学课程资源百余例，而其中真正予以实施使用的只有少数部分资源，原因之一是很多的研学课程资源并不适合长沙基地研学活动的组织和实施。在 2017 年 12 月长沙基地组织开展的长沙城区研学资源盘点考察过程中，所考察的六十余处课程资源中，有一半的资源点由于自身硬件设施、接待能力、课程内容、配套条件、路程情况等各方面条件无法满足长沙基地实际需求而被淘汰。2020 年 5 月，伴随着《中共中央国务院关于全面加强新时代大中小学劳动教育的意见》文件精神逐步落实，长沙基地在组织对长沙地区农业生产劳动资源进行考察盘点时发现，越来越多主题化、课程化、专业化的农业劳动研学资源如雨后春笋般涌现出来，可作为新的合作对象。而曾经主题单一、课程内容空泛、配套设施落后的农业基地则被列入淘汰名单。而被淘汰的研学资源并不是予以清除，其相关的资源介绍、课程文本等资料同样被储存保留，纳入长沙基地研学课程资源库中进行积累。

第四节　研学实践课程的网格化实施管理

"网格"一词源于互联网技术，其最大的特性是具有高性能、一体化、资源共享、协同工作等技术优点。在研学实践课程的实施过程中，涉及要管理的人和事都非常多、非常杂，利用"网格化"方式进行管理，可以将实施过程的每一环节、每一步骤都精确明晰，在最大程度上杜绝管理漏洞。长沙基地通过提供"一站式"服务、紧握"多面化"抓手、重视"真性情"反馈，一网统筹关注研学实践课程实施全过程。

一、提供"一站式"服务

长沙基地作为研学实践教育活动实施的枢纽，要组织一次完整、安全、顺畅、有序的研学活动，离不开衣食住行的精心安排，还需要研学线路和课程的精心设计，更离不开参与对象、学校、营地、资源站点等各个部门的协调配合。怎样才能让来自不同学校、地区、学段的研学团队高效有序地做好研学活动的准备、组织和总结等工作？怎样才能有针对性地管理不同类型、不同学段的外省研学实践活动？怎样才能确保每一次研学活动都能在安全有序的基础上，达成研学课程的目标，实现研学活动的意义？为充分发挥研学枢纽的重要作用，体现组织管理、课程服务、活动开展等重要功能，也为更深层次地接近研学活动的本质，带给学生最好的研学体验和感受，长沙基地主动探索构建"一站式"服务管理模式，一网统筹关注服务对象需求，明确研学目标，清晰研学主题，确保研学效果。

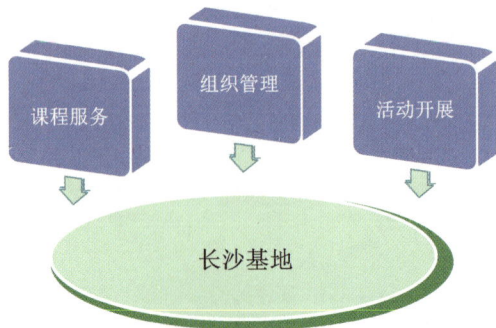

图 6-3　长沙基地"一站式"服务模式

"一站式"服务实质是服务的集成、整合。基地对活动方案制订、研学课程授课、学生组织管理、信息交流反馈等服务内容进行梳理、整合，疏通实施流程、实施队伍、实施方式这三条主动脉，全面构建研学活动大网格，使活动、课程、问题贯穿于网格之中，让研学活动有章可循、有规可依、有难即解，让参与研学活动的师生感受到便利与舒适。

二、紧握"多面化"抓手

长沙基地自开展研学实践活动以来，分步骤、有重点地开发了不同组织实施模式的研学活动，有重实践的一日研学之"3+1"模式，重探究的五日研学之"2+3"模式，有突出劳动教育主题的"2+2"模式，有把研学课程送入学校的"基地+学校"模式……而不论是哪一种实施模式的研学活动，需要衔接的研学课程委托单位、中餐（野炊）就餐点、各个学校、车辆运输公司等，方方面面都需要以确保活动有序顺利开展为前提进行详细对接。

长沙基地增加管理"抓手"，延伸管理"触角"，协同推进活动有序开展，严把衔接关。以当次参加研学活动的学校师生为中心，建立多方微信沟通群，是衔接工作第一步；以课程服务为关键，建立基地教师、学校教师和委托单位授课教师的统一战线，是衔接工作第二步；以后勤保障为后盾，建立车辆、保险、医务、摄影、协助人员等成员联络群，是衔接工作第三步。只有未雨绸缪、紧密地衔接好每一步，才能确保研学活动有序推进的一大步。

以重探究的"2+3"省外研学团队为例，为使外省参与研学的学校师生、家长、委托单位、其他社会协助机构全面了解研学活动，充分感受到研学课程实施的意义和价值，长沙基地用"三清"原则作为实施管理的抓手："一清"为参与研学活动团队人员信息清晰。外省团队由长沙基地直接对接、统筹安排、合理组织；"二清"为参与研学活动委托单位、协助社会机构信息清晰。长沙基地根据外省研学线路和课程实施需要，综合考察委托单位承接活动情况，合法合规签订合作协议，定期支付活动、课程等经费；"三清"为及时统计汇总活动开展情况，公示专项经费使用情况，并通过微信公众平台等网络宣传途径公开活动过程情况，使研学各个环节清晰明朗。

三、重视"真性情"反馈

长沙基地研学实践课程实施以学生受益为目标，不断转变理念，主动出击解决问题，确保活动顺利进行，让学生在亲身体验中获得成长。

（一）建立研学活动组织服务考核评价体系，主动收集反馈

长沙基地先后制定了《研学活动教师意见反馈表》《研学活动学生情况反馈表》和《研学委托单位情况反馈表》等常态化研学活动反馈信息表。在此基础上，又有针对性地制订了《本地研学实践活动服务情况反馈表》和《省外研学实践活动服务情况反馈表》，本地研

学反馈侧重收集随行学校老师和领导的反馈意见，省外研学反馈侧重收集参与活动学校负责人和组织活动机构负责人的反馈意见。通过收集研学服务对象的反馈意见，及时了解到从参与方的角度观察到的各类问题，便于再次反思和改进。

例如在课程反馈方面，把从对"既定研学线路和研学课程"的关注，逐渐转变为对"学生真正感兴趣研学线路和研学课程"的关注，希望能从服务对象——学生的角度来审视研学活动。于是，在设计的《研学实践教育活动学生反馈表》中，在原有的活动组织和后勤服务等方面调研内容的基础上，新增研学课程和基地活动等。学生填写了他们"最喜欢的研学点、最喜欢的基地课程、最不喜欢的研学点和最希望到的研学点"等信息，经过统计分析，我们得知省外研学团队最感兴趣的研学点是橘子洲和湖南省博物馆，最不感兴趣的研学点是韶山毛泽东同志故居（原因是参观过程时间短，且只有简单的介绍），最希望下次能去到的研学点有岳阳楼、张家界、湖南电视台等等我们暂未开发而早已世界闻名的地方。通过这样翔实的数据调查，为以后研学线路和课程开发提供了最具参考性资料。

（二）建立后勤服务合作单位联络系统，加强沟通交流

长沙基地安排专人建立了后勤服务合作单位联络群，定期与各线路就餐点、合作医院、合作保险公司和车辆运输公司负责人进行联系，就研学过程中产生和发现的相关问题及时沟通。作为研学实践课程实施的执行方，长沙基地主要的工作职责和任务是确保研学线路各项课程的落地和实施，如何在确保课程顺利开展的基础上，共同成就一条本地孩子们都喜爱、外地孩子们都难忘、全体老师都认可的研学线路？长沙基地通过构建完善的后勤保障服务网络，为研学主题课程的开花结果助力加码。比如在出行方面，确保每一次出行前，除了提前电话沟通、组建微信群、编辑线路短信发送、打印线路条之外，研学导师还会在车辆启动前再次逐一与司机师傅当面对话，明确行程和时间。在就餐方面，前期将通过多方考察寻找用餐环境和菜品质量都能得到保障的餐厅。在用餐过程中，一方面要求餐厅饭菜分量一定要备足，并允许学生根据需要随时添加；另一方面仔细调查学生们喜欢吃和不喜欢吃的菜品，记录下来后及时向餐厅负责人反映，随时做到根据需求合理调整菜谱（表6-14）。

表6-14　长沙基地研学实践活动情况反馈表

学校名称		组织机构	
研学主题		对接负责人	
研学时间	年　　月　　日—　　年　　月　　日		

一、活动整体组织情况：＿＿＿＿＿分

(1分：很差　2分：差　3分：好　4分：良好　5分：非常好)

是否安排综合实践课程：是□　否□

课程开展情况：＿＿＿＿＿分

(1分：很差　2分：差　3分：好　4分：良好　5分：非常好)

学生最喜欢的课程及理由：

学生不喜欢的课程及理由：

三、是否安排户外拓展(场馆体验)活动：是□　否□

活动开展情况：＿＿＿＿＿分

(1分：很差　2分：差　3分：好　4分：良好　5分：非常好)

学生反映最好的活动及理由：

学生反映不好的活动及理由：

四、是否安排食堂就餐：是□　否□

食堂就餐整体情况：＿＿＿＿＿分

(1分：很差　2分：差　3分：好　4分：良好　5分：非常好)

服务：(　　　　　)　　　卫生：(　　　　　)　　　口味：(　　　　　)

五、是否安排住宿：是□　否□

住宿整体情况：＿＿＿＿＿分

(1分：很差　2分：差　3分：好　4分：良好　5分：非常好)

环境卫生：(　　　　)　床上用品：(　　　　)　宿舍管理：(　　　　)

六、其他意见或建议

反馈人姓名：　　　　　　职务：　　　　　　联系方式：

第五节　研学实践课程的精细化安全管理

保障学生的安全是研学实践活动的首要条件。教育部等十一部门印发《关于推进中小学生研学旅行的意见》中明确"教育为本、安全第一"的原则是贯穿研学活动全过程的基本准则和基础理念。研学实践课程的实施更多体现在"行走在路上"，集体旅行和集中食宿的基本特征在确保学生高度、深入参与活动的同时，也让课程实施具有安全影响因素多、范围广、跨度大、难度大等实际风险。因此，加强研学实践课程实施中的安全管理，牢固树立"安全第一"的责任意识，是研学实践课程顺利实施的前提和基础。

一、制订管理预案，构建防控体系

研学实践课程内容具有自主性、实践性、综合性、开放性、体验性、探究性等特点，在实施过程中存在不确定性和不可预见性情况更多，由此要求实施组织方需要做好详细全面的处置预案和应对措施，并织牢一张研学课程实施的安全责任网，确保每一次研学实践课程实施都"活动有方案，行前有备案，应急有预案"。

从学生花粉过敏这件"小事"说起

2018 年 3 月，长沙基地组织当地某小学五年级学生开展"研生态农业"主题研学实践活动，其中一堂实践课程需前往以花卉种植、养护、造景为主的园艺基地实地参观体验。阳春三月正是草长莺飞、鲜花盛开的美丽季节，学生们乘着大巴车兴致勃勃地来到园艺基地的鲜花嫩草中，在园区讲解员的带领下分区参观各种奇花异草。正当大家在认真倾听、仔细观察时，几名女生却急匆匆脱离了队伍，向同行的医务人员求救："我脖子好痒""我的脸上好像起疹子了"……经过医生检查和询问，原来这几名女生都有过花粉过敏的经历，属于过敏性体质。了解清楚情况后，为确保女生过敏现象不再加重，从而导致身体不适加剧，基地随队负责人立即和学校、园艺基地沟通，安排专人专车(应急小车)转送她们回到基地休息。虽然患有花粉过敏的学生仅为少数案例，但在此后的课程实施预案中，以及基地制定的《研学安全管理制度》中，对于"在研学活动开展前详细了解学生是否有特殊情况(如身体特需、饮食习惯、民族习俗等)"做出了详细要求和严格规定，以此保障学生的生命安全。

研学实践课程的自主性、开放性特点，决定在课程实施过程中出现变量的可能性较大，要求研学活动实施组织方既要做足准备工作，预计在活动过程中可能发生的各项情况，并做好应对措施和模拟解决办法，又要及时梳理实际发生的各类情况，总结基本处置流程和方法，最终形成较为固定的实施流程。把"学生花粉过敏"这件事放到研学实践课程实施过程中来看，似是一件小事，但研学实施应秉承"安全无小事"的执行原则，防患于未然，方能确保学生安全和活动顺利实施。

（一）制定活动方案，详细落实细节

研学实践课程的开发要从学生的生活基础和兴趣爱好出发，满足学生的发展需求，课程的实施同样要以学生为中心，尽可能采取灵活多样的方式开展和组织活动，增强实践的趣味性和感受性。在制定活动方案时，首先要做好实施过程中的安全保障，既要注意参与活动课程实施学生的人身安全、心理安全和财产安全，又要注意活动课程实施过程中教学器材和设施设备的质量安全、使用安全，还要注意活动课程实施承办方（如车辆租赁）的使用安全、场所安全等。

研学实践课程实施的活动方案一般包括活动主题、活动时间、活动对象、活动流程、具体安排、活动要求等。每一次活动面向的对象、时间、内容都不相同，为保证活动顺利进行，方案中的具体内容和详细要求也有所不同。其中，具体安排是方案中最为重要和关键的部分。根据长沙基地的实践，具体安排可包括：研学线路安排、人员安排、车辆安排、行程安排和后勤保障安排等几个方面。研学活动方案是否能最终真实落地，不成为纸上谈兵的关键内容都体现在具体安排上，周密细致的具体安排可以说是活动方案的关键因素。

长沙基地 2022 年"三湘四水烙红印·优秀学子赴星城"研学实践教育活动整体工作实施方案

一、活动主题

三湘四水烙红印·优秀学子赴星城

二、活动时间

2022 年 8 月 1 日至 5 日

三、活动对象

由部分省乡村振兴重点帮扶县及部分乡村振兴示范创建县组成，学生共计××名，工作人员××人（共计××人）。

四、具体安排

(一)线路安排

序号	课程主题	研学地点	研学时段	研学课程时间
1	寻伟人故里	韶山毛泽东同志纪念馆	上午	180分钟
		湘乡东山书院	下午	120分钟
2	恰同学少年	橘子洲	上午	180分钟
		湖南第一师范学校旧址	下午	120分钟
3	赏湖湘文化	岳麓书院/爱晚亭	上午	180分钟
		长沙市博物馆/长沙市规划展示馆	下午	150分钟

(二)研学站点情况

序号	委托单位	责任人姓名	职位	职责
1	韶山毛泽东同志纪念馆	××	项目负责人	负责研学点课程活动的整体安排、协调,突发状况的协调处理等
2	湘乡东山书院	××	项目负责人	
3	湖南第一师范学校旧址	××	研学部主任	
4	橘子洲景区	××	项目负责人	
5	长沙市博物馆	××	宣教部主任	
6	长沙市规划展示馆	××	项目负责人	
7	岳麓书院、爱晚亭	××	项目负责人	

(三)日程安排

时间	重点课程/活动	活动地点	备注
7月31日			
下午	报道、分寝		高铁南站接车
晚上	观看电影《雄狮少年》	主题活动室	教官负责组织相关活动
8月1日			
上午	基地开展拓展活动	风雨操场	教官负责组织相关活动
中午	就餐	食堂	按照抵达基地时间分批次开餐

续表

时间		重点课程/活动	活动地点	备注
下午	14：30—15：20	开营仪式	报告厅	设备提前准备
	15：30—17：00	研学开题课	教室	详见课程安排表
晚上	17：00—18：00	就餐	食堂	
	18：30—20：30	团队组建及研学安全教育	报告厅	
	21：00—22：00	内务整理，洗漱就寝	宿舍	
8月2日				
早晨	7：00—7：30	洗漱，整理内务	宿舍	
	7：30—8：00	全体人员用餐	食堂	
上午	8：00—12：00	参观韶山纪念馆和毛主席故居，学习《探究家庭对毛泽东的影响》研学课程	韶山	从岳麓基地到韶山车程约60分钟
中午	12：00—13：00	全体外出人员用餐	辉煌饭店	
下午	14：00—16：00	参观东山书院，学习《探究东山学堂对毛泽东的影响》研学课程	东山书院	从韶山到东山车程约40分钟
	16：00—17：00	全体师生集合，登车返回基地		由东山返回基地
晚餐	17：30—18：10	全体人员用餐	食堂	
晚上	18：30—20：30	红色故事大讲堂	报告厅	授课人提前沟通
	21：00—22：00	内务整理，洗漱就寝	宿舍	
8月3日				
早晨	7：00—7：30	洗漱，整理内务	宿舍	
	7：30—8：00	全体人员用餐	食堂	
上午	8：00—12：00	参观橘子洲风景名胜区，学习《豪情诗意的青年革命家》研学课程	橘子洲	从基地到橘子洲车程约60分钟
中午	12：00—13：00	全体外出人员用餐	江南公社	
下午	外出 14：00—16：00	参观湖南第一师范旧址，学习《刻苦上进的师范生》研学课程	湖南第一师范旧址	橘子洲到湖南第一师范旧址车程约20分钟
	16：00—17：00	全体师生集合，登车返回基地	基地	

续表

时间		重点课程/活动	活动地点	备注
晚餐	17：30—18：10	全体人员用餐	食堂	
晚上	18：30—20：30	电影赏析《血战湘江》	报告厅	
	20：40—21：30	内务整理，洗漱就寝	宿舍	
8月4日				
早晨	7：00—7：30	洗漱、整理	宿舍	
	7：30—8：00	全体人员用餐	食堂	
上午	8：00	参观岳麓书院，学习《我眼中的"千年学府"》研学课程	岳麓书院	从基地到岳麓书院约40分钟
中午	12：00—13：00	全体人员外出用餐	滨江文化园职工食堂	
下午	13：00—16：00	参观长沙市博物馆及长沙市规划馆，完成馆内任务单	长沙市博物馆、长沙市规划馆	从岳麓书院到市博物馆车程约40分钟
	16：00—17：00	全体师生集合，登车返回长沙基地	基地	
晚餐	17：30—18：10	全体人员用餐	食堂	
晚上	18：30—20：30	参观长沙基地十大主题场馆	场馆	
	20：40—21：30	内务整理，洗漱就寝	宿舍	
8月5日				
早晨	7：00—7：30	洗漱、整理	宿舍	
	7：30—8：00	全体人员用餐	食堂	
上午	8：30—10：00	汇报交流课	教室	
	10：20—11：20	结营仪式	报告厅	
中午	11：30—12：30	全体人员用餐	食堂	
下午		返程	学生宿舍区	
补充说明：最终实施路线以研学当日的实际情况为准				

五、人员安排

（一）组长：××负责本次活动整体把控；

（二）副组长：××负责整体活动方案制订，负责活动各项事务的把控和协调；

（三）联络组负责人：××负责本次活动与各组织方的前期对接和协调，各部门之间的

协调工作。负责活动过程中与研学站点、车队等第三方服务机构的对接和协调;

(四)后勤保障组负责人:××负责活动中基地内食宿安排、场地使用等后勤保障工作的整体安排、协调,突发状况的协调处理等;

(五)物资采购组负责人:××负责活动前期物资采购准备,活动期间的车辆安排、防疫物资采购及临时物资采购;

(六)经费保障组负责人:××负责活动保险购买,活动外出就餐点的落实及费用结算,各个研学站点门票及课程费用核对结算,以及本次活动中涉及的其他经费的核对结算报账;

(七)课程教学组负责人:××负责研学开题课、结题课教案的修改,研学现场教学课的统筹安排,教学设备、教学耗材的准备;

(八)活动管理组负责人:××,督导:××,负责本次活动的学生管理、安全教育、团队组建、宿舍管理、开营和结营仪式流程安排、教官安排和组织;

(九)新闻宣传组负责人:××负责本次活动媒体新闻宣传整体把控和协调;

(十)设备管理组负责人:××负责本次活动所需场所的欢迎标语、电子显示屏等设备管理、维护及使用等。

六、工作要求

(一)研学实践教育活动由长沙基地整体把控,负责统一调度,落实各项具体工作。全体参与人员要高度重视,服从安排,听从指挥,各负其责,各司其职,严格落实责任追究制,团结合作,确保安全、顺利完成研学活动。

(二)长沙基地行为导师、研学导师和各组织方工作人员加强研学活动过程中学生的组织和管理。外出研学时认真清点学生人数,及时关注学生突发状况。如有突发状况,按照《长沙基地研学活动应急预案》要求处理。

(三)全体外出人员做好防暑防晒措施,按照要求做好防疫措施,保管好个人财物。

(四)研学活动当日所有人员统一着装(工作服),佩戴工作牌,仪容整齐,行为举止文明。

(二)主动形成备案,争取上级支持

一般情况下,各级教育行政部门对研学实践活动组织和实施都负有报备、审核、监管等职责。因此,作为研学实践活动实施的组织方,主动向所属教育行政部门审批和报备,争取上级支持是在活动正式实施前必做的工作之一。

以长沙基地为例,作为国家级研学实践教育营地之一,每一项研学活动的计划安排和实施开展,不仅要受到本地区各级教育行政主管部门的审核和监督,同时,还要受到教育部基础教育司和财务司等主管研学基地(营地)建设项目部门的审核和监督。《中央专项彩票公益金中小学生校外研学实践活动项目资金管理办法》(财教〔2021〕156号)文件第三章第十三条指出:"基地、营地是具体实施单位,负责制定本单位未成年人校外教育项目实施方案,设定绩效目标并编制项目预算。实施方案应当符合上级要求和校外教育规律,可操作性强",同时在第十四条中明确:"项目具体实施单位法定代表人是项目执行的直接责任人,对项目实施、资金使用与管理、绩效目标实现结果负全责。基地、营地应当接受所在地教育行政主管部门交办的任务和业务指导。"因此,长沙基地切实履行主体责任,每年年初在省、市级教育行政部门指导下,根据实际情况制订全年研学活动计划安排和经费预算。次年年初再在省、市级教育行政部门的监管和指导下,完成上一年度的研学活动情况总结和绩效评价考核工作。

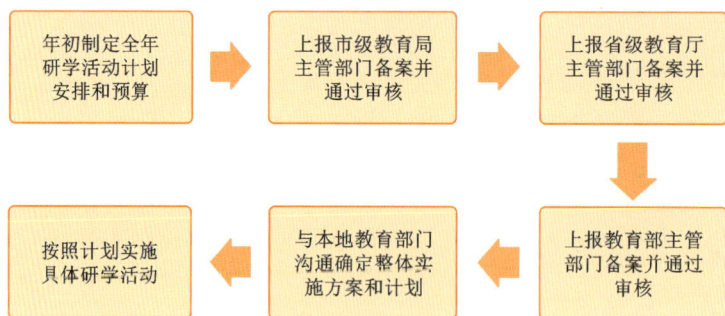

长沙基地研学实践活动备案流程图

(此图可重新制作为更加清晰的流程图,主要环节为:1. 年初制定全年研学活动计划安排和预算;2. 上报市级教育局主管部门备案并通过审核;3. 上报省级教育厅主管部门备案并通过审核;4. 上报教育部主管部门备案并通过审核;5. 与本地教育部门沟通确定整体实施方案和计划;6. 按照计划实施具体研学活动。)

(三)做好应急预案,筑牢安全基石

俗话说得好:有备而无患。针对研学实践课程实施具有不可预测性,风险指数高,做好一份全面且可行性强的应急预案,是筑牢研学活动的底层基石。

长沙基地研学实践教育活动实施应急预案

一、适用范围

中小学生在参加长沙基地研学实践教育活动整体过程中,发生的各类意外事故和突发事件,适用本方案。在委托单位范围内,发生的各类意外事故和突发事件,参照委托单位应急预案具体执行。

二、处理原则

依据《中华人民共和国未成年人保护法》《中小学幼儿园安全管理办法》《学生伤害事

故处理办法》等相关法律、行政法规的规定，坚持"教育在先，预防为主，责任明确，全员落实""谁主管、谁负责；谁在岗、谁负责"的工作要求，树立"学生安全责任重于泰山"的意识，按"救人第一"的基本原则，进行负责的、及时的、科学的处理。

三、指挥机构及职责

1.成立基地研学实践教育活动应急处置指挥机构。

总指挥：基地主任

职责：负责研学旅行实践教育活动过程中发生的各类意外事故和突发事件的整体把控和协调处理。

副总指挥：各研学线路组长

职责：负责所在研学线路活动过程中发生的各类意外事故和突发事件的应急处理和安排协调。

2.指挥机构下设各类应急小组

(1)医疗救护组：基地保健医生、聘用专业医护人员

职责：负责研学线路活动过程中发生的各类意外事故和突发事件的医疗救护服务(现场救治、送医抢救等)。

(2)应急交通组：线路组长

职责：负责确保研学线路活动过程中发生各类意外事故和突发事件时的紧急用车。

(3)后勤保障组：各线路研学辅导员、基地行政管理人员和其他协助人员

职责：负责做好所在研学线路活动过程中发生的各类意外事故和突发事件的后勤保障工作。

(4)警戒保卫组：基地聘用安全管理人员

职责：负责做好所在研学线路活动过程中全体师生的人身和财物安全防卫保护工作。

(5)舆情控制组：线路组长

职责：负责所在研学线路活动过程中舆情风险的监测、把控，最大限度化解舆情风险，减少社会负面影响，积极回应媒体及社会关注。

四、报告程序和要求

1.事故发生后，相关人员在第一时间查看实际情况，如能自行解决的先行解决。如情况严重影响研学活动进程时，立即向副总指挥报告，再根据实际情况拨打110、119、120等救援电话。

2.事故报告的内容：说明清楚发生事故的时间、地点、人员伤亡情况(包括姓名、年龄、性别、身份)、事故简要经过、事故发生原因的初步断定、事故发生后采取的措施、事故现场控制情况及事故报告单位、报告人。

3.事故补报：由于事故现场情况发生变化，伤亡人员数量发生变化时，应及时补报。

4.任何人不得瞒报、谎报，也不得破坏事故现场。否则按上级有关规定给予处分甚至

依法处理。

五、现场保护及处置

1. 现场保护：事故发生后应迅速组织抢救，同时要对事故现场实行严格的保护，防止与事故有关的残骸、物品、文件等被随意挪动或丢失。因抢救人员、防止事故扩大以及疏导交通等原因需要移动现场物件的，应当做出标志、绘制现场简图或拍摄现场，并写出书面记录，妥善保护现场重要痕迹物证。

2. 事故的现场处置：

(1)由总指挥根据事故类型，确定相关职能部门负责指挥现场处置工作。

(2)应急交通组、警戒保卫组、医疗救护组、后勤保障组马上展开工作。

(3)现场处置人员立即进入事故现场，会同相关人员及时听取、了解现场情况，进行现场勘查，对事故做出正确判断。

(4)确定抢救方案，布置任务，指挥各方面力量，采取相应措施投入抢救。

(5)各有关部门应积极配合，齐心协力，听从现场指挥的统一调动。

(6)如现场处置需要外界人力、器材和设备时应及时报告总指挥部，并听从调度。

(7)按照国家规定的程序和要求，及时组织事故调查和取证工作，配合上级的联合调查。

3. 注意事项

(1)紧急疏散和现场急救事故发生后，基地及有关负责人应立即根据事故现场发生情况，设立事故现场警戒区，迅速组织有关人员将学生撤离到安全区域，控制事态发展，抢救受伤师生。

(2)现场救助人员在施救前必须做好自身防护措施，施救时严格按照规定的方法、措施进行，实施救死扶伤，坚持"先救人后救物，先救重后救轻"的原则，确保广大师生生命及财产安全。

二、组建管理队伍，提升安全素养

"科学管理之父"泰罗认为"管理就是确切地知道你要别人干什么，并使用他最好的方法去干"。怎样才能有针对性地管理不同类型、不同学段的研学实践活动？怎样才能确保每一次研学活动都能在安全有序的基础上，达成研学课程的目标，实现研学活动的意义？我们认为组建一支专业性强、执行力高的管理队伍，是达成既定目标的关键。

(一)组建管理队伍，明晰岗位职责

《关于推进中小学生研学旅行的意见》中明确要求建立安全责任体系，对教育行政部门、学校、旅游部门、交通部门、公安和食品药品监管部门、保险监督管理机构等作出了明确要求，"各地要制订科学有效的中小学生研学旅行安全保障方案，探索建立行之有效的安全责任落实、事故处理、责任界定及纠纷处理机制，实施分级备案制度，做到层层落实，责任到人”。

长沙基地"寻伟人故里"主题研学实践活动实施人员安排表

序号	岗位人员	线路 寻伟人故里	职责
1	基地负责人	××	研学活动开展的整体把控、突发状况处理、安全预案准备等
2	研学辅导员	××	负责车队和应急车辆协调、委托单位对接、保险购买、就餐安排、编制出行安排表
3	委托单位执行人	××	负责委托单位课程落实对接、委托单位安全预案等
4	管理人员	××	负责所在线路研学过程全程指导、监督等
5	医务人员	××	负责研学过程中学生身体突发状况应急处理
6	摄影摄像	××	负责随行跟拍活动视频及活动照片
7	安全保障	××	负责研学过程中全体师生的安全保障工作
8	学校带班教师	××	负责配合教师、教官做好研学过程中各项工作
9	教学组长	××	负责带领研学过程中课程授课和讲解
10	研学导师	××	负责研学过程中课程授课讲解，行车过程中与司机沟通交流
11	跟班教官	××	负责清点人数、行车过程中与应急车辆保持联系、安全教育、秩序维护、车程中的活动组织、就餐组织、配合教师开展教学等
12	其他协助人员	××	负责配合做好研学中各项后勤保障工作

从长沙基地研学活动实施的人员安排表中可以看出，"层层落实，责任到人"是落实要求的关键重点，组建一支专业性强、执行力高的管理队伍是落实方案有效开展的保障。长沙基地根据实际情况，一方面成立了由专职管理人员、专职研学辅导员、专职财务人员等组成的研学活动管理部门；另一方面组建了一支由管理人员、专业教师、专职教官、医务安保、后勤人员等构成的专业执行队伍(图6-5)。

(二)开展安全教育，源头把控认知

成事在天，谋事在人。做好安全教育是研学实践课程顺利实施的基础。在研学实践课程实施中，活动组织方、协办方和参与者都是安全责任第一人，各方都应通过安全知识的

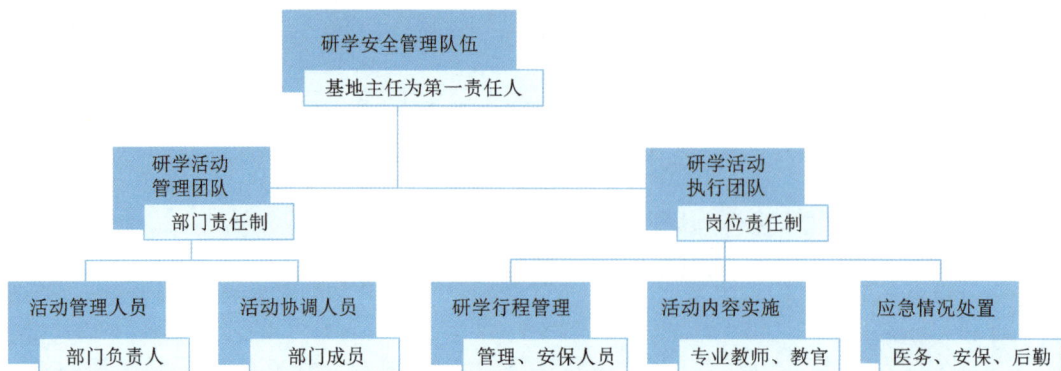

图 6-5　长沙基地研学安全管理队伍人员结构图

宣传和教育强化安全意识与法制观念，形成自我约束的行为动机，提高对风险的防范、判断和化解能力，从源头上把控安全。

　　长沙基地在多年实践中发现，研学实践课程实施是一个系统性、多主体参与的综合性活动，相关主体的安全认知水平对于安全的最终实现具有重要意义。从构成研学实践的主体来看，可以分为一方面为课程实施方及其他（提供所需各项服务方），即活动组织者、承办者、协助活动开展的相关人员；另一方面为课程接纳方，即学生群体。要从源头上保障研学安全实施，既要做好课程实施方及安全教育培训和管理，也要加强对学生群体的安全教育。

1. 开展安全教育的形式

　　（1）对课程实施方及其他开展安全教育的形式

　　对课程实施方及其他开展安全教育主要在研学活动实施前进行。比如开展线上或线下安全知识讲座，联合课程实施单位共同制定《安全告知书》，组织相关人员学习了解。还可以以"温馨提示""注意事项"等形式在实施场所张贴公示要点内容，或以小组会议和集中培训的方式进行学习掌握。

　　（2）对课程接纳方开展安全教育的形式

　　在研学活动实施前，可以安排安全教育主题的专题讲座或课程，观看安全教育警示片等，同时把安全教育条例或制度纳入《学生研学手册》内容当中，发放给学生，要求其进行自主学习。

　　在研学活动实施中，安排专人（研学辅导员或教官）在固定时间节点和地点进行现场安全教育，就学生有可能发生意外情况的重点进行强调和说明，提醒学生牢记要点。

　　在研学活动实施后，由专人组织学生及时就实施过程中出现的问题和情况进行总结、反思，共同探讨解决问题的途径和方法，提升学生应对危险的能力。

2.开展安全教育的内容

（1）对课程实施方及其他开展安全教育的内容

对课程实施方及其他开展安全教育的内容包括课程实施准备环节和实施过程中的安全要点要做到心中有数，提前知晓，主要有教学工具、教学耗材、教学设备的使用安全，教学场所范围内的水、电、气使用安全等。

（2）对课程接纳方开展安全教育的内容

对课程接纳方开展安全教育的内容包括出行安全、食品安全、财物安全等常规方面的安全教育，具体研学课程活动中所涉及的教学工具、教学设施设备，以及使用教学场所范围内的水、电、气等方面的安全教育。

长沙基地学生外出研学活动安全提示

1. 听从指挥，牢记安全第一的原则。

2. 出发时携带身份证、学生证等相关证件，做一个有身份的人。不带大额人民币和贵重物品，保管好自己随身携带的物品。

3. 不带和不买刀具、火种、具有攻击性的器具，不买不易携带的物品（乘车禁止携带的物品）。

4. 做好防雨、防晒、防暑、防蚊虫叮咬等工作，准备好感冒药、胃药、晕车药、解暑药、止泻药等；晕车者提前半小时服用晕车药。

5. 准备轻便舒适的衣物、运动鞋、双肩包等，轻装出行，快乐研学。随身包内装好纸巾、塑料袋、水、干粮等，不宜太重。自备两个塑料袋，自己吃剩下的果壳、零食袋要放入自备的塑料袋内，随身带走。

6. 上下车前做到排队有序上下车，就座时能互相谦让，照顾身体弱和晕车的同学。经常晕车的学生，要提前做好相应的预防措施。

7. 活动途中，同学之间要团结友爱，互相帮助，学会宽容和谅解，不与他人发生争执。

8. 不得在车辆行进中在车厢内走动，不在大巴车上吃东西，不将头、手等伸到车窗外。不在座位上打闹，不在车内大声喧哗，不擅自离开座位，预防紧急刹车。

9. 所有活动都以连队安排的小组进行活动，不可擅自脱队，单独离队，请征得带班教官、随队老师的同意，以免发生意外。

10. 注意就寝安全，上下床时要抓牢扶稳，不得打闹。宿舍内严禁私搭乱接电线给设备充电，注意用水用电安全。

11. 活动期间，要谨记集合时间、地点、所乘车辆的号码、带队教官和教师姓名、电话号码。一旦脱离团队，不要慌张，可采用多种方式归队：①可给领队教师或教官打电话；②可在集合地点等候同行人员返回寻找；③可找同校老师报告情况；④可拨打报警电话110告知具体位置，或就近寻求场所工作人员的帮助；⑤可暂时跟随同批次其他班的学生活动。

12.活动中，要注意身体健康，保证适当的休息；不要暴饮暴食，不要购买路边摊档的小吃零食；要及时补充身体水分，避免中暑，衣服弄湿要及时更换，防止感冒。

13.活动中，行至崖边、河边应走安全的一侧，以免踩虚、脚滑，发生危险事故。

14.活动过程中自觉排队，若遇拥挤要主动退让，不要到人多拥挤的场合去凑热闹，避免意外事故发生。

15.公共场所不大声喧哗，不随地吐痰和口香糖，不乱扔废弃物；不踩踏绿地，不损坏花草树木，不追捉、投打、乱喂动物；不在文物古迹上涂刻，不攀爬触摸文物。

16.遵守各地规章制度，不破坏研学场所设施。研学过程中遇到任何问题，第一时间向领队老师、研学导师汇报，共同商讨解决。

3.及时反思做法，规避安全漏洞

反思，是近代西方哲学中广泛使用的概念之一，又译为反省、反映。意指不同于直接认识的间接认识。每一次问题的产生或事故的出现，都可以算是一次反思的契机。《论语》中"曾子曰'吾日三省吾身：为人谋而不忠乎？与朋友交而不信乎？传不习乎？'"，意为要常常进行自我反省，经历从认识到实践，然后再从实践中汲取经验，才能进而提高认识和修正行为。

研学实践活动在教育和实践的过程中，因为环境的不确定性，存在很多不安全因素，需要在每一次活动开展后重新审视行为和做法，从中找出经验和教训，避免同类问题的发生。即使在每一次活动安全圆满完成的时候，也要进行反思，因为规避风险的最高境界是化风险于无形。通过不断反思，预想可能发生的问题，使所有的风险都清晰明了，处于可控状态，风险也就不成为风险了。

长沙基地劳动教育类研学实践活动安全巡查检查制度

为更好地组织开展劳动教育类研学实践活动，确保师生的生命安全与教育教学秩序，特制定劳动教育基地园区安全工作巡查制度。具体内容如下：

一、园区需安排专(兼)职安全员负责学生在课程和活动过程中的安全秩序，预防发生学生打架和其他突发事件。安全员应做到认真负责，注重实效，积极排查不安全因素，消除隐患。

二、安全员对劳动教育研学活动场所的水、电、气等设施设备定期进行安全检查，如发现不安全因素应立即采取整改措施进行排除，不能排除的应立即上报园区负责人，并做好安全防护措施：如安排专人值守，牵拉警戒线，摆放警示牌等(提醒学生远离有危险的活动区域)。

三、研学车辆到达园区停车场时，安全员必须在现场指挥车辆，进行导引分流，为研学活动提供安全畅通的道路环境，确保车辆安全通行。

四、园区内有野炊课程时，安全员必须在现场值守，提醒学生用火、用刀、用油等注意事项，随时解决因操作不当而引发的如油锅起火等危险状况。

五、加强园区内建筑物及护栏、围栏、桥板、沟渠等安全检查，防止发生倒塌、断裂、破损等情况。

六、研学活动开展期间，每日每项巡查不得少于一次，及时填写巡查记录，对发现的安全隐患限期整改，消除隐患。

七、对未按规定进行安全巡查的劳动教育基地，长沙市示范性综合实践基地有权责令整改，情况严重者将暂停劳动教育研学活动的开展，因未巡查或巡查不到位而引发的安全事故，由劳动教育基地负全责。

规避安全漏洞的有效做法除了在意识上增强责任感，绷紧安全之弦，还可以通过修订安全管理制度、购买意外保险等方式加强安全保障机制，全面筑牢保护墙。长沙基地自开展研学实践教育活动以来，一是建立健全安全管理制度，根据研学线路和课程的实施情况及变化，不断制订、修订和完善安全制度；二是及时购买符合基地情况的活动和场地意外险等为师生保驾护航；三是要求车辆租赁公司、研学合作站点等合作方必须提供在有效期内的，保障研学课程和活动开展相关保险的资质证明，以此确保在研学活动过程中如发生任何安全问题和特殊情况，都可以得到双重保障。

附录

促进湘江新区研学实践教育高质量发展的建议

摘要： 近来年，全国各地研学实践教育发展进程参差不齐，研学基地、研学服务机构等研学相关主体如雨后春笋般野蛮发展，但普遍处于探索的初期阶段。为了系统深入地了解和掌握湘江新区研学实践教育的发展数据，课题组深入进行调研，走访了40余个研学企业和研学基地和参与研学实践教育管理的行政主管部门领导、研学企业研学基地负责人等进行深度访谈，并对长沙市中小学生、家长、学校教师、研学导师等群体发放了调查问卷，收集了丰富的一手资料。主要从研学者、研学实践教育主管部门、研学基地、研学服务机构、研学实践教育研究机构及研学导师等参与主体进行了现状分析，并从协同创新的视角提出了促进湘江新区研学实践教育高质量发展的十大策略。

一、湘江新区研学实践教育发展现状分析

(一) 湘江新区研学者现状分析

1. 中小学生研学实践教育实施普及率较高

前期通过对中小学生发放的问卷调查结果显示，83.19%的中小学生研学者及85.63%的学生家长认为研学实践教育活动是"游玩和学习并重，既能开阔视野，又能学到东西"，仅小部分中小学生研学者及学生家长对研学实践教育活动与普通旅游的区别认知不够清晰和全面。该数据在很大程度上说明研学实践教育经过数年的发展，中小学生研学者及家长对研学实践教育的价值有了较高的认可度(图1、图2)。

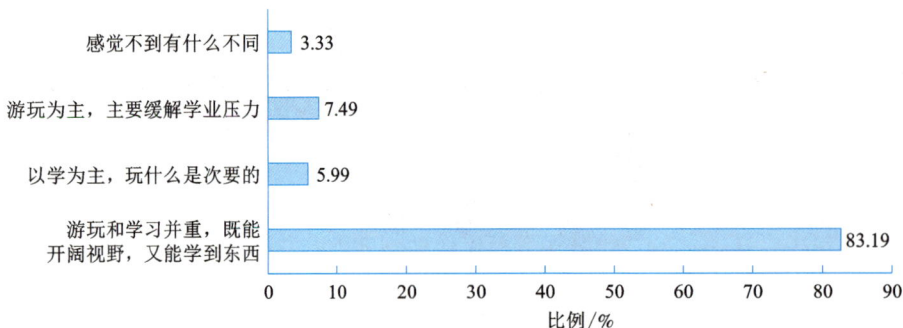

图1　中小学生研学实践教育活动与普通旅游的区别认知统计

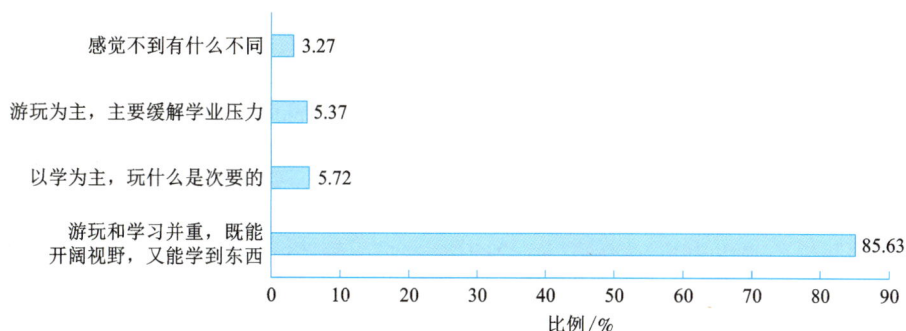

图2 中小学生家长研学实践教育活动与普通旅游的区别认知统计

通过对比"中小学生对研学实践教育能力提升预期统计表"和"中小学生家长对研学实践教育能力提升预期统计表"可以发现，研学实践教育已然在很大程度上承载了中小学生及其家长对于各项综合能力提升的期望。研学实践教育作为一种实践教育的生动形式，已经成为我国中小学生研学者全面发展的有效路径，并且成为一种极具价值的常态化教育范式(图3、图4)。

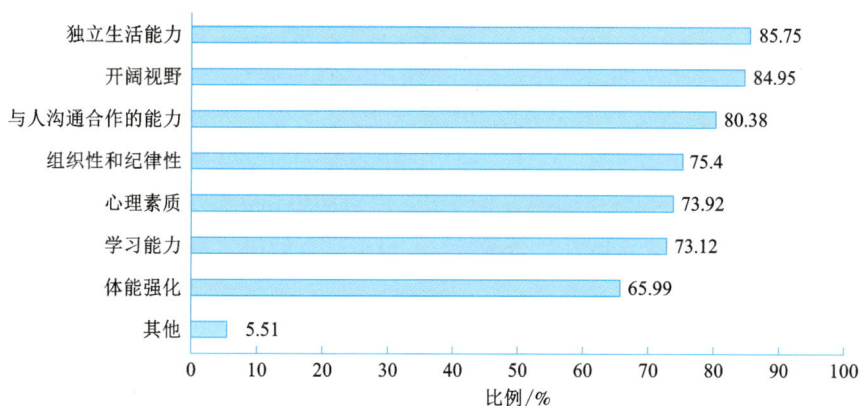

图3 中小学生对研学实践教育能力提升预期统计图

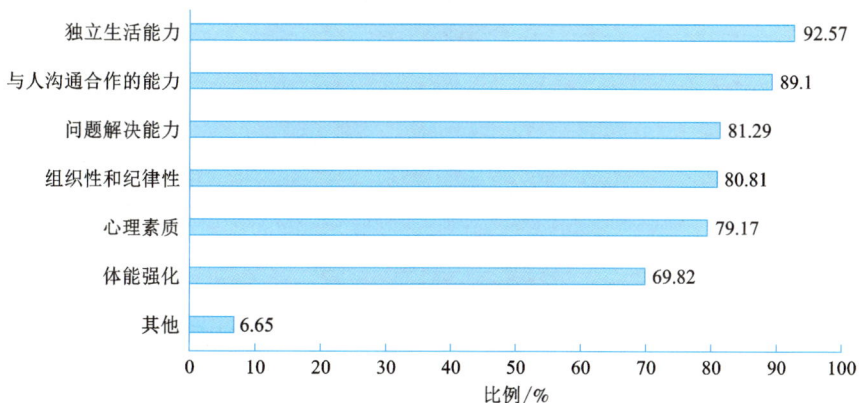

图4 中小学生家长对研学实践教育能力提升预期统计图

通过调查可以发现，744 位问卷调查对象所在学龄层集中在小学及初中阶段，其中 80.78% 的调查对象在近三年参加过集体研学实践教育活动，19.22% 未参加过。同时通过对 1037 位小学二年级至初中三年级学生的家长发放的调查问卷结果也显示，82.55% 的孩子有参与过研学实践教育活动，17.45% 的孩子没有参与过。两组数据基本一致，可见在长沙市中小学生在校期间研学实践教育实施普及率较高。此外，家长对孩子参与过的研学实践教育活动整体满意度调查结果显示，45.91% 为非常满意，44.28% 为满意。学生对参与过的研学实践教育活动整体满意度调查结果显示，45.92% 为非常满意，44.26% 为满意。两组数据高度一致。由此可见，研学实践教育已然成为家长和学生接受和认可的实践教育方式。

2. 研学者以本地化的短途研学实践教育为主

调查数据显示，78% 的中小学生在其市域范围内开展研学实践教育活动，31.67% 的中小学生在其省域范围内开展研学实践教育活动，明显呈现出中小学生研学实践教育活动目的地的本土化特征。市域及省域作为中小学生研学实践教育活动的主要目的地，既符合研学实践教育系列政策的要求，又契合中小学生研学者在其成长阶段对于乡土乡情的实践教育需求。

问卷调查中小学生单次研学实践教育的一般时长统计结果发现，开展 1 日研学实践教育的占比为 69%，开展 2~3 日研学实践教育的占比为 23%。数据表明，当前中小学生以 3 日内的短途研学实践教育为主。这一结果与上组数据中研学实践教育目的地以省内和市内为主是高度契合的。中小学生因主客观等诸多因素的影响，研学实践教育集中在其所在的地域开展实施，这是一个全国性的普遍特征，也正是全域研学发展的重要基础(图 5)。

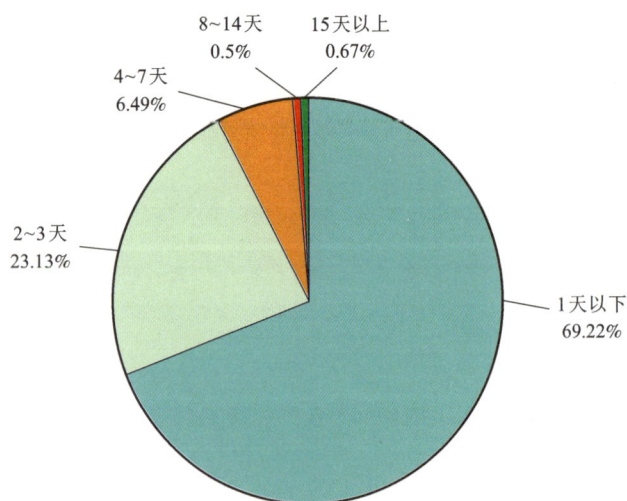

图5 中小学生单次研学实践教育的一般时长统计饼状图

3.研学者的研学活动类型涵盖极广

研学实践教育活动是研学实践教育的核心内容,针对研学实践教育活动类型的调查分析,可全面掌握当下研学实践教育活动的内容分布情况。通过问卷调查结果不难发现,中小学生研学实践教育活动的类型丰富多样,基本涵盖了生产生活的方方面面,故有"万物皆可研学"的形容。尤为值得一提的是,研学实践教育活动类型中"参观文、博、纪念馆类"和"进行劳动体验"两大类所占比例居于前列,直接原因是近年来党和国家对于红色文化教育和劳动教育实践的重视,匹配了一系列的支持和鼓励政策,大大助力了该类研学实践教育活动的积极开展。其他类型的活动也不同程度地反映出研学者对于不同类型研学实践教育内容的需求。同时,也从需求的角度侧面反映出不同类型的研学场景都可以通过设计和优化研学实践教育体验来满足研学者各种类型的研学实践教育需求(图6)。

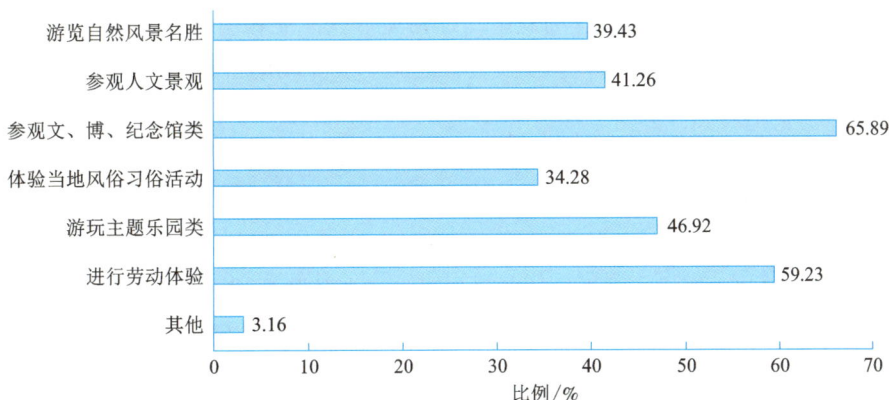

图6 近3年参与研学实践教育活动类型数据统计条形图

(二)研学实践教育主管部门现状分析

1.主管部门权责界定不清晰,教育部门与旅游部门协同程度低

由于《关于推进中小学生研学实践教育的意见》中明确指出研学实践教育由教育部门牵头,目前无论是省市均是教育部门为主体发布各类政策文件,文旅部门等多为协调配合。研学实践教育作为"教育+旅游"的跨界融合产物,其行业主管部门的界定较为模糊,教育部门与旅游部门在研学实践教育工作的管理边界不明确。研学实践教育涉及跨行业跨部门资源,如作为开展研学实践教育活动的主要场地——研学基(营)地中,相当一部分比例为旅游景点。作为研学实践教育活动承办服务机构的旅行社,其行业主管皆归口在旅游部门。然而研学实践教育的主办方——中小学校、研学者——中小学生都归口为教育部门进行领导管理。教育与旅游部门在研学实践教育工作的管理上协同合作程度低,在研学基(营)地的评定及管理工作中体现得尤为明显。原则上教育部门要求学校开展研学实践

教育活动必须去经教育部门认定授牌的研学基(营)地，以至于旅游部门单方面所认定授牌的研学基(营)地无法得到各中小学校的资质认可，导致旅游部门单方面的授牌流于形式。调研发现，教育部门已出台政策内容涉及工作范围广、内容不够完善，相应的制约因素也较多，在研学实践教育总体目标、基本原则、过程及其开展质量的监管方面实现程度较低，尚未建立起能够与监督相关政策实施的科学评价标准，对于应该按照何种标准进行考评、如何开展考评、考评结果如何使用等问题都没有明确的规定与指导。文旅部门发布的研学政策数量比较少，针对性也不强，主要是在跨境旅游、乡村旅游等中指出要重点开发与发展研学旅游，将研学实践教育作为其中一项重点发展方向。

2.行业标准亟需健全和有效实施

在研学实践教育标准建设方面，2016 年 12 月 19 日，原国家旅游局发布了《研学旅游服务规范》(LB/T 054—2016)，对服务提供方、人员配置、研学实践教育产品、服务项目以及安全管理等几大类内容进行了详细规定。继相关行业标准和团体标准发布，各省份相继发布系列地方标准，引导和推动研学实践教育健康发展。湖南省相继出台了多个研学方面地方标准，例如，2018 年 12 月 7 日湖南省市场监督管理局发布了《青少年研学实践教育满意度评估规范》正式实施，《标准》规定了青少年研学实践教育满意度评估的术语和定义、总则、评估指标体系的设定和权重、调查方法、计算评价方法与评价等级划分等内容。2018 年 12 月 25 日，《研学实践教育导游服务规范》正式发布，《标准》规定了研学实践教育导游服务规范的基本要求、导游素质、服务要求和评价与改进。2020 年 3 月 31 日，《研学旅游目的地建设规范》立项，旨在规范旅游目的地建设，提升目的地研学旅游发展水平，使研学旅游目的地有相对科学、规范的准入条件，保证研学旅游产品体系健全，设施设备完善，服务质量优良，引导市场有针对性地选择合适的研学旅游目的地，推动研学实践教育市场的持续健康高质发展。2020 年 7 月 1 日，湖南省市场监督管理局发布《研学旅游基地评价规范》，规定了研学旅游基地评价的术语和定义、基本要求、研学服务、配套设施、安全管理、质量控制和评价管理。2020 年 11 月 3 日，湖南省市场监督管理局发布了《研学产品设计与评价规范》，规定了研学产品的基本内容、开发过程、质量标准以及产品质量评价指标。2021 年 8 月 29 日首个由湖南省教育厅归口的《研学实践教育研学导师等级评价规范》发布，明确了研学导师的相关概念和等级评价指标。目前，研学实践教育地方标准数量较少，主要是针对研学产品、研学基地与目的地、研学导师、导游服务以及满意度评价五个方面，地方标准体系内容仍有大量空缺，同时多数标准尚未有效与法规、规章、政策衔接配套，尚未实现法规政策靠标准支撑，标准凭法规政策保障实施的闭环管理体系，标准实施力度有待加强。

(三)研学基地现状分析

研学基地作为研学活动开展的重要场所和载体，发挥了非常重要的作用。在 11 部委发文之前，主要是教育部门建设的中小学生校外实践基地承担接待研学的工作。2016 年以后，研学实践教育逐渐成为热点和风口，旅游景区、博物馆、文化馆等场馆、工业企业、研究机构、生态农庄、房地产开放商等都纷纷投入资源新建或改造了大量研学基地，研学基地的现状和问题主要体现在如下两方面。

1.研学基地类型较多特色不够突出

目前研学基地从类型上看，分为自然教育类、历史人文类、科学普及类、励志拓展类、农业体验类等。其中，自然教育类基地多为山川河流等自然旅游景区、生态公园、动植物园等；历史人文类基地多为名人故居、历史遗迹、博物馆、纪念馆等人文旅游资源景点；科学普及类基地多为工矿企业、高等院校、科技馆、研究机构等；励志拓展类多为国防教育基地、拓展训练基地、爱国主义教育基地等；农业体验类基地多为生态农庄、花卉苗木基地等。各地纷纷利用现有资源进行开发和建设，为研学实践教育提供活动场地、设施设备和研学课程。

从研学基地提供服务的类型看，分为综合类研学基地和主题类研学基地。综合类研学基地不仅可以提供包括科学普及、手工制作、应急教育、拓展训练等多类型教学内容，而且还有餐饮住宿等生活服务等多种项目，学生可以学习停留多天。根据规模大小和提供食宿情况，分为基地和营地。主题类研学基地往往只包括一种特定类型课程内容，通常也不提供住宿等服务。

研学基地为传统的旅游景区、文化场馆带来了新的生机活力，对于带动当地经济发展发挥了重要作用。近两年，以金茂、大汉等为代表的房地产公司也开始涉足建设研学基地作为其房地产项目的配套。

当前研学基地存在的问题在于特色不突出、重复建设较多。例如，生态农庄的研学活动多为插秧、摸鱼、挖红薯之类；手工制作的研学多是磨豆浆、制作陶艺、草木染布等。这些项目投资少、门槛低、简单易行，但是特色不突出，没有根据地方文化优势进行设计。

2.研学基地建设重硬件设施轻软件服务

当前多数研学基地都是依托原有资源进行建设或改造，旅游景区、景点、博物馆、纪念馆、主题乐园、工业企业等均有较好的硬件条件。长沙世界之窗、方特主题乐园等主题公园具有良好的接待条件和硬件设施，开园以来有大量中小学生前往研学，然而其研学课程开发方面较为简单，基本上都是由研学机构进行。"重娱乐轻教育"、"只游不学"是当前部分研学基地急需解决的难题。

博物馆、纪念馆、美术馆、科技馆等文化场馆是很多学校经常开展研学的地方，这些场馆具有良好的硬件设施，也能提供相应的讲解服务，但缺乏针对性和有效性。无论是党政机关的工作人员还是中小学生，讲解词基本雷同，没有针对性和创新性，导致学生们前往研学无法实现预期效果。

(四)湘江新区研学实践教育服务机构现状分析

1. 研学实践教育服务机构业务特征

研学服务机构主要包括三类,一是具有研学教育资质的旅行社,二是具有旅游经营资质的教育培训公司,三是具有旅游经营资质的文化公司、咨询公司或科技公司。当前组团旅游市场逐渐萎缩的背景下,研学实践教育是传统旅行社转型发展的重要机遇。旅行社是较早涉足研学实践教育的公司,从组织学校春秋游开始到海外研学等,组织了多批学生研学实践教育项目。由于研学服务机构需要教育方面资质,因此很多教育培训公司也纷纷进入研学实践教育市场。

研学服务机构主要的服务包括两方面,一种是全面服务,即提供研学课程设计、教学实施、交通食宿等全方位服务项目,学校只需组织好学生即可;另一种是部分服务,即根据校方需求提供接送车辆、安排食宿等基础性研学生活类保障,而研学课程则由校方老师或者研学基地的研学导师提供。为了提供相应的专业服务,研学服务机构往往和多家服务供应商进行合作。这些研学服务提供商提供的项目主要包括:交通工具、餐饮服务、住宿服务、志愿者服务、课程设计、讲解服务等。其中,交通工具的安全与便捷最为关键,无论是旅游大巴预定还是节假日高铁、航班定票都直接影响研学实践教育正常出行。学生外出研学往往是大团队出行,餐饮和住宿安排难度都高于一般旅游团。大多研学基地或研学服务机构都会临时聘请兼职大学生、导游或者拓展教练充当研学导师志愿者。为保证研学实践教育教学品质,课程设计和讲解也非常关键,很多研学服务机构会将二者外包给专业人员或者专业机构。

2. 研学服务机构产品分析

(1)研学产品存在同质化,缺乏统筹规划以及创新创意。湘江新区研学产品路线以国内为主,大多产品是在常规的旅行社产品上进行更改,在其实施过程中添加一些教育元素便就成了"研学实践教育",这样的研学产品在市场上屡见不鲜,甚至各大研学旅游企业提供的研学产品相差无几;目前市场上对于研学产品的管理还没有统一的规划与标准,是研学产品出现同质化的重要原因之一,再由于在产品研发过程中缺乏创意创新,导致市面上的研学产品形式单一,甚至失去吸引力。

(2)研学产品"重游轻学",缺乏教育引导。大多数研学产品还不能做到真正意义上的"旅游"与"教育"相融合,表现出来的是注重知识的获得,而非素质的提升,研学实践教育理应是"研"+"学",是以旅行为载体的一种教育方式;但研学产品"游大于学"的现象十分普遍,很多研学路线以及行程安排多为观光式游览以及灌输式讲解,很少帮助于青少年世界观、人生观、价值观的形成,缺乏真正意义上的教育引导。

(3)研学产品受众群体小,缺乏弹性市场。湘江新区内研学产品面向的群体以中小学生为主,尤其是小学生;在高考、中考的指挥棒下,初高中生迫于学业压力而减少外出实践学习，而大学生在拥有较多空闲时间的条件下却在市场上难以找到合适的研学产品，除此之外社会上的知识分子、白领、蓝领等群体在工作之余也对研学实践教育具有一定需求。

（4）研学产品的参与感弱，缺乏深度体验。走马观花式的研学产品占市场大多数，对学生的动手操作能力的培养较弱，导致其缺少深刻体验，参与感底下；在进行研学旅游之前，学生对于目的地的特有文化及背景缺乏了解，到达目的地后又会立即被新鲜事物所吸引，而忽略了研学导师的指引，导致学生在研学实践教育期间能够真正吸纳的知识较少，研学的教育意义也因此作用甚微。

（5）产品个体相对独立，未形成产业链。各家研学服务机构的研学产品都表现出独立性的特征，即使有一些企业对自家产品进行了归类，但产品与产品之间缺少联系，研学基地之间也缺乏资源共享，还未形成完整的产业链。

（6）研学产品参与的设计者单一。研学产品的设计应是学校、研学服务机构、研学基地等各共同设计来完成的。但是从目前的发展现状来看，大部分研学产品的设计由研学服务机构承担，学校只从中选择参与，而不参与设计，导致研学产品设计出来没有针对性。而紧靠研学服务机构来进行设计，对研学实践教育的教育性把控不够，势必会影响到研学产品的质量。

（五）研学实践教育研究机构现状分析

1.研学实践教育相关研究机构层出不穷

2018 年开始，湖南智库联盟文化与旅游产业研究院研学实践教育项目研究中心，湘江新区旅游学会、湘江新区民办教育协会研学、湘江新区旅行社协会等一级学会和协会纷纷成立研学实践教育专业委员会，2020 年 8 月，湘江新区成立省级中小学生研学实践协会，湘江新区各地州市研学实践教育协会纷纷开始筹备成立。湖南师范大学等高校陆续成立研学实践教育研究院或者研究中心，开始研学实践教育专业领域的研究工作。教育及文化旅游等方面的专家和学者关于研学实践教育的研究也层出不穷。

2.研学实践教育的相关理论研究成果丰硕

研究发现，近年来研学实践教育相关理论研究在教育、旅游、文化、农业、工业等领域均有涉及，但大部分还是集中于教育领域，包括中等教育、高等教育、职业教育和思政教育等等；中等教育在所有学科分布中占比 50.69%，独占鳌头；其次是在旅游学科领域，占比 20.19%；这也体现出了研学实践教育是教育领域和旅游领域中的一个交叉概念，是文旅融合的大背景下的典型产物。然而，研学实践教育的理论研究与行业实践严重脱节，相关研究成果对于实践应用的指导价值微乎其微（图 7）。

从研究层次来看，对研学实践教育的相关研究集中在"应用研究"和"开发研究"上，专家和学者们重点关注在研学实践教育的发展现状、路径提升、模式探究、评价体系、资源

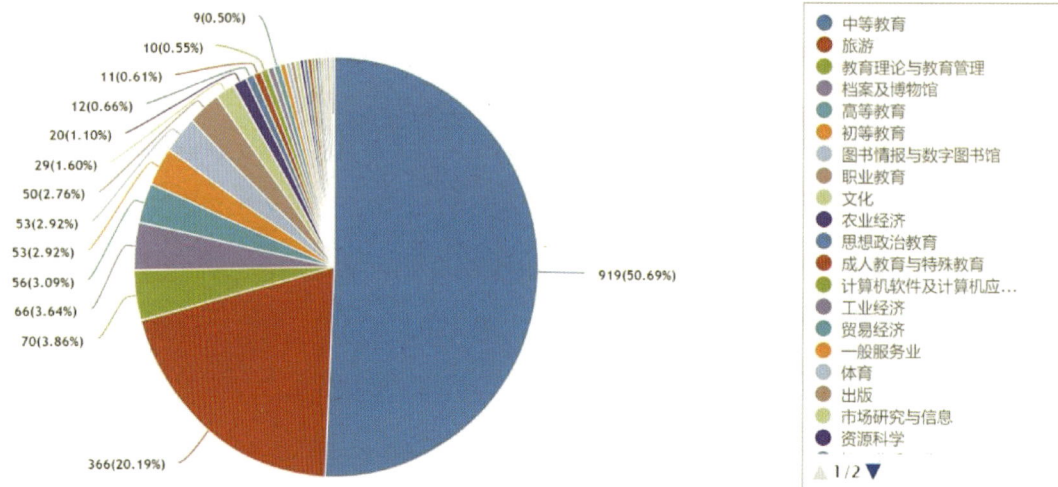

图7 研学实践教育研究学科分布图

开发、课程设计、人才培养等方向。在了解现状的基础上，探索未来发展路径，并依据实情进行产品开发和优化，能够助力研学实践教育走向高质量、高效率、高回报的趋势（图8）。

图8 研学实践教育研究层次分布图

从主题分布来看，大部分期刊文献的主题为"研学实践教育"，其次是"中小学"，在"文旅融合"、"博物馆"、"红色研学实践教育"、"地理"等主题也有涉及。显然在中小学研学实践教育的研究中，学者们在关注相关旅游资源之外，还关注了中小学学科，其中与户外实践联系最为紧密的地理科目首当其冲（图9）。

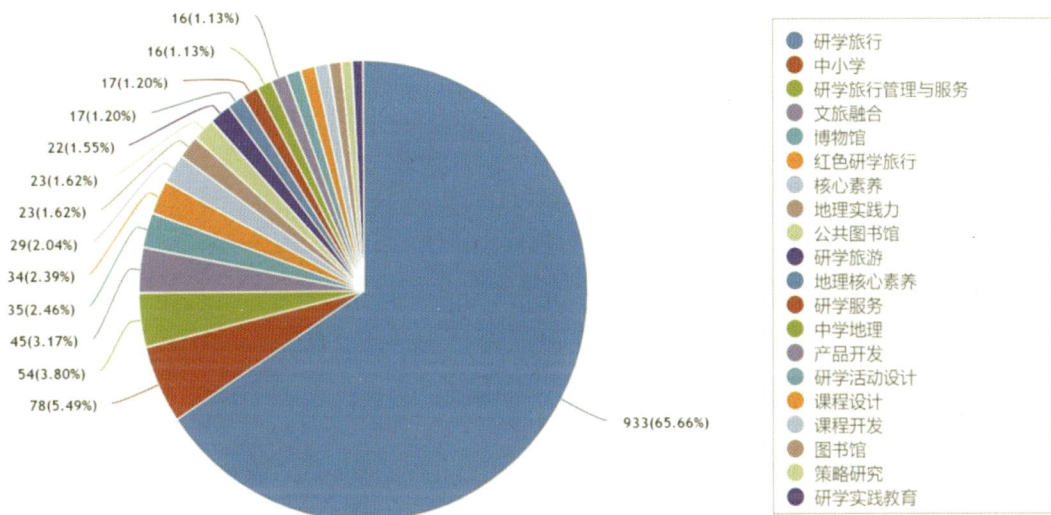

图9 研学实践教育研究主题分布图

(六)研学导师发展现状分析

1.研学实践教育专业导师缺口较大

伴随着研学实践教育市场规模的持续扩张,社会对研学实践教育人才的需求量与日俱增,已经呈现出供不应求的态势。根据国家旅游局公布的《研学旅游服务规范》要求,每个研学团队至少应配置一名项目组长、一名安全员、一名研学导师、一名导游人员。和传统旅游活动相比,研学实践教育对专业人才数量和素质要求都更高。根据湖南省地方标准《研学实践教育研学导师等级评价规范》要求,研学实践教育活动是以体验式教育和研究性学习开展的,研学导师既要具备导游员的基本素养,更需具备娴熟的教学技能,目前能够达到这样要求的专业人才缺口非常大。

2.研学导师能力素质参差不齐

笔者在对湘江新区研学基地及研学服务机构的调研中发现,目前研学导师由在校大学生、导游员、拓展教练、退伍军人等群体构成。尽管近年来相关协会、学会组织组织开展了系列研学导师培训及认证工作,但培训内容多数流于形式,研学导师的能力素质依旧层次不齐。由于缺乏高素养的专业人才,研学产品设计开发还遵循传统旅游产品设计思路,研学活动未能深入贯彻"体验式教育"、"研究性学习"的特征。要实现良好的研学教学效果,研学导师应该参与研学产品的设计过程,充分理解研学产品的设计理念和思路。而现在大多数研学都是都是"半路出家",能力素质参差不齐,在实施过程中随意性较强,可能无法实现预定的教学目标。

3. 研学导师人才培养机制不健全

根据《普通高等学校高等职业教育（专科）专业设置管理办法》，2019 年教育部发布了增补专业名单，将于 2020 年在高职高专开设"研学实践教育管理与服务"专业。目前研学实践教育市场上活跃的人才都非高等教育科班出身，大多数研学实践教育人才是传统旅行社计调和导游转型而来，转型过程基本没有经过正规培训和技能提升。虽然湖南省已出台地方标准《研学实践教育研学导师等级评价规范》，但由于各方原因，研学导师的培养尚无法实现培养正规化、专业化和职业化。虽然教育部增设了研学实践教育管理与服务专业，且人社部在职业大典中新增了研学实践教育指导师，但作为新兴领域要建立完善的人才培养体系也还需要一定的时间摸索，短期之内研学导师等专业人才仍处于"空窗期"。

二、促进湘江新区研学实践教育高质量发展的策略

协同创新的实施路径是内部要素协同创新和外部主体横向协同创新与纵向协同创新有机融合，以此来实现创新生态体系的有效构建和良性运作。研学实践教育协同创新生态体系的构建是建立在政府部门、研究机构、研学基地、研学服务机构及研学者六大协同创新主体充分实现各主体内部要素协同创新以及各主体之间的横向协同创新和纵向协同创新的基础上实现的。课题组将从组织构建、资源整合、品牌升级、产业融合、空间规划、课程开发、平台打造、管理协同、人员参与及市场统筹等十个维度提出行之有效的发展策略。

（一）组织全域构建

明确研学实践教育政策的供给主体，建立专门的组织协调机构，负责在各部门之间沟通协商，防止条块分割、政策供给相互矛盾或不成体系，同时也可以减少因供给主体不明确而导致的政策供给主体与需求主体之间的沟通不畅。成立湘江新区研学实践教育协同创新工作领导小组，由主要政府领导担任组长，教育、文旅等研学相关部门负责人共同参与，采取有效的组织协同创新模式，领导统筹湘江新区教育、文旅及研学等板块工作，建立一套规范管理、明晰责任、多元筹资、保障安全、统筹协调的研学实践教育工作机制，各相关部门切实进行广泛、客观、科学的实地调研，规范研学实践教育市场，全面把脉行业发展进程及相关需求，完善行业顶层设计，协同专业研究机构建立健全研学实践教育相关行业标准体系。最大限度地盘活湘江新区内研学相关资源，调动相关部门、组织和人员的积极性，构建出一套符合湘江新区研学实践教育协同创新生态体系的组织模式。

（二）资源全域整合

通过湘江新区研学协同创新生态体系的构建，科学有效整合湘江新区政、企、校、地等资源，强化各资源要素之间横向协同创新及纵向协同创新等方面的开发合作程度，构建基于协同创新战略联盟体系，将分散的研学实践教育多元协同创新主体进行研学生态位的

重新定义，建立和明晰政府部门、研学服务机构、研学基地、研究机构等研学实践教育协同创新多元参与主体的长效合作机制及运行机制，以实现湘江新区全域资源的在研学生态体系的运行中实现价值共创。

(三)品牌全域升级

全面深入挖掘湘江新区研学资源及其文化内涵，提炼湘江新区研学资源特色，创意策划湘江新区研学品牌及宣传口号，设计打造主题鲜明的湘江新区研学 IP 形象。通过多元协同及跨界合作等方式，创新升级湘江新区研学品牌的传播策略和传播方式，进行多维度塑造和高质量传播。作为湘江新区文旅发展的新业态，湘江新区研学实践教育当高举高打，在设计基地、产品、课程及内容宣传、活动开展上都以突出湘江新区研学品牌为己任。结合湘江新区研学品牌定位，深化品牌内容，将自然、人文、历史、风物、特产等都设计成可供研学者深度体验、传承弘扬的研学产品，为地州市一市一特、一市一品的品牌体系构建提供更多的发展动能，为打造富有区域特色的品牌矩阵助力，并通过研学提升湘江新区研学品牌的影响力、再创力和增值能力。

(四)产业全域融合

研学具有天然的兼容性和适配性，基于各行各业、万事万物在大概率上对于研学者皆具备研学的价值，故有"万物皆可研学"的比喻。湘江新区研学可以有效融合一、二、三产业资源，有效挖掘各个特色产业的研学价值，开发兼具特色的研学课程及产品。构建基于产业链的湘江新区研学实践教育产业协同创新联盟，加强各产业主体间的融合及协同创新，最大化地实现全产业链的社会价值、文化价值及经济价值。

(五)空间全域规划

综合国土空间规划合理布局湘江新区研学基地(营地)网络，在区域空间上合法合规地规划出主次分明、特色各异以及优势互补的研学基地(营地)。同时充分考虑研学者基数及研学基地的接待量，科学规划区域研学基地的数量及容量，以实现研学基地空间的高效利用。结合湘江新区的发展规划，在充分挖掘现有资源和分析的基础上，就湘江新区的研学内容进行合理的策划、规划，保证湖南研学发展的整体性和统一性。有计划、有步骤地规划和推进全区研学基地和营地建设，有效整合特色文化场馆及文旅景区等资源，协同国有资本和社会资本，创新投资和运营模式，打造一批有特色、有亮点、基础设施好、服务质量高、课程体系优、运营管理规范的研学基地和营地，形成相互补充、相辅相成的营地体系，将湘江新区整体打造成全国标杆型的研学实践教育目的地。

(六)课程全域开发

研学课程体系的开发应当立足湖南本土，把握全局，系统开发。同时应组建全学科全领域的研学课程开发小组，充分利用全区范围内的文化资源，通过旅游资源与文化教育资源相互融合和创新,提升文化品味,在研学课程开发中将"游""学"交融并举。针对不同研学主体及全区研学基地资源进行定制化的研学课程设计,为不同年龄层的研学者开发适龄的研学课程,做到主题鲜明、内容规范、价值正确。湘江新区研学产品以课程、线路和教材为主要内容,结合全区范围内的馆所、基地、景区,串点成线,连线成面,构建特色化的主题课程和线路产品。研学课程应注重分龄分层,知行结合,兼具趣味性和操作性,面向全区乃至全国的中小学生、企事业单位党建群体等进行招募。还可同学校教育的课程目标进行协同开发,,开展项目制研学教材研发编写工作,助力研发地方教材,形成更有利于探究学习与创新思维的课程体系,推进湘江新区文教事业发展。

(七)平台全域打造

开发湘江新区智慧研学实践教育系统,打造湘江新区研学实践教育平台,以互联网技术手段赋能湘江新区研学实践教育协同创新生态体系的运行。研学者可以从平台上获取研学实践教育的相关信息。按研学机构的服务标准、价格体系,研学实践教育基地(营地)研学课程、研学导师、价格体系、学校需求等分类,研学者根据实际需求去选择研学课程及相关服务产品。线上平台化的运作可确保湘江新区研学实践教育协同创新生态体系的规范化管理,更能实现各研学主体的高效协同和合作创新。互联网科技的创新融合,区块链技术的应用,能更多维地对研学者的研学实践教育活动进行数据记录和评价实施,可有效推动我国全民教育和终身教育的发展,助力全民素质提升。

(八)管理全域协同

建立健全湘江新区研学实践教育协同管理机制,明确湘江新区研学实践教育各参与主体的管理制度及相关管理策略,制定出台严格的研学实践教育基(营)地准入标准、退出机制和评价体系。分配监管职责或成立专业评审小组,对湘江新区研学实践教育协同创新生态体系的各参与主体进行科学的量化、监督和评价。明确湘江新区研学实践教育各主体的利益协调机制,进一步确认湘江新区研学相关政府部门主体和产学研各方的利益范围和责任边界,设定湘江新区研学实践教育多元协同创新主体的风险分担和长效利益分配机制。规范运营管理及服务标准,坚持管理协同,口径一致,全区一盘棋,有效维护湘江新区研学实践教育协同创新生态体系正常运转工作,实现该研学生态体系中各个上下游环节的高效协同。

(九)人员全域参与

湘江新区研学实践教育协同创新生态体系的构建及运行是建立在各级各类人员的充分参与基础之上的,从相关政府部门的领导、智库专家、研学导师、研学基地从业者、研学服务机构从业者到研学者等相关人员,都在其中发挥着不可或缺的作用。以研学导师为代表的研学专业人才的培养需要社会各界力量深入其中,各司其职,充分实现资源和技术等要素的协同创新。湘江新区研学实践教育协同创新生态体系在吸纳本土人才就业和吸引优秀创新型人才回流方面有强大的优势，推进人力资源的有效规划，促进全区范围内人才结构的优化和升级。注重专业研学导师以本土基础好的优秀青壮年和吸引外部优秀人才为主；签约导师以本土手工艺人、农人、匠人等各行业突出人才为主；安保、卫生、交通、餐饮、医疗等服务人员以本土经验丰富人士为主，通过定向化、专业化培训和实践，建立起综合素质高、专业过硬的研学专业人才队伍。

（十）市场全域统筹

研学实践教育的市场推广应步调一致，全域统筹，统一出口。充分利用湘江新区研学品牌的优势，合理调配市场资源，化零为整，高举高打。通过全域研学工作领导小组的力量统筹省内研学市场，科学引导省内研学实践教育活动的高质量开展。通过与其他研学实践教育客源地之间的官方对接，创新市场合作模式，实现区域与区域之间的市场资源协同效应，互推研学品牌，互送研学客源，有效实现湘江新区市场内循环和区域间市场外循环，为湘江新区研学实践教育协同创新生态体系运行发展不断注入新的活力和动力。

湖南省教育科学"十四五"规划课题
"示范性综合实践基地中小学研学旅行课程建设研究"课题组